HANS KÖBL

Das presserechtliche Entgegnungsrecht und seine Verallgemeinerung

Berliner Abhandlungen zum Presserecht

herausgegeben von

Karl August Bettermann, Ernst E. Hirsch und Peter Lerche

Heft 5

Das presserechtliche Entgegnungsrecht und seine Verallgemeinerung

Von

Dr. Hans Köbl

DUNCKER & HUMBLOT / BERLIN

Auf Vorschlag der Professoren Dr. Heinrich Hubmann
und Dr. Johannes Herrmann als Dissertation von der
Juristischen Fakultät der Friedrich-Alexander-Universität
Erlangen-Nürnberg angenommen

Gedruckt 1966 bei Berliner Buchdruckerei Union GmbH., Berlin 61
Printed in Germany
D 29

Meinen Eltern

Inhalt

Erster Teil: Allgemeines

Zweiter Teil: Der Entgegnungsanspruch nach den Pressegesetzen

Dritter Teil: Die Rechtsnatur des Entgegnungsrechts

Vierter Teil: Verallgemeinerung des Entgegnungsanspruchs und Einordnung in das Rechtssystem

Abkürzungsverzeichnis

a. A.	anderer Ansicht
ABl.	Amtsblatt
AcP	Archiv für die civilistische Praxis
AG	Amtsgericht
ArchPR	Archiv für Presserecht, Beilage zum Zeitungs- und Zeitschriftenverlag
ArchPRÜbers.	Übersicht über die Rechtsprechung in Pressesachen (mit Aufsatzhinweisen), Sonderheft des Archivs für Presserecht
BadWürttPresseG	baden-württembergisches Gesetz über die Presse vom 14. Januar 1964
BAnz.	Bundesanzeiger
BayBS	Bereinigte Sammlung des Bayerischen Landesrechts
BayObLG	Bayerisches Oberstes Landesgericht
BayObLGSt	Sammlung von Entscheidungen des Bayerischen Obersten Landesgerichts in Strafsachen
BayPresseG	bayerisches Gesetz über die Presse vom 3. Oktober 1949
BayRundfG	Gesetz über die Errichtung und Aufgaben einer Anstalt des öffentlichen Rechts „Der Bayerische Rundfunk" i. d. F. vom 22. Dezember 1959
BayVBl.	Bayerische Verwaltungsblätter
BayVerfGH n. F.	Entscheidungen des Bayerischen Verwaltungsgerichtshofs, Verfassungsgerichtshofs usw., neue Folge
BB	Der Betriebsberater
BerlPresseG	Berliner Pressegesetz vom 15. Juni 1965
BGB	Bürgerliches Gesetzbuch
BGBl.	Bundesgesetzblatt
BGH	Bundesgerichtshof
BGHSt	Entscheidungen des Bundesgerichtshofs in Strafsachen
BGHZ	Entscheidungen des Bundesgerichtshofs in Zivilsachen
BremPresseG	bremisches Gesetz über die Presse vom 16. März 1965
BVerfG	Bundesverfassungsgericht
BVerfGE	Entscheidungen des Bundesverfassungsgerichts
DB	Der Betrieb
DELP	Das gesamte Recht der Presse, des Buchhandels, des Rundfunks und des Fernsehens, Loseblattsammlung,

	herausgegeben von Ludwig Delp, Berlin, Neuwied, Stand Frühjahr 1965
Diss.	Dissertation
DJZ	Deutsche Juristenzeitung
DÖD	Der öffentliche Dienst
DÖV	Die öffentliche Verwaltung
DRiZ	Deutsche Richterzeitung
DVBl.	Deutsches Verwaltungsblatt
EGBGB	Einführungsgesetz zum Bürgerlichen Gesetzbuch
GA	Goldtammers Archiv für Strafrecht
GBl.	Gesetzblatt
GG	Grundgesetz
GRUR	Gewerblicher Rechtsschutz und Urheberrecht
GS	Der Gerichtssaal (Zeitschrift)
GVBl.	Gesetz- und Verordnungsblatt
GVG	Gerichtsverfassungsgesetz
GZS	Großer Senat des Bundesgerichtshofs in Zivilsachen
HambPresseG	hamburgisches Pressegesetz vom 29. Januar 1965
HessPresseG	hessisches Gesetz über Freiheit und Recht der Presse i. d. F. vom 20. November 1958
HessRundfG	Gesetz über den Hessischen Rundfunk vom 2. Oktober 1958
h. M.	herrschende Meinung
i. d. F.	in der Fassung
i. V. m.	in Verbindung mit
Journ.	Der Journalist
JR	Juristische Rundschau
JuS	Juristische Schulung
JW	Juristische Wochenschrift
JZ	Juristenzeitung
LG	Landgericht
LPresseG	Landespressegesetz
MDR	Monatsschrift für Deutsches Recht
NdsPresseG	niedersächsisches Pressegesetz vom 22. März 1965
NJW	Neue Juristische Wochenschrift
OLG	Oberlandesgericht
PresseG	Pressegesetz
RabattG	Gesetz über die Preisnachlässe (Rabattgesetz)
Rdnr.	Randnummer
RG	Reichsgericht

RGBl.	Reichsgesetzblatt
RGRK	Kommentar zum BGB, früher herausgegeben von Reichsgerichtsräten, siehe Literaturverzeichnis
RGSt.	Entscheidungen des Reichsgerichts in Strafsachen
RGZ	Entscheidungen des Reichsgerichts in Zivilsachen
RhldPfPresseG	rheinland-pfälzisches Landesgesetz über die Presse vom 14. Juni 1965
RPresseG	Reichsgesetz über die Presse vom 7. Mai 1874
SaarlPresseG	saarländisches Gesetz Nr. 817 — Saarländisches Pressegesetz vom 12. Mai 1965
SaarlRundfG	Gesetz Nr. 806 über die Veranstaltung von Rundfunksendungen im Saarland vom 2. Dezember 1964
SchlHPresseG	schleswig-holsteinisches Gesetz über die Presse vom 19. Juni 1964
Schulze BGHZ	Entscheidungen des Bundesgerichtshofs in Zivilsachen in Rechtsprechung zum Urheberrecht, herausgegeben von Erich Schulze, München-Berlin 1954 ff.
Schulze LGZ	Entscheidungen von Landgerichten in Zivilsachen in Rechtsprechung zum Urheberrecht, herausgegeben von Erich Schulze, München-Berlin 1954 ff.
SeuffBl.	Seufferts Blätter für Rechtsanwendung
Sten. Ber.	Stenographische Berichte über die Verhandlungen des Deutschen Reichstages, 2. Legislaturperiode, I. Session 1874
StGB	Strafgesetzbuch
StPO	Strafprozeßordnung
Ufita	Archiv für Urheber-, Film, Funk und Theaterrecht
UWG	Gesetz gegen den unlauteren Wettbewerb
VwGO	Verwaltungsgerichtsordnung
WRP	Wettbewerb in Recht und Praxis
WRV	Weimarer Reichsverfassung
WZG	Warenzeichengesetz
ZGB	Zivilgesetzbuch
ZHR	Zeitschrift für das gesamte Handels- und Konkursrecht
ZPO	Zivilprozeßordnung
ZSR NF	Zeitschrift für Schweizerisches Recht, neue Folge
ZStW	Zeitschrift für die gesamte Strafrechtswissenschaft
ZugabeVO	Zugabeverordnung

Vorbemerkung

Die vorliegende Arbeit wurde im Jahre 1965 abgeschlossen. Sie ging also noch von der teilweisen Geltung des Reichspressegesetzes für das Land Nordrhein-Westfalen aus. Mit Wirkung vom 1. Juli 1966 wurde dieses Gesetz auch dort durch das neue Landespressegesetz vom 24. Mai 1966 ersetzt (GVBl. Nr. 46 vom 16. Juni 1966, S. 340), dessen § 11 das Recht der Gegendarstellung regelt. Da jedoch die Landespressegesetze aller Länder im wesentlichen an den „Berichtigungszwang" des Reichspressegesetzes anknüpfen und sich die Neuregelung des Entgegnungsrechts in Nordrhein-Westfalen von der in den neuen Landespressegesetzen der übrigen Länder nur unwesentlich unterscheidet, kann die jetzige Rechtslage für Nordrhein-Westfalen unschwer aus den Ausführungen zu den übrigen Landespressegesetzen entnommen werden.

Erster Teil

Allgemeines

§ 1: Einleitung

I. Die Bedeutung des Presserechts

1. Die Presse als Massenkommunikationsmittel

Von den Massenkommunikationsmitteln Presse, Film, Hör- und Fernsehfunk, die als Instrumente der Unterrichtung, Meinungsbildung und Unterhaltung aus unserer modernen Gesellschaft nicht mehr wegzudenken sind, ist die Presse die bei weitem älteste Einrichtung. Ihre politische Bedeutung wurde bereits kurz nach der Erfindung der Buchdruckerkunst erkannt, als Kirche und Staat versuchten, mit Zensurmaßnahmen die Presse unter Kontrolle zu bringen. Von *Napoleon* heißt es, er habe die Presse als siebte (europäische) Großmacht bezeichnet.

In unserem Jahrhundert hat vor allem die periodische Presse, also die Zeitungen und Zeitschriften, einen tiefgreifenden Wandel durchgemacht. Die Presse ist heute nicht mehr das einzige Kommunikationsmittel. Film und besonders Hör- und Fernsehfunk sind ihr als gleichwertige Partner an die Seite getreten. Das hat der Bedeutung der Presse jedoch keinen Abbruch getan. An die Stelle der kleinen Betriebe vor hundert Jahren, die eine Auflage von nur wenigen tausend Exemplaren erzielten, sind heute Industrieunternehmen getreten, die Hunderte von Mitarbeitern beschäftigen, teilweise Millionenauflagen erreichen und sich nicht mehr nur an einen kleinen Kreis Gebildeter wenden. Zeitungen sind die tägliche Lektüre der breiten Massen geworden. Jeder liest heute eine Zeitung; viele lesen nur die eine.

2. Presserecht und Entgegnungsanspruch

Bei der großen Bedeutung, die der Presse in unserer Gesellschaftsordnung zukam und zukommt, ist es nicht verwunderlich, wenn ihr Verhältnis zu Staat und Gesellschaft, aber auch zum einzelnen Menschen schon sehr bald in eigenen Pressegesetzen besonders geregelt wurde.

a) der Schutz der Presse

Die Geschichte des Presserechts ist im wesentlichen eine Geschichte der Pressefreiheit gewesen und exemplifiziert als solche die Entwicklung der modernen Demokratien. Die Bill of Rights der Verfassung des amerikanischen Staates Virginia vom 12. Juni 1776 nennt die Pressefreiheit „one of the great bulwarks of liberty“, die „Déclaration des Droits de l'Homme et du Citoyen“ vom 26. August 1789 rechnet sie zu den angeborenen Menschenrechten[1]. Heute ist sie in Art. 5 GG garantiert. Das BVerfG bezeichnet sie mit Recht als „für die freiheitliche Demokratie schlechthin konstituierend“[2].

b) Der Schutz vor der Presse

Man hat aber auch niemals vergessen, welche Gefahr die Presse als Machtinstrument eigener Art für den Staat, die Gesellschaft und für den einzelnen bringen kann. Sie wurde deshalb den besonderen Bestimmungen der Pressegesetze unterworfen. Die Pressefreiheit findet ihre Schranken in den Vorschriften der allgemeinen Gesetze, den gesetzlichen Bestimmungen zum Schutze der Jugend und in dem Recht der persönlichen Ehre (Art. 5 Abs. 2 GG). Rufmord, Verleumdung, Zurschaustellung der allerpersönlichsten Dinge eines Menschen sind heute nur allzu leicht möglich, wenn durch Ausbeutung der allgemeinen Sensationslust Geschäfte gemacht werden oder politischer Hintertreppeneinfluß auszuüben versucht wird.

Das Verhältnis des Persönlichkeitsschutzes zur Meinungs- und Pressefreiheit ist daher in den letzten Jahren Gegenstand lebhafter Diskussionen gewesen[3]. Der umfassende Schutz der Persönlichkeit durch die Anerkennung eines allgemeinen Persönlichkeitsrechts wird in Pressekreisen vielfach als unzulässige Beschneidung ihrer Rechte aufgefaßt. Das hat die Ablehnung des Gesetzentwurfs zur Neuordnung des zivilrechtlichen Persönlichkeits- und Ehrenschutzes, der nur eine Zusammenfassung der Entwicklung in der Rechtsprechung bringen wollte, deutlich gezeigt. Die Form, in der dies geschah, und die Einmütigkeit der Presse in diesem Punkt ließen erkennen, daß trotz Presse- und Meinungsfreiheit eine freie und objektive Unterrichtung der Öffentlichkeit in Angelegenheiten, die die Presse selbst betreffen, gerade nicht gewährleistet ist[4]. Der große Einfluß der Presse bei den Lesern, der von ihrer weiten

---

[1] *Gusti*, Grundbegriffe des Preßrechts, S. 34 ff.; *Voigt*, Geschichte der Grundrechte, S. 28 ff., wo auch der Wortlaut dieser Bestimmungen abgedruckt ist (S. 195 ff.).

[2] BVerfGE 10, 118 ff. (121).

[3] Vgl. *Hirsch*, Maulkorb für die Presse?, 1959, und die umfassende Literatur-Zusammenstellung bei *Erman-Weitnauer*, Anm. 9 zu Anhang zu § 12 BGB.

[4] *Erdsiek*, NJW 1962, 622.

Verbreitung und der Tatsache herrührt, daß viele Leser nur ein Blatt lesen und gar nicht in der Lage sind, eine Meldung auf ihre Richtigkeit hin zu überprüfen, macht den Schutz des einzelnen besonders dringlich.

c) Das Entgegnungsrecht

Als ein Verteidigungsmittel des einzelnen gegen die für ihn übermächtige Presse ist in den letzten Jahren das Entgegnungsrecht der Pressegesetze wieder mehr in den Vordergrund getreten. Es gewährt einer Person, die durch eine Pressemitteilung in einer periodischen Druckschrift betroffen ist, das Recht, von der Presse den Abdruck einer Gegendarstellung zu verlangen. Der Abdruck hat in der nächsten, für den Druck noch nicht abgeschlossenen Nummer zu erfolgen, und zwar unentgeltlich, an gleicher Stelle der Druckschrift und in gleicher Aufmachung wie der beanstandete Artikel.

In der Praxis wird das Entgegnungsrecht allerdings oft deswegen nicht aktuell, weil gerade die seriöse Presse auf die Gegenvorstellung des Betroffenen hin häufig von sich aus eine Richtigstellung bringt[5]. Die Berichtigung als ein Mehr gegenüber der bloßen Gegendarstellung macht den Entgegnungsanspruch überflüssig. Aber das Recht muß sich hier — wie immer — gerade im Streitfall bewähren, wenn also die Presse auf ihrer Darstellung beharrt. In diesen Fällen entfaltet der Entgegnungsanspruch seine volle Wirkung. Der Betroffene kann von der Presse den Abdruck seiner eigenen Sachdarstellung bereits für die nächste Nummer fordern. Wenn er damit auch nicht seine Rehabilitierung erreicht, weil die Wahrheit über den streitigen Vorgang offen bleibt — es stehen sich die Behauptung der Presse und die des Betroffenen gegenüber —, so bewirkt der unmittelbar nach der beanstandeten Meldung erfolgende Abdruck der Entgegnung doch, daß das Publikum die Pressemeldung nicht kritiklos als wahr hinnimmt. Der Entgegnungsanspruch ist also ein durchaus brauchbares Abwehrrecht des einzelnen gegen ihn betreffende Pressemeldungen.

II. Zweck und Aufbau der vorliegenden Arbeit

Obwohl das Entgegnungsrecht auf eine etwa 150jährige Geschichte zurückblicken kann, ist seine Rechtsnatur bis heute noch nicht geklärt.

[5] Eine in Frankreich durchgeführte Untersuchung über die Häufigkeit von Gegendarstellungen hat zu aufschlußreichen Ergebnissen geführt. Bei der Tagespresse wird vom Entgegnungsrecht am häufigsten Gebrauch gemacht, bei den großen Pariser Zeitungen wie Le Figaro und France-Soir 5 bis 10 Entgegnungen monatlich, bei Magazinen wie Paris-Match oder L'Express bis zu höchstens einem Dutzend jährlich. Die meisten Gegendarstellungen richten sich gegen Berichte über Autounfälle, doch sind Entgegnungen bei literarischen Abhandlungen, politischen Nachrichten oder Sportberichten ebenfalls nicht selten. Vgl. die ausführliche Darstellung bei *Biolley*, Le droit de réponse en matière de presse, 1963, S. 103 ff.

Wie unterschiedlich es in Deutschland im Laufe der Zeit beurteilt wurde, spiegeln allein schon die vielfältigen Bezeichnungen wider, die man ihm beigelegt hat. Wählte man zunächst den Ausdruck „Berichtigungszwang" oder „Berichtigungspflicht", so kennzeichnet der Begriff „Berichtigungsanspruch" die Akzentverlagerung von der Verpflichtung der Presse zur Berechtigung des Betroffenen. Heute spricht man von „Entgegnungsanspruch" oder „Recht auf Gegendarstellung", wodurch zum Ausdruck kommen soll, daß die Gegenerklärung des Betroffenen keine objektive Richtigstellung einer Falschmeldung zu sein braucht. Wenn man inzwischen in Rechtsprechung und Literatur auch erkannt hat, daß der Entgegnungsanspruch ein Institut des Zivilrechts ist, so bestehen hinsichtlich der Begründung dafür erhebliche Differenzen. Als Beispiel für die allgemeine Unsicherheit seien nur die vielfältigen Begründungen *Löfflers*[6] herangezogen, der den Entgegnungsanspruch als „Sonderfall des Kontrahierungszwangs", als „Ausfluß des Grundrechts der freien Meinungsäußerung", „eines Urprinzips der Gerechtigkeit", „des allgemeinen Persönlichkeitsrechts" und sogar als „besonderes Persönlichkeitsrecht" auffaßt. Der BGH[7] führt aus, das Entgegnungsrecht trage „starke, persönlichkeitsrechtliche Züge" und müsse „geradezu als ein gesetzlich näher ausgestalteter Rechtsschutz des allgemeinen Persönlichkeitsrechts auf einem Sondergebiet" verstanden werden. Die Unsicherheit des BGH erkennt man in seinen weiteren Ausführungen, wenn er fortfährt: „Wie immer man die Rechtsnatur des Anspruchs im einzelnen erklären mag . . ., sicher ist jedenfalls, daß der Anspruch keinen vermögensrechtlichen Charakter hat."

Ziel der vorliegenden Arbeit ist es daher insbesondere, einen Beitrag zur Klärung der Rechtsnatur des Entgegnungsrechts zu liefern. Nach einer kurzen Darstellung der geschichtlichen Entwicklung, einem Überblick über die Rechtsquellen des Entgegnungsrechts und die ausländischen Regelungen erscheint es zunächst erforderlich, seine gesetzlichen Voraussetzungen einer eingehenden Betrachtung zu unterziehen. Anschließend kann versucht werden, seine Rechtsnatur zu ergründen. Auf den so gewonnenen Ergebnissen aufbauend ist schließlich zu untersuchen, ob das Entgegnungsrecht, das ursprünglich im Presserecht beheimatet ist, auf die übrigen Massenmedien ausgedehnt oder zu einem allgemeinen Anspruch gegenüber jedermann, der eine öffentliche Behauptung aufstellt, fortentwickelt werden kann. Abschließend bleibt dann die Aufgabe, das Entgegnungsrecht in unser Rechtssystem einzuordnen, vor allem sein Verhältnis zu den übrigen, dem Persönlichkeitsschutz dienenden Ansprüchen, wie dem Unterlassungsanspruch, dem Anspruch auf Widerruf und dem Schadensersatzanspruch zu klären.

---

[6] Unten § 8 II 2 c.

[7] Unten § 8 II 3 c.

§ 2: Geschichtliche Entwicklung

I. Der Ursprung des Berichtigungsgedankens

1. Der behördliche Berichtigungszwang

Schon in der Zeit der Zensur[1], also der Zeit, als es noch keine Pressefreiheit gab, kann man von der Existenz eines Berichtigungsgedankens sprechen. Für die Presse bestand damals der Zwang, von Behörden geforderte Berichtigungen aufzunehmen[2]. Dieser behördliche Berichtigungszwang stellte sich, ebenso wie die Zensur, als ein Ausfluß polizeistaatlicher Bevormundung der Presse dar, beinhaltete die Pflicht zur Zurücknahme der veröffentlichten Behauptung und hatte als eine Art erzwungener Widerruf mit dem später entstandenen Entgegnungsrecht einer Privatperson so gut wie nichts gemein[3].

2. Dulaures „juristische Erfindung"

Das eigentliche Entgegnungsrecht als das Recht einer Privatperson, den Abdruck einer eigenen Sachdarstellung verlangen zu können, verdankt seine Entstehung der französischen Revolution. Als mit der Proklamation der Menschenrechte am 26. August 1789 an die Stelle der staatlichen Zensur die Presse- und Meinungsfreiheit trat[4], artete diese neugewonnene Freiheit bald in Zügellosigkeit aus[5]. Das Fehlen eines Rechtsschutzes der persönlichen Ehre wurde von einem Teil der Presse zu einem wüsten Verleumdungskrieg ausgenutzt. Wohl konnte sich der Betroffene dagegen mit der Strafklage zur Wehr setzen, doch erwies sich diese Waffe für den Ehrenschutz als unzulänglich. Um diesen Mißständen zu begegnen, legte *Berlier* im Jahre VII (1799) dem Rat der Fünfhundert den Entwurf eines Gesetzes vor, das die Strafbarkeit und

---

[1] In Kontinentaleuropa also im wesentlichen die Zeit von der Erfindung der Buchdruckerkunst bis zum 19. Jahrhundert; vgl. *Berner*, Lehrbuch des deutschen Preßrechts, 1876, S. 12 ff.; *Gusti*, Die Grundbegriffe des Preßrechts, 1909, S. 63 ff.; v. *Liszt*, Lehrbuch des österreichischen Preßrechts, 1878, S. 1 ff.

[2] So weist v. *Liszt*, a.a.O., S. 176, auf die österreichische Verordnung „Resolutio Leopoldus" vom 22. Mai 1671 im Codex Austriacus II, p. 532, hin.

[3] Vgl. *Regensburger*, Die preßgesetzliche Berichtigungspflicht, 1911, S. 5; *Becher*, Das Recht der Gegendarstellung (§ 11 RPresseG), 1957, S. 9; ferner unten § 9 II.

[4] Art. XI der Déclaration von 1789 lautet: „La libre communication des pensées, et des opinions est un des droits les plus précieux de l'homme. Tout Citoyen peut donc parler, écrire, imprimer librement, sauf à répondre de l'abus de cette liberté, dans les cas déterminés par la Loi." (Zitiert nach *Gusti*, S. 38 und *Voigt*, S. 197).

[5] *Biolley*, Le droit de réponse en matière de presse, 1963, S. 12; *Kitzinger*, Die Berichtigungspflicht der Presse und das Recht auf Berichtigung, ZStW 27 (1907), 873.

zivile Verantwortlichkeit für verleumderische Presseartikel regeln sollte[6]. Bei der Beratung dieses Entwurfes tauchte zum ersten Male der Gedanke auf, das Prinzip des Berichtigungszwangs zugunsten jeder Privatperson auszudehnen, als der Abgeordnete *Dulaure* den Antrag einbrachte, jedermann, der durch die Presse in seinem Ruf angegriffen worden war, ein „droit de réponse" zu gewähren. Sollte dieses Recht, seinem konkreten Anlaß zufolge, auch auf Ehrverletzungen beschränkt bleiben, so trug *Dulaure* zur Begründung seines Antrags im wesentlichen alle Argumente vor, mit denen man noch heute das Institut des Entgegnungsrechts rechtfertigt[7]: Schutz des einzelnen gegenüber der Presse, Bewahrung des Publikums vor einseitiger Darstellung, Waffengleichheit zwischen der übermächtigen Presse und dem Betroffenen, Verwirklichung des Grundsatzes „audiatur et altera pars" und schließlich Unzulänglichkeit der Strafklage.

Wenn dem Entwurf *Berliers* und den Zusatzanträgen *Dulaures* der Erfolg auch versagt blieb, so gebührt *Dulaure* doch der Ruhm der „juristischen Erfindung" eines neuen Rechtsinstituts, wie es *Kitzinger*[8] treffend ausdrückte.

3. Das „droit de réponse" in Frankreich

a) Nach der Ablehnung des Gesetzentwurfs von 1799 geriet das „droit de réponse" zunächst in Vergessenheit. *Napoleon,* der die Gefährlichkeit der Presse für die Diktatur erkannt hatte[9], beseitigte die Pressefreiheit wieder und versuchte, eine von ihm gelenkte Presse zu schaffen. Der code pénal von 1811 stellte lediglich die durch Wort oder Schrift begangene Verleumdung unter Strafe; das Pressegesetz von 1819 sah in Art. 8 lediglich den behördlichen Berichtigungszwang[10] vor.

b) Die Verleumdungen in der Presse nahmen daher ihren Fortgang; das Bedürfnis nach Abhilfe blieb. Als bereits im Jahre 1822 ein neues Pressegesetz entworfen wurde, wies der Abgeordnete *Mestadier* zunächst einen neuen Weg, indem er den Antrag stellte, es der Presse überhaupt zu verbieten, Mitteilungen aus dem häuslichen oder privaten Leben der Bürger zu bringen — ein Gedanke, der angesichts der heutigen Bestrebungen, den Persönlichkeits- und Ehrenschutz zivilrechtlich zu regeln, sehr modern anmutet[11].

---

[6] *Kraehling,* Die preßgesetzliche Berichtigungspflicht, 1917, S. 5 ff.; *Maze,* Le droit de réponse, 1900, S. 11 ff.

[7] *Kitzinger,* ZStW 27 (1907), 874; *Maze,* S. 11 f.

[8] *Kitzinger,* ZStW 27 (1907), 873.

[9] Ein beliebter Ausspruch *Napoleons* soll gewesen sein: „Si je lâche le bride à la presse, je ne resterai pas trois mois au pouvoir." Zitiert nach *Gusti,* S. 76; vgl. dazu auch *Kloeppel,* Das Reichspreßrecht, 1894, S. 51.

[10] *Biolley,* S. 11.

[11] So soll nach § 15 Abs. 1 des Entwurfs eines Gesetzes zur Neuordnung des

Als *Mestadier* damit nicht durchdrang, griff er auf die Idee *Dulaures* zurück. Sein neuer Antrag wurde angenommen. Mit Art. 11 des neuen Pressegesetzes von 1822 wurde ein „droit de réponse“ geschaffen, das über die Forderungen *Dulaures* noch hinausging, indem von einer Beschränkung auf ehrverletzende Presseäußerungen abgesehen und das Entgegnungsrecht jeder Person gewährt wurde, die in einer Pressemitteilung irgendwie genannt oder kenntlich gemacht wurde (toute personne nommée ou désignée). Auch wurde das Entgegnungsrecht nicht nur gegenüber Tatsachenbehauptungen, sondern ebenso gegenüber urteilenden Äußerungen, wie Kunst- oder Theaterkritik, zugelassen[12]. In das neue Pressegesetz von 1881 hat man das „droit de réponse“ in dieser Gestalt übernommen (§ 13). Diese Vorschrift ist heute noch in Kraft[13].

II. Ausbreitung des „droit de réponse“

1. Romanische Länder

Das neue Institut des Presserechts fand bald Eingang in die Gesetzgebung anderer Länder. In der Ausgestaltung, die es in Frankreich erfahren hatte, also nicht auf Tatsachenbehauptungen beschränkt, eroberte es zunächst die Länder Belgien (1831), Italien (1848) und welsche Kantone der Schweiz, wie Waadt (1832), Tessin (1834) und Graubünden (1837)[14].

2. Deutsche Partikulargesetzgebung

a) Auf deutschem Boden erscheint das Entgegnungsrecht zum ersten Male in § 10 des badischen Preßgesetzes vom 28. Dezember 1831[15], und zwar bei seinem ersten Auftreten im deutschen Rechtskreis bereits in der charakteristischen Gestalt, die es bis heute behalten hat: Im Gegensatz zu seinem französischen Vorbild ist der deutsche Entgegnungsanspruch auf tatsächliche Mitteilungen beschränkt. Demgegenüber war die Rechtsstellung des Betroffenen damals im Vergleich zu heute noch nicht voll ausgebaut. Die Presse war zur unentgeltlichen Aufnahme einer privaten Entgegnung nur dann verpflichtet, wenn diese amtlich be-

---

zivilrechtlichen Persönlichkeits- und Ehrenschutzes von 1959, abgedruckt in Ufita 29 (1959), 39 ff., eine widerrechtliche Persönlichkeitsverletzung vorliegen, wenn jemand unbefugt Behauptungen tatsächlicher Art über das Privatleben oder Familienleben eines anderen öffentlich aufstellt oder verbreitet.

[12] *Kitzinger*, ZStW 27 (1907), 875; *Biolley*, S. 32 ff, mit Nachweisen aus der Rechtsprechung des Cour de Cassation.

[13] *Biolley*, S. 12 f.; zu kleineren Änderungen des Gesetzeswortlautes vgl. *Biolley* S. 14.

[14] *Kraehling*, S. 158 ff.; *Kitzinger*, ZStW 27 (1907), 878; *Berner*, S. 223 ff.

[15] Vgl. *Kraehling*, S. 12 ff., bei dem auch der Gesetzestext abgedruckt ist (S. 13).

glaubigt war. Andere Entgegnungen mußten nur gegen Bezahlung der Einrückungsgebühren abgedruckt werden[16].

b) Von Baden aus verbreitete sich der neue Rechtsgedanke auf andere deutsche Staaten. In den preußischen Pressegesetzen vom 17. März 1848 und 12. Mai 1851 und im Königlich Sächsischen Pressegesetz vom 24. März 1870 wurde ein Entgegnungsrecht aufgenommen, das im wesentlichen dem des badischen Vorbildes entsprach[17].

3. *Das Reichsgesetz über die Presse*

Eine reichseinheitliche Regelung erfuhr das Entgegnungsrecht in § 11 des Reichsgesetzes über die Presse vom 7. Mai 1874 (RPresseG)[18], das in Nordrhein-Westfalen noch heute gilt und Vorbild für die neuen landesrechtlichen Regelungen war[19]. Es blieb, wie schon in der Partikulargesetzgebung, auf tatsächliche Mitteilungen beschränkt, doch fiel das Erfordernis der öffentlichen Beglaubigung einer privaten Entgegnung weg. Die Presse war zum Abdruck schon dann verpflichtet, wenn die von der betroffenen Person eingereichte Entgegnung von dieser unterzeichnet war, keinen strafbaren Inhalt hatte und sich auf tatsächliche Angaben beschränkte.

§ 3: Heutige Rechtsgrundlagen für das Entgegnungsrecht

I. Fortgeltung des RPresseG nach 1945

Bis zum Zusammenbruch des Deutschen Reiches im Jahre 1945 war das RPresseG von 1874 zwar einige Male geändert[1], jedoch nicht aufgehoben worden. Als ehemaliges Reichsrecht gilt es noch heute im Rahmen der Art. 123 ff. GG weiter[2]. Nachdem lange Zeit streitig war, ob es Bundesrecht[3] oder Landesrecht[4] geworden ist, hat das BVerfG[5] auf Vor-

[16] *Regensburger*, S. 6; *Kraehling*, a.a.O.

[17] Vgl. im einzelnen *Kraehling*, S. 14 ff.

[18] RGBl. S. 65.

[19] Vgl. unten § 3.

[1] Dazu *Löffler*, Presserecht, Einl. D Rdnr. 1 ff.

[2] Soweit es in einigen Ländern inzwischen abgeändert oder aufgehoben wurde, vgl. unten II.

[3] So der BGH in NJW 1952, 1063; *Löffler*, Presserecht, Einl. D Rdnr. 11 ff.; *Löffler-Bofinger*, DÖV 1955, 200 ff., 242 ff.

[4] So vor allem der BayVerfGH in VerfGHE n. F. 2 (1949), 143 (160) und das BayObLG in BayObLGSt. n. F. 3 (1953), 168.

[5] BVerfGE 7, 29 ff. Das BVerfG ließ die umstrittene Frage, ob die in Art. 75 GG aufgezählten Gegenstände der Rahmengesetzgebung des Bundes überhaupt als Gegenstände der konkurrierenden Gesetzgebung im Sinne des

lage des BGH die Streitfrage geklärt: Das RPresseG gilt in seiner Gesamtheit als Landesrecht fort[6]. Es steht damit unter der Verfügungsgewalt der Länder und kann von diesen aufgehoben und abgeändert werden[7]. Die Länder haben auf dem Gebiet des Presserechts derzeit die volle Gesetzgebungskompetenz, solange der Bund von seinem Recht, ein Rahmengesetz über die Presse zu erlassen (Art. 75 Nr. 2 GG), keinen Gebrauch macht.

II. Pressegesetze der Länder

1. Allgemeines

In den Jahren 1948 bis 1950 erließen die meisten deutschen Länder presserechtliche Vorschriften, die das RPresseG zum Teil abänderten, zum Teil aufhoben. Diese neuen Vorschriften sind wirksam, und zwar, soweit sie nach der Geltung des GG erlassen wurden, deswegen, weil das RPresseG Landesrecht wurde (vgl. oben I.), soweit sie vorher erlassen wurden, weil nach der Kapitulation am 8. Mai 1945 das Deutsche Reich zumindest handlungsunfähig, wenn nicht untergegangen[8], und den neugebildeten Ländern eine umfassende Gesetzgebungskompetenz zugefallen war[9].

2. Die einzelnen LPresseG

a) In der Bundesrepublik Deutschland gibt es heute neben dem RPresseG noch Landespressegesetze in folgenden Ländern:

Baden-Württemberg: Pressegesetz vom 14. Januar 1964, GBl. S. 11,

Bayern: Gesetz über die Presse vom 3. Oktober 1949[10], BayBS I, S. 310,

---

Art. 125 GG anzusehen sind, offen (a.a.O., S. 41). Es entschied, daß eine rechtsrechtliche Regelung über einen Gegenstand, der jetzt unter die Rahmengesetzgebungskompetenz des Bundes falle, nur dann Bundesrecht geworden sein könne, wenn sie als Ganzes Rahmen- oder Grundsatzcharakter trage (ebenso früher schon BVerfGE 4, 115 (133)). Das RPresseG stelle jedoch eine erschöpfende Regelung dar und sei nicht als eine der Ausfüllung fähige und bedürftige Grundsatzregelung gedacht. Es sei daher Landesrecht geworden.

[6] a. A. zwar im Jahre 1963 noch *Thies*, Widerruf und Entgegnung in Presse, Film und Funk, 1963, S. 89, doch ohne Begründung und ohne die Entscheidung des BVerfG zu erwähnen.

[7] Inzwischen wurde das RPresseG in fast allen Ländern durch ein LPresseG ersetzt, vgl. unten II.

[8] Wegen der verschiedenen Theorien über Fortbestand und Untergang des Deutschen Reiches vgl. *Maunz*, Deutsches Staatsrecht, 13. Aufl. 1964, S. 15 ff.

[9] Vgl. BGHSt. 7, 240; *Löffler*, Presserecht, Einl. D Rdnr. 5.

[10] Da das BayPresseG nach § 21 rückwirkend ab 1. Juli 1949 in Kraft treten sollte, könnte zweifelhaft sein, ob das Gesetz deswegen nichtig ist, weil teilweise abgeschlossene Tatbestände für strafbar erklärt wurden. Diese Frage wurde bisher nicht behandelt. Sie muß im Rahmen dieser Arbeit dahinstehen. Die Rechtsprechung jedenfalls (z. B. BVerfGE 7, 29 ff.) hält das BayPresseG für wirksam.

Berlin: Berliner Pressegesetz vom 15. Juni 1965, GVBl. Nr. 33, S. 744,

Bremen: Gesetz über die Presse (Pressegesetz) vom 16. März 1965, GBl. Nr. 10, S. 63,

Hamburg: Pressegesetz vom 29. Januar 1965, GVBl. Nr. 5, S. 15,

Hessen: Gesetz über Freiheit und Recht der Presse in der Fassung der Bekanntmachung vom 20. November 1958, GVBl. S. 183,

Niedersachsen: Niedersächsisches Pressegesetz vom 22. März 1965, GVBl. Nr. 4, S. 9,

Nordrhein-Westfalen: Gesetz über die Berufsausübung von Verlegern, Verlagsleitern und Redakteuren vom 17. November 1949, GVBl. S. 293,

Rheinland-Pfalz: Landesgesetz über die Presse vom 14. Juni 1965, GVBl. Nr. 28, S. 107,

Saarland: Gesetz Nr. 817 — Saarländisches Pressegesetz vom 12. Mai 1965, ABl. Nr. 58, S. 409,

Schleswig-Holstein: Gesetz über die Presse vom 19. Juni 1964, GVBl. Seite 71.

b) Danach gilt das RPresseG nur noch in Nordrhein-Westfalen, und zwar ergänzend neben dem LPresseG, das nur einzelne Bereiche des Pressewesens regelt. In den übrigen Bundesländern gilt ausschließlich das jeweilige LPresseG; das RPresseG wurde in diesen Ländern ausdrücklich aufgehoben[11].

3. *Vorschriften über eine Gegendarstellung*

a) In den Ländern Baden-Württemberg (§ 11 BadWürttPresseG), Bayern (§ 10 BayPresseG), Berlin (§ 10 BerlPresseG), Bremen (§ 11 BremPresseG), Hamburg (§ 11 HambPresseG), Hessen (§ 10 HessPresseG), Niedersachsen (§ 11 NdsPresseG), Rheinland-Pfalz (§ 11 RhldPfPresseG), Saarland (§ 11 SaarlPresseG) und Schleswig-Holstein (§ 11 SchlHPresseG) wurde der „Berichtigungszwang" des RPresseG ersetzt durch eine eigene Regelung. In diesen neuen Gesetzen hat man den irreführenden Ausdruck Berichtigung aufgegeben und den sachlich besseren[12], aber sprachlich gekünstelten Ausdruck Gegendarstellung geprägt. Die Bezeichnung Entgegnung, die schon das RPresseG in § 11 Abs. 3 verwendet und die auch § 20 Abs. 1 des Gesetzentwurfs zur Neuordnung des zivilrechtlichen Persönlichkeits- und Ehrenschutzes vorgesehen hat, lag nahe, wäre sachlich ebenfalls gut und sprachlich schöner.

---

[11] § 26 BadWürttPresseG, § 20 BayPresseG; § 24 BerlPresseG; § 26 BremPresseG; § 24 HamPresseG; § 18 HessPresseG; § 26 NdsPresseG; §25 RhldPfPresseG; § 26 SchlHPresseG.

[12] Weil die Unwahrheit der Pressemeldung für das Entgegnungsrecht nicht Voraussetzung ist, vgl. im einzelnen unten § 6 II 3.

Einen großen Fortschritt brachten die Neuregelungen dadurch, daß die Erfüllungsklage im Zivilrechtsweg ausdrücklich zugelassen wurde.

b) In Nordrhein-Westfalen richtet sich das Entgegnungsrecht noch nach § 11 RPresseG. Die zivilrechtliche Durchsetzbarkeit des Anspruchs ist hier noch immer umstritten. Sie hängt von der Beurteilung der Rechtsnatur des „Berichtigungszwangs" ab. Ein LPresseG ist auch hier in Vorbereitung.

III. Film, Funk und Fernsehen

1. Hör- und Fernsehfunk

a) In den Rundfunkgesetzen sind Bestimmungen enthalten, die einem bestimmten Personenkreis einen Anspruch auf angemessene Sendezeit einräumen, etwa den politischen Parteien, den Kirchen und staatlich anerkannten Religionsgemeinschaften, den Arbeitgeber- und Arbeitnehmerverbänden usw. Im Rahmen dieser Sendezeit kann zwar auch zu anderen Sendungen Stellung genommen werden, doch sind diese Vorschriften mit einem echten Entgegnungsanspruch nicht vergleichbar. Sie haben daher im Rahmen dieser Arbeit außer Betracht zu bleiben.

b) Dem Rundfunkrecht ist jedoch ein echtes Entgegnungsrecht einer durch eine Sendung betroffenen Person nicht unbekannt. Es wurde im wesentlichen dem presserechtlichen Vorbild nachgeformt. Die Parallele zum Presserecht kommt besonders darin zum Ausdruck, daß teilweise § 11 RPresseG für entsprechend anwendbar erklärt ist. In einigen LPresseG erklärte man ferner die Bestimmungen des landesrechtlichen Gegendarstellungsanspruchs auf Sendungen des Rundfunks (Hör- und Fernsehfunk) für entsprechend anwendbar.

Im einzelnen kommen für einen rundfunkrechtlichen Entgegnungsanspruch folgende Vorschriften in Frage:

— *Bayerischer Rundfunk:* Art. 17 des Gesetzes über die Errichtung und Aufgaben einer Anstalt des öffentlichen Rechts „Der Bayerische Rundfunk" vom 10. 8. 1949 in der Fassung der Bekanntmachung vom 22. 12. 1959, GVBl. Bayern, S. 314,

— *Hessischer Rundfunk:* § 3 Nr. 9 des Gesetzes über den Hessischen Rundfunk vom 2. 10. 1948, GVBl. Hessen, S. 123,

— *Norddeutscher Rundfunk:* § 11 Abs. 6 des HambPresseG vom 29. 1. 1965, GVBl. Hamburg Nr. 5, S. 15, und §§ 25, 11 des NdsPresseG vom 22. 3. 1965, GVBl. Niedersachsen Nr. 4, S. 9,

— *Radio Bremen:* §§ 25, 11 des BremPresseG vom 16. 3. 1965, GVBl. Nr. 10, S. 63,

— *Saarländischer Rundfunk:* § 2 des Gesetzes Nr. 806 über die Veranstaltungen von Rundfunksendungen im Saarland vom 2. 12. 1964, ABl. Saar, S. 1111,

— *Sender Freies Berlin:* § 10 Abs. 6 des BerlPresseG vom 15. 6. 1965, GVBl. Nr. 33, S. 744,

— *Südwestfunk:* § 7 des Staatsvertrags über den Südwestfunk vom 27. 8. 1951, GVBl. Baden, S. 40 und Art. 6 der Satzung über den Südwestfunk vom 20. 6. 1952, BAnz. Nr. 138, S. 15,

— *Westdeutscher Rundfunk:* § 3 Abs. 2 der Satzung des Westdeutschen Rundfunks Köln vom 27. 1. 1956 (GVBl. Nordrhein-Westfalen, S. 107),

— *Rundfunkanstalten des Bundesrechts* „Deutsche Welle": § 25 des Gesetzes über die Errichtung von Rundfunkanstalten des Bundesrechts vom 29. 11. 1960, BGBl. I, S. 862.

c) Für den Süddeutschen Rundfunk fehlen entsprechende Vorschriften.

d) Der Staatsvertrag über die Errichtung der Anstalt des öffentlichen Rechts „Zweites Deutsches Fernsehen" vom 6. 6. 1961[13] enthält in § 4 ein Entgegnungsrecht. Das Deutsche Fernsehen (erstes Programm) wird von den Rundfunkanstalten neben dem Hörfunk betrieben (Nr. 1 des Fernsehvertrags vom 27. 3. 1953 in der Fassung vom 24. 5. 1956[14]. Das Entgegnungsrecht richtet sich also nach dem für die jeweilige Rundfunkanstalt geltenden Recht.

2. *Film*

Dem Film ist ein Entgegnungsrecht bisher unbekannt.

IV. Gesetzgeberische Tendenzen

Aus dem Voranstehenden ist ersichtlich, daß auf dem Gebiet des Presserechts im allgemeinen und dem Entgegnungsrecht im besonderen eine große Rechtszersplitterung herrscht. Das hat zu einer beträchtlichen Rechtsunsicherheit geführt, die von niemanden als gut empfunden wird[15]. Man denke nur an die Vielzahl der im ganzen Bundesgebiet verbreiteten periodischen Druckschriften, wie überregionale Tageszeitungen, Illustrierte, Nachrichtenmagazine und Verbraucherzeitschriften,

[13] GBl. Bad.-Württ., S. 215; abgedruckt bei *Delp*, Das gesamte Recht der Presse, des Buchhandels, des Rundfunks und des Fernsehens, Nr. 440.

[14] Abgedruckt bei *Delp* Nr. 457.

[15] Darauf wies *Greiff* schon in NJW 1950, 241 ff., hin, ferner in NJW 1963, 1137; ebenso *Neumann*-Duesberg, NJW 1960, 2032 ff.; *Schmidt-Osten*, Pressegesetzgebung am Scheideweg, Journ. 1963, 325; E. *Schneider*, Presserecht und Schutz bei Presseverstößen, 1963, S. 5.

auf die theoretisch bis zu elf verschiedene Pressegesetze Anwendung finden könnten. Da nach den LPresseG die Durchsetzbarkeit des Entgegnungsrechts im Zivilrechtsweg zulässig ist, das Entgegnungsrecht in den Ländern jedoch nicht einheitlich geregelt wurde, tauchen plötzlich Probleme des interlokalen Privatrechts auf diesem Gebiet auf[16]. Der allseitige Ruf nach einem Rahmengesetz des Bundes ist daher mehr als verständlich.

In absehbarer Zeit ist ein solches Gesetz wohl nicht zu erwarten, doch hat man im Gesetzentwurf zur Neuordnung des zivilrechtlichen Persönlichkeits- und Ehrenschutzes[17] den Versuch unternommen, wenigstens auf dem Sektor des Entgegnungsrechts eine einheitliche Regelung vorwegzunehmen. Von diesem „allgemeinen" Entgegnungsrecht, das sich nicht nur gegen die Massenmedien Presse, Film, Funk und Fernsehen, sondern gegen jedermann richten soll, wird noch zu handeln sein[18].

Die Länder haben von sich aus zu einer Vereinheitlichung des Presserechts dadurch beigetragen, daß sie im Jahre 1963 einen Modellentwurf für ein Landespressegesetz ausgearbeitet haben[19]. In den danach erlassenen LPresseG[20] sind sie aber nicht allen Vorschlägen dieses Entwurfs gefolgt[21].

In den neuen LPresseG von Berlin, Bremen, Hamburg, Niedersachsen und Rheinlandpfalz hat der Gesetzgeber außerdem gezeigt, daß er für den Rundfunk eine dem Presserecht entsprechende Regelung auf dem Gebiet des Entgegnungsrechts für richtig hält, indem er bis zum Erlaß neuer Rundfunkgesetze für den Geltungsbereich der neuen LPresseG den presserechtlichen Entgegnungsanspruch auch gegen Rundfunksendungen für anwendbar erklärt[22].

---

[16] Diese Fragen wurden zwar bisher nur angeschnitten, dürften aber nicht vermeidbar sein, solange eine bundeseinheitliche Regelung aussteht. Vgl. *Greiff*, NJW 1950, 242; *Koebel*, NJW 1964, 1108, und unten § 11 III 4.

[17] Vom 18. Aug. 1959, Bundestagsdrucksache 1237, 3. Legislaturperiode, abgedruckt in Ufita 29 (1959), S. 39 ff.

[18] Vgl. unten § 10 II.

[19] Modellentwurf der ständigen Konferenz der Innenminister vom 10. 1. 1963, abgedruckt in ArchPR 1963, 329 und bei *Rebmann-Ott-Storz*, Das baden-württembergische Gesetz über die Presse, 1964.

[20] Baden-Württemberg vom 14. Januar 1964; Schleswig-Holstein vom 19. Juni 1964; Hamburg vom 29. Januar 1965; Bremen vom 16. März 1965; Niedersachsen vom 22. März 1965; Saarland vom 12. Mai 1965; Rheinland-Pfalz vom 14. Juni 1965 und Berlin vom 15. Juni 1965.

[21] z. B. v. *Holstein*, ArchPRÜbers. VIII (1963), 5; *Rebmann-Ott-Storz*, Einl. Rdnr. 11; *Bischoff*, DVBl. 1965, 305.

[22] § 10 Abs. 6 BerlPresseG; § 11 Abs. 6 HambPresseG; §§ 25, 11 BremPresseG; §§ 25, 11 NdsPresseG und §§ 24, 11 RhldPfPresseG.

§ 4: Rechtsvergleichendes

I. Die verschiedenen Rechtskreise

Ein Entgegnungs- oder Berichtigungsrecht ist in vielen ausländischen Gesetzen vorgesehen; nicht immer jedoch wird darunter etwas Einheitliches verstanden. Es tritt vielmehr in mehreren Spielarten auf[1].

1. Das „Recht zur Antwort"

Das eigentliche Entgegnungsrecht gewährt einen Anspruch, der beanstandeten Meldung mit einer eigenen Sachdarstellung entgegenzuwirken. Es ist daher nicht von der Unwahrheit der Pressemeldung abhängig. Der Leser kann beide Darstellungen gegeneinander abwägen und mag sich für die eine oder andere entscheiden. Er erfährt aber nicht, wer recht hat. Ein solches Entgegnungsrecht (droit de réponse, right of reply) tritt im wesentlichen in zwei Spielarten auf, die dem französischen „droit de réponse" und dem deutschen „Berichtigungszwang" nachgebildet wurden.

a) Das französische Vorbild

Das „droit de réponse" Frankreichs (Art. 13 des Pressegesetzes von 1881) ist nicht auf Tatsachenbehauptungen beschränkt. Auch Werturteile, etwa Theaterkritiken, Buchbesprechungen usw., sind entgegnungsfähig[2]. Diese Art des Entgegnungsrechts findet man heute vor allem in den romanischen Ländern und in den südamerikanischen Republiken, z. B. in Belgien (Art. 13 des Pressegesetzes von 1831), Italien (Art. 8 des Pressegesetzes von 1948), Spanien (Pressegesetz von 1879), Mexiko (Art. 27 des Pressegesetzes von 1917), Kolumbien; ferner in den Schweizer Kantonen Tessin (Art. 20 des Pressegesetzes von 1843) und Waadt (14 des Pressegesetzes von 1937).

b) Das deutsche Vorbild

Die deutsche Form des Entgegnungsrechts mit der Beschränkung auf Tatsachenbehauptungen gibt es im wesentlichen in Mittel- und Nord-

---

[1] Vgl. zum Folgenden: *Biolley*, Le droit de réponse en matière de presse, 1963, S. 10 f., 123, 148 ff., 162 ff.; *Chafee*, Possible new remedies for errors in the Press, Harvard Law Review 60 (1946/47), S. 1 ff.; *Exhenry*, Le droit de réponse en matière de presse, 1929; *Donelly*, The right of reply, Virginia Law Review 34 (1948), 867 ff.; *Jacottet*, La réforme du droit de presse en Suisse, ZSR NF 67 (1948), 228 a ff.; *Löffler*, Presserecht, Rdnr. 154 ff. zu § 11 RPresseG; ders., NJW 1962, 905 und DÖV 1962, 380; *Schumacher*, Die Presseäußerung als Verletzung der persönlichen Verhältnisse, insbesondere ihre Widerrechtlichkeit, 1960, S. 218 ff.; ferner „Der zivilrechtliche Persönlichkeits- und Ehrenschutz", Gutachten des Max-Planck-Instituts für ausländisches und internationales Privatrecht, 1960, S. 79, 296, 339.

[2] *Biolley*, S. 41 f. mit Nachweisen.

europa, z. B. in Österreich (§ 23 des österreichischen Pressegesetzes i. d. F. vom 7. 5. 1952), Dänemark (§ 11 des Pressegesetzes von 1851), Norwegen (§ 40 des Strafgesetzbuches von 1902), Finnland und in den Schweizer Kantonen Schaffhausen (Pressegesetz von 1837) und Graubünden (Pressegesetz von 1839); ferner in Japan (Art. 4 des Pressegesetzes von 1949), Jugoslawien (Art. 82 ff. des Pressegesetzes von 1960) und Griechenland.

2. Das „Recht zur Richtigstellung"

Häufig wird im Zusammenhang mit dem Entgegnungsrecht auch von einem Recht zur Richtigstellung (right of correction oder retraction; droit de rectification) gesprochen[3]. Ein solches Recht ist von dem Entgegnungsrecht streng zu trennen. Es ist mit dem bei uns gegebenen Anspruch auf Widerruf gegenüber objektiv unrichtigen Meldungen identisch. Teilweise wird im Ausland jedoch das deutsche Entgegnungsrecht mit diesem „droit de rectification" verwechselt. So meint z. B. *Biolley*[4], das deutsche Entgegnungsrecht sei „un dementi à une information materiellement inexacte". Diese Fehleinschätzung dürfte einmal auf der irreführenden früheren Bezeichnung „Berichtigungsanspruch" beruhen, zum anderen darauf, daß es in manchen Ländern nur entweder einen Entgegnungs- oder einen Widerrufsanspruch gibt. So prüft etwa *Chafee*[5], ob man in den USA ein Entgegnungsrecht (right of reply) oder einen Widerrufsanspruch (right of retraction) einführen sollte. Daß — wie in Deutschland — beide Ansprüche nebeneinander bestehen können, hält er nicht für möglich.

3. Das angelsächsische Rechtssystem

In England wird eine Entgegnungspflicht der Presse bisher abgelehnt. Vielfach erblickt man darin einen Verstoß gegen die Pressefreiheit. Der Nichtabdruck einer vom Betroffenen vorgeschlagenen Entgegnung kann aber zu einer strengeren Haftung in Schadensersatzprozessen führen[6]. In den USA ist die Rechtslage ähnlich. Lediglich im Staate Nevada gibt es ein right of reply nach französischem Vorbild (Gesetz von 1911). In der Literatur wird die Einführung eines Entgegnungsrechts jedoch teilweise befürwortet[7].

---

[3] Vgl. *Biolley*, S. 10 f.; *Chafee*, S. 6 ff., 28 ff.; *Jacottet*, ZSR NF 67 (1948), 228 a ff.

[4] S. 10.

[5] S. 28.

[6] Gutachten des Max-Planck-Instituts, S. 339.

[7] z. B. *Chafee*, a.a.O.

II. Internationale Vorschläge

Die UNO hat sich in einem Abkommen aus dem Jahre 1952 um die zwischenstaatliche Anerkennung eines Entgegnungsrechts bemüht[8]. Das Abkommen zielt darauf ab, die Gefahr, die dem Frieden durch die Veröffentlichung falscher Nachrichten droht, zu bannen und die Qualität der Nachrichtenübermittlung auf internationaler Ebene zu verbessern. Anspruchsberechtigter und Anspruchsverpflichtete sind jedoch nur solche Staaten, die diesem Abkommen beigetreten sind, also nur Völkerrechtssubjekte, keine Privatpersonen. Entgegnungsfähig sind nur solche Meldungen, die den anderen Staat betreffen und geeignet sind, dessen Ansehen oder nationale Ehre zu verletzen oder die zwischenstaatlichen Beziehungen zu beeinträchtigen. Obwohl das Recht im englischen Originaltext „right of correction“ genannt wird, handelt es sich in Wahrheit um ein echtes Entgegnungsrecht (right of reply), denn es genügt für das Entstehen des Anspruchs, wenn der betroffene Staat die Unwahrheit der beanstandeten Meldung behauptet[9]. In der Beschränkung auf Tatsachen entspricht es dem deutschen System. Da das Recht nur Staaten zusteht, sich nur gegen Staaten wendet und auf zwischenstaatliche Meldungen beschränkt ist, könnte man es als einen völkerrechtlichen Entgegnungsanspruch bezeichnen.

---

[8] Abgedruckt in Yearbook of the United Nations, 1952, S. 463 ff.

[9] Art. II des Abkommens: „... where a state *contends* that a news is false or distorted, it may submit its version of the facts ...“ (Hervorhebung vom Verf.).

Zweiter Teil

Der Entgegnungsanspruch nach den Pressegesetzen

§ 5: Der Berechtigte und der Verpflichtete

I. Der Berechtigte

Das Recht, den Abdruck einer Entgegnung zu verlangen, steht nach § 11 Abs. 1 RPresseG jeder „beteiligten öffentlichen Behörde oder Privatperson" zu, nach den LPresseG jeder Person oder Stelle, die durch eine in dem Druckwerk aufgestellte Tatsachenbehauptung betroffen ist. Der Kreis der Anspruchsberechtigten ist damit wesentlich eingeschränkt. Nicht jeder, der eine Pressemeldung für unwahr hält, ist befugt, den Abdruck einer Entgegnung zu verlangen. Dieses Recht steht vielmehr nur dem „Beteiligten" (Betroffenen) zu.

1. Privatpersonen

Nach der Entstehungsgeschichte der Vorschrift fallen unter den Begriff „Privatperson" neben den natürlichen Personen auch juristische Personen[1]. Diese Auslegung ist auch heute allgemein anerkannt[2].

Streitig ist jedoch, ob nichtrechtsfähige Vereine und Gesellschaften des BGB und des HGB mit zu den „Privatpersonen" gerechnet werden sollen. *Löffler*[3] befürwortet aus praktischen Erwägungen eine solche extensive Auslegung, während die wohl überwiegende Meinung[4] in diesen Fällen dem Vorstand oder unter Umständen auch den Mitgliedern bzw. den Gesellschaftern das Entgegnungsrecht gibt. Man wird hier die Grundsätze heranziehen können, die man beim Schutz des Namens einer Gesellschaft oder eines nichtrechtsfähigen Vereins aufgestellt hat[5]. Wenn Personenvereinigungen im Rechtsleben als Einheit erscheinen, sollte

---

[1] Sten.Ber. 1, 420; *Marquardsen*, Reichspreßgesetz, S. 85.

[2] *Löffler*, Presserecht, Rdnr. 32 zu § 11 RPresseG, mit weiteren Literaturnachweisen; *Rebmann-Ott-Storz*, Rdnr. 1 zu § 11 BadWürttPresseG.

[3] a.a.O.

[4] *Kitzinger*, Anm. III 2 a zu § 11 RPresseG; Mannheim, S. 23; *Häntzschel*, RPresseG Anm. 5 zu § 11 wohl auch *Riss*, JW 1911, 390, Fußnote 25.

[5] Vgl. *Erman-Böhle-Stamschräder*, Anm. 5 zu § 12 BGB.

man sie zu den „Privatpersonen" rechnen, denen ein Entgegnungsrecht zusteht, wenn über sie Tatsachen verbreitet werden.

Das Entgegnungsrecht steht ferner nicht nur inländischen, sondern auch ausländischen „Privatpersonen" zu[6].

2. *Behörden („Stellen")*

Eine Behörde im Sinne des Presse- und Strafrechts ist ein ständiges, von der Person des Inhabers unabhängiges Organ der Staatsgewalt, das dazu berufen ist, unter öffentlicher Autorität für die Herbeiführung der Zwecke des Staates tätig zu sein[7].

Neben den Bundes-, Länder- und Gemeindebehörden gehören hierher auch Gerichte[8], Ärzte- und Anwaltskammern[9], Industrie- und Handelskammern[10], Fakultäten einer Universität[11] und wohl auch Kommunalsparkassen[12]. Privatrechtlich organisierte Verwaltungskörper sind aber auch dann, wenn ihnen öffentliche Aufgaben übertragen sind, nur bei ausdrücklicher gesetzlicher Bestimmung den Behörden gleichzustellen[13], doch wird man sie andernfalls mit zu den „Privatpersonen" zählen können.

Keine Behörden sind Parlamente des Bundes und der Länder[14], doch dürfte der Gemeinderat als Behörde anzusehen sein, da er auch Exekutivorgan ist[15]. Die anerkannten Religionsgemeinschaften werden, obwohl sie die Stellung öffentlicher Körperschaften besitzen (vgl. Art. 140 GG i. V. m. Art. 137 WRV), nicht zu den öffentlichen Behörden gerechnet, weil sie nur kirchliche, keine staatlichen Funktionen ausüben[16], doch wird man sie zu den „Privatpersonen" des § 11 RPresseG rechnen müssen.

Das Entgegnungsrecht steht auch ausländischen Behörden zu[17].

---

[6] h. M.; *Kraehling*, S. 54; ihm folgend *Kitzinger*, Anm. III 2 a zu § 11 RPresseG; *Löffler*, Presserecht, Rdnr. 34 zu § 11 zu RPresseG.

[7] RGSt. 54, 150; vgl. allgemein auch *Obermayer*, Grundzüge des Verwaltungsrechts und des Verwaltungsprozeßrechts, S. 16 f.

[8] RGSt. 19, 260.

[9] RGSt. 47, 394.

[10] RGSt. 52, 198.

[11] RGSt. 17, 208.

[12] RGSt. 71, 102.

[13] BGHZ 3, 121.

[14] *Löffler*, Presserecht, Rdnr. 2 zu § 10 RPresseG.

[15] Vgl. *Obermayer*, S. 16.

[16] RGSt. 47, 49.

[17] Vgl. die in Anm. 6 Genannten.

3. *Beteiligung (Betroffensein)*

Das Recht zur Entgegnung steht einer Privatperson oder Behörde nur dann zu, wenn sie, wie das Gesetz es ausdrückt, „beteiligt“ (RPresseG) oder „betroffen“ (LPresseG) ist.

a) Daß sich dieser Begriff „beteiligt“ in § 11 RPresseG nicht auf die Tat der Mitteilung bezieht, also mit dem strafrechtlichen Begriff der Teilnahme nichts zu tun hat, sondern daß das Gesetz als Beteiligten denjenigen ansieht, auf den sich die mitgeteilten Tatsachen beziehen, also den sog. Betroffenen, ist so selbstverständlich, daß man sich wundert, wie *Meves*[18] hier überhaupt Zweifel hegen konnte.

b) Das Erfordernis der Beteiligung bzw. des Betroffenseins bezweckt die Einengung des Kreises der Anspruchsberechtigten, denn „es wäre für die Presse eine unerträgliche Belastung, wenn jedermann das Recht hätte, die Berichtigung einer seiner Meinung nach unzutreffenden Pressemitteilung zu verlangen“[19]. Man hat den Begriff des Betroffenseins enger[20] und weiter[21] gefaßt wissen wollen. In der Sache sind sich die verschiedenen Meinungen im wesentlichen einig, indem jeder bemüht ist, für die unübersehbare Fülle der möglichen Formen des Betroffenseins allgemeine Richtlinien herauszuarbeiten, die bei der Würdigung des Einzelfalles zu berücksichtigen sind. Die Schwierigkeit der Abgrenzung liegt darin, den gerechten Mittelweg zu finden zwischen den Interessen der Presse, die das Entgegnungsrecht möglichst wenigen zubilligen will, und den Belangen des einzelnen, der ein Recht auf Erwiderung möglichst oft haben möchte.

c) Zunächst ist nur diejenige Privatperson oder Behörde durch den Presseartikel „betroffen“, die durch die mitgeteilte Tatsache individuell berührt ist[22], wenn sie selbst ein berechtigtes Interesse an einer Entgegnung haben muß. So genügt es nicht, wenn die Pressemitteilung eine Person nur generell als Gruppenangehörigen betrifft, etwa „alle Raucher“, „alle Deutschen“, „alle Steuerzahler“ usw.[23]. Einen instruktiven Fall hatte das LG Berlin[24] zu entscheiden. Eine Berliner Zeitung hatte

---

[18] GA 45 (1897), 337.

[19] *Löffler*, Presserecht, Rdnr. 18 zu § 11 RPresseG; *Kitzinger*, ZStW 27 (1907), 887 Fußnote 17, spricht von einer „heilsamen Begrenzung des Rechts“.

[20] *Kitzinger*, Anm. III 2 b zu § 11 RPresseG und ZStW 27 (1907), 885 ff.

[21] v. *Liszt*, Reichspreßrecht, S. 95; *Kloeppel*, S. 240 f.; *Kraehling*, S. 55; vgl. auch *Regensburger*, S. 22 f. und *Löffler*, Presserecht, Rdnr. 19 ff. zu § 11 RPresseG.

[22] So verlangt *Meves*, GA 45 (1897), 337, ein „eigenes“ und „persönliches“ Interesse; *Berner*, S. 235, und v. *Liszt*, Reichspreßrecht, S. 95, daß der Artikel den Beteiligten „berührt“ oder „trifft“; *Regensburger*, S. 23, daß die Mitteilung ein in der Persönlichkeitssphäre liegendes Interesse berührt.

[23] h. M.; vgl. *Löffler*, Presserecht, Rdnr. 22 zu § 11 RPresseG, mit weiteren Nachweisen.

[24] ArchPRÜbers. VII (1962), 38.

irrtümlicherweise mitgeteilt, daß Reisende aus Berlin für ihre Einreise nach Spanien einen Pockenimpfschein benötigten. Nun wollte der Inhaber eines Reisebüros für Spanienreisen, dessen Buchungen daraufhin zurückgingen, den Abdruck einer „Richtigstellung" über § 11 RPresseG durchsetzen. Mit Recht hat hier das LG eine „Beteiligung" verneint, denn „beteiligt" ist nur, wer zu der mitgeteilten Tatsache in einer individuellen Beziehung steht[25]. Die mitgeteilte Tatsache „betraf" aber das Reisebüro überhaupt nicht[26].

d) Von der Frage, ob ein generelles Berührtsein genügt, ist die weitere Frage zu unterscheiden, ob die Mitteilung den individuellen Interessenbereich direkt oder indirekt betreffen muß[27].

So steht z. B. bei einer Mitteilung, daß ein wegen eines Verbrechens verfolgter Jugendlicher verwahrlost sei, den Eltern ein Entgegnungsrecht zu, weil mit dieser Behauptung gleichzeitig ihr Erziehungsrecht unmittelbar betroffen wird[28]. Ebenso wird man entscheiden müssen, wenn durch einen Artikel über einen Verstorbenen auch eigene Interessen der Erben oder der Angehörigen berührt werden. Diese haben dann ein eigenes Entgegnungsrecht. Ein Entgegnungsrecht des Verstorbenen sollen sie nach dem überwiegenden Teil der Lehre nicht wahrnehmen können, da es sich um ein höchstpersönliches, nicht vererbliches Recht handele[29]. Diese Auffassung dürfte jedoch kaum haltbar sein, da auch Persönlichkeitsrechte „Nachwirkungen" über den Tod hinaus haben[29a].

---

[25] Der häufig in diesem Zusammenhang verwendete Ausdruck „persönlich" ist allerdings irreführend. Die Interessen brauchen nicht persönlicher Art zu sein, worauf *Neumann-Duesberg*, DB 1957, 861, Fußn. 8, hinweist. Er bringt das Beispiel: Eine Zeitungsmeldung des Inhalts, die Hühner eines Bauern hätten die Hühnerpest, berührt zwar nicht die Persönlichkeitssphäre des Bauern, ist aber berichtigungsfähig.

[26] Inwieweit der Inhaber des Reisebüros den entstandenen Schaden ersetzt verlangen kann, ist hier nicht zu entscheiden. In Frage kommen könnte ein Eingriff in den eingerichteten und ausgeübten Gewerbebetrieb, der aber einen unmittelbaren Eingriff in den Betrieb als solchen voraussetzt (vgl. dazu *Hubmann*, Das Recht am Unternehmen, ZHR 117, 41), was hier aber zweifelhaft ist.

[27] Vgl. *Löffler*, Presserecht, Rdnr. 24 zu § 11 RPresseG, der die Ausdrücke „unmittelbar" und „mittelbar" gebraucht, was u. U. mitverstanden werden könnte.

[28] *Kitzinger*, Anm. III 2 b zu § 11 RPresseG, ihm folgend *Löffler*, Presserecht, Rdnr. 25 zu § 11 RPresseG.

[29] So *Löffler*, Presserecht, Rdnr. 26 zu § 11 RPresseG; *Erbs-Kohlhaas*, Anm. 4 zu § 11 RPresseG; wohl auch *Kitzinger*, Anm. III 2 b zu § 11 RPresseG und *Mannheim*, S. 23, die an sich die Vererblichkeit leugnen, das Entstehen eines eigenen Rechts der Erben bzw. Angehörigen aber wohl nicht ausschließen wollen. Nach OLG München (NJW 1954, 927) soll die Witwe für ihren verstorbenen Mann, der „betroffen" war, eine Gegendarstellung gemäß § 10 BayPresseG nicht verlangen können. — Daß der Entgegnungsanspruch aus dem besonderen Persönlichkeitsrecht auf Identität entspringt, vgl. unten § 9 IV 6 c.

[29a] Vgl. BGHZ 15, 249 (259): Cosima Wagner.

Aus diesen Überlegungen ergibt sich, daß der Beteiligte nicht namentlich genannt zu werden braucht. Es genügt, wenn ein unbefangener Leser die Meldung auf eine bestimmte Person beziehen kann[30], auch wenn diese gar nicht gemeint war. Doch reicht es nicht aus, wenn der Einsender der Entgegnung sich für den Betroffenen hält[31]. Der Artikel muß sich vielmehr objektiv, d. h. vom Standpunkt eines „unbefangenen Lesers" aus, auf den Einsender beziehen können. Dem verantwortlichen Redakteur muß der Beteiligte alle Tatsachen darlegen, aus denen sich seine Berechtigung in schlüssiger Weise ableiten läßt; eine Glaubhaftmachung der Tatsachen ist aber nicht erforderlich[32].

e) Das zur Beteiligung Gesagte gilt auch für Behörden. Das sei ausdrücklich hervorgehoben. Behörden können also nur dann eine Entgegnung verlangen, wenn sie beteiligt sind. Damit gibt es heute den sog. „behördlichen Berichtigungszwang" nicht mehr, durch den früher eine Behörde kraft ihrer Amtsgewalt die Berichtigung einer Meldung verlangen konnte, auch wenn sie nicht beteiligt war[33]. Eine in der Praxis häufige Form der Beteiligung einer Behörde wird vorliegen, wenn sich die Pressemeldung an sich nur gegen einen einzelnen Beamten richtet, dadurch aber gleichzeitig eigene Interessen der Behörde betroffen sind[34]. Hier wird regelmäßig nur die Behörde betroffen sein, der der Beamte angehört. Mit Recht lehnt *Kitzinger*[35] eine Entscheidung des Kammergerichts[36], in der dem Staatsanwalt das Entgegnungsrecht gewährt wurde, weil er wegen der Verfehlungen eines Beamten Ermittlungen eingeleitet hatte, als zu weitgehend ab. Betroffen war hier nicht die Staatsanwaltschaft, sondern die Behörde, der der Beamte angehörte.

f) Abschließend muß noch festgehalten werden, daß „betroffen" keineswegs „angegriffen" oder „verletzt" bedeutet[37]. So hat ein Schauspieler den Entgegnungsanspruch, wenn seine große schauspielerische Leistung bei der Premiere hervorgehoben wird, er aber in Wahrheit wegen Krankheit gar nicht aufgetreten war, oder, um ein Beispiel von

---

[30] BayObLG NJW 1961, 2075; ebenso jetzt BGH NJW 1963, 1155 (mit Anm. v. *Wenzel*, S. 1710) = *GRUR* 1963, 638 mit Anm. v. *Löffler*.

[31] So aber *Riss*, JW 1911, 388; *Ebner*, Preßrecht, S. 46 und *Stenglein-Galli*, Anm. 3 zu § 11 RPresseG (in der 5. Aufl. von *Stenglein-Conrad* aufgegeben), deren Ansicht aber allgemein abgelehnt wird, vgl. *Kitzinger*, Anm. III 2 b zu § 11 RPresseG und *Regensburger*, S. 24.

[32] Vgl. *Löffler*, Presserecht, Rdnr. 29 zu § 11 RPresseG mit weiteren Nachweisen.

[33] Vgl. oben § 2 I 1.

[34] *Löffler*, Presserecht, Rdnr. 31 zu § 11 RPresseG.

[35] Anm. III 2 b zu § 11 RPresseG; ebenso *Löffler*, Presserecht, Rdnr. 31 zu § 11 RPresseG.

[36] KG GA 35 (1887), 445; ebenso wohl *Regensburger*, S. 26.

[37] Völlig h. M. früher und heute; vgl. statt aller *Löffler*, Presserecht, Rdnr. 28 zu § 11 RPresseG.

Löffler[38] zu verwenden: Wer in der Zeitung rühmend erwähnt wird, er habe einen Menschen vor dem Ertrinken gerettet, hat den Berichtigungsanspruch, wenn eine Personenverwechslung vorliegt.

4. *Mehrheit von Betroffenen*

Für den Fall, daß ein Artikel Tatsachen bringt, die mehrere Personen betreffen, steht an sich jedem ein eigenes Recht zur Entgegnung zu. Es erhebt sich jedoch die Frage, ob der Abdruck einer Gegendarstellung auch den Anspruch der anderen erlöschen läßt, oder ob die Presse verpflichtet ist, einen „Schweif von Gegendarstellungen"[39] zu demselben Artikel abzudrucken.

Man wird hier auf den Einzelfall abstellen und prüfen müssen, inwieweit die erste Gegendarstellung bereits alles zu Berichtigende mitenthalten hat. Bringt der zweite Einsender in seiner Entgegnung neue Tatsachen aus neuer Sicht, so wird man eine erneute Pflicht zum Abdruck fordern müssen[40]. Hat der erste Einsender in seiner Entgegnung bereits alles vorgebracht, so kann ein schutzwürdiges Interesse für weitere Entgegnungen entfallen[41]. Es muß jedoch immer berücksichtigt werden, daß eine Entgegnung nur die subjektive Darstellung des Einsenders ist und sich die weiteren Beteiligten nicht mit einer für den Leser unter Umständen weniger glaubwürdigen Erklärung zufrieden geben müssen[42]. Auch kann die Entgegnung nur eines Betroffenen den Eindruck erwecken, die Pressemeldung sei bezüglich der anderen unzweifelhaft, weil diese keine Erwiderung gebracht haben.

II. Der Verpflichtete

Zur Aufnahme einer Entgegnung ist nach § 11 RPresseG der „verantwortliche Redakteur" verpflichtet, nach den LPresseG auch der Verleger. Kommt der verantwortliche Redakteur der Verpflichtung nach § 11 RPresseG nicht nach, obwohl alle Voraussetzungen zur Aufnahme einer Entgegnung vorliegen, so macht er sich strafbar nach § 19 Abs. 1 Nr. 3 RPresseG[43]. In den neuen LPresseG von Baden-Württemberg, Berlin, Bremen, Hamburg, Hessen, Niedersachsen, Rheinland-Pfalz,

---

[38] *Löffler*, a.a.O., das Beispiel wird auch vom BayObLG NJW 1958, 1826, gebracht.

[39] Ausdruck von *Löffler*, Presserecht, Rdnr. 33 zu § 11 RPresseG.

[40] *Mannheim*, S. 23; *Kitzinger*, Anm. III 2 b zu § 11 RPresseG; *Löffler*, a.a.O.

[41] *Regensburger*, S. 25; *Kraehling*, S. 56; *Stenglein-Conrad*, Anm. 3 zu § 11 RPresseG.

[42] So mit Recht *Kitzinger*, Anm. III 2 b zu § 11 RPresseG; neuerdings ebenso *Schultz*, Die Justiz, 1964, 320.

[43] Vgl. zur Strafklage im einzelnen unten § 7 II 1.

Saarland und Schleswig-Holstein hat man den Verstoß gegen die Abdruckspflicht nicht mehr für strafbar erklärt, wohl aber im BayPresseG (§ 13).

1. Der verantwortliche Redakteur

In den §§ 7, 8, 10, 11, 20 und 21 hat das RPresseG den verantwortlichen Redakteur zum Mittelpunkt des gesamten „Haftungssystems“[44] im Presserecht gemacht, diesen Begriff aber weder definiert noch abgegrenzt. In den LPresseG ist man dem System des RPresseG gefolgt. Es ist daher nicht verwunderlich, wenn er als „einer der schwierigsten, wichtigsten und umstrittensten“[45] Begriffe des RPresseG bezeichnet wurde. Der Gesetzgeber hat das Institut des verantwortlichen Redakteurs geschaffen, um jederzeit ein Haftungssubjekt für den Inhalt einer periodischen Druckschrift und für die Erfüllung der presserechtlichen Ordnungsvorschriften zu gewährleisten. Daher hat er in § 7 RPresseG bestimmt, daß auf jeder Nummer einer periodischen Druckschrift Name und Wohnort des verantwortlichen Redakteurs im sog. Impressum enthalten sein müssen. Den Begriff des verantwortlichen Redakteurs haben auch die LPresseG übernommen.

a) Als Redakteur im weiteren (arbeitsrechtlichen) Sinn bezeichnet man allgemein[46] diejenigen Personen, die den in einer periodischen Druckschrift zu publizierenden Stoff sammeln, sichten, bearbeiten und druckfertig machen. Daß sie selbst Artikel verfassen, ist nicht begriffsnotwendig[47].

b) Für den engeren (presserechtlichen) Redakteurbegriff ist zusätzlich erforderlich, daß dem Redakteur ein — wenn auch begrenztes — Bestimmungsrecht über die Auswahl des Stoffes zusteht. Insoweit besteht seit jeher Einigkeit[48].

c) Streit herrscht jedoch darüber, wer im Einzelfall als verantwortlicher Redakteur anzusehen ist. Nach der formellen Theorie[49], auch Benennungstheorie genannt, soll es allein auf die nach § 7 RPresseG vorgeschriebene Benennung im Impressum ankommen. Wer bewußt und gewollt als verantwortlicher Redakteur genannt sei, gebe eine Garantieerklärung ab, daß er für den Inhalt der Druckschrift die volle Verant-

---

[44] *Mannheim*, S. 49.

[45] *Kitzinger*, Anm. III zu § 7 RPresseG.

[46] *Häntzschel*, PresseG, Anm. 5 B zu § 7; *Löffler*, Presserecht, Rdnr. 3 zu Vorbem. §§ 7, 8 RPresseG.

[47] RGSt. 21, 23.

[48] Statt aller *Löffler*, a.a.O., mit weiteren Hinweisen auf Rechtsprechung und Schrifttum.

[49] Vertreten vor allem von *Löning*, Die strafrechtliche Haftung des verantwortlichen Redakteurs, S. 137 ff., und *Heilborn*, Reichspreßrecht, S. 19.

wortung übernehme, auch ohne redigierende Tätigkeit. Abgesehen davon, daß diese Theorie versagt, wenn eine Benennung unterblieben ist, steht sie auch mit dem Gesetz in Widerspruch. So fordert § 7 Abs. 2 RPresseG, daß der Redakteur die Redaktion „besorgt". Nach § 18 Abs. 2 ist es strafbar, wenn eine Person fälschlich als Redakteur benannt wird. Käme es für die Eigenschaft als verantwortlicher Redakteur alleine auf die Benennung an, so wäre eine „fälschliche Benennung" nur möglich, wenn jemand ohne seinen Willen benannt ist oder der Benannte gar nicht existiert[50]. § 18 RPresseG will aber gerade den sog. Schein- oder Sitzredakteur bekämpfen[51], den *Puchstein*[52] treffend als „den Kuli" bezeichnet hat, den sich der Herausgeber nehme, damit dieser die verdiente Strafe für ihn absitze. Mit Recht wird die formale Theorie daher heute abgelehnt. Die Benennung einer Person im Impressum ist nicht konstitutives Element für den Begriff des verantwortlichen Redakteurs, sondern bloße, widerlegbare Vermutung, daß die genannte Person verantwortlicher Redakteur sei[53].

Die materiellen Theorien sind sich darüber einig, daß es nicht auf die formale Benennung ankommen kann[54], doch bestehen im einzelnen Meinungsverschiedenheiten. Für die Vertreter der Tätigkeitstheorie ist verantwortlicher Redakteur der einzelnen Nummer einer periodischen Druckschrift „derjenige, der bei ihrer Herstellung den Stoff sammelt, auf seine etwaige Strafbarkeit prüft und über seine Aufnahme entscheidet"[55]. Die sog. Stellungstheorie, die von v. *Bülow*[56] begründet wurde und heute als herrschend gilt[57], verlangt neben der tatsächlichen Besorgung der Redaktionsgeschäfte, daß dem Redakteur diese Stellung vom Unternehmer der Druckschrift eingeräumt worden ist[58].

---

[50] *Regensburger*, S. 35; *Löffler*, Presserecht, Rdnr. 6 zu Vorbem. §§ 7, 8 RPresseG meint sogar, für die Benennungstheorie müßte eine „fälschliche Benennung" begrifflich unmöglich sein, aber zu Unrecht, wie die Beispiele im Text zeigen.

[51] Motive in GA 22 (1874), 188.

[52] Zitiert nach *Mannheim*, S. 51, Fußnote 1; vgl. auch RGSt. 27, 249.

[53] *Kitzinger*, Anm. III 2 b zu § 7 RPresseG; *Stenglein-Conrad*, Anm. 4 zu § 7 RPresseG; *Löffler*, Presserecht, Rdnr. 12 zu Vorbem. §§ 7, 8 RPresseG.

[54] Zum ersten Mal in diese Richtung, aber zwischen Tätigkeits- und Stellungstheorie nicht unterscheidend, *Honigmann*, Die Verantwortlichkeit des Redakteurs, 1885, S. 119.

[55] *Appelius*, ZStW 27 (1907), 676; ihm folgend *Kitzinger*, Anm. III zu § 7 RPresseG; *Regensburger*, S. 37 ff.

[56] GA 40 (1892), 241 ff.; ZStW 14 (1894), 643 ff.; GA 43 (1895), 324 ff.

[57] *Stenglein-Conrad*, Anm. 4 zu § 7 RPresseG; *Mannheim*, S. 55; neuerdings *Löffler*, Presserecht, Rdnr. 11 ff. zu Vorbem. §§ 7, 8 RPresseG und *Reh-Gross*, Anm. 2 zu § 7 HessPresseG; *Rebmann-Ott-Storz*, Rdnr. 29 zu § 11 BadWürtt-PresseG. Das RG, das sich zunächst der Benennungstheorie (RGSt 23, 9; 25, 189; 31, 211) und der Tätigkeitstheorie (RGSt. 21, 23; RG in GA 50, 395) anschloß, folgte schließlich der Stellungstheorie in stRspr. (RGSt. 27, 246; 35, 271; 36, 215; 66, 31).

[58] v. *Bülow*, GA 40 (1892), 250 und GA 43 (1895), 338.

Von den materiellen Theorien wurde die Stellungstheorie vor allem deswegen bevorzugt, weil die Tätigkeitstheorie es ermögliche, den verantwortlichen Redakteur mit jeder Nummer zu wechseln[59], sie also eine juristische „Eintagsfliege“[60] aus ihm mache, was dem Gesetz widerspreche. Diese Bedenken sind allerdings nicht stichhaltig. Nur die Institution des verantwortlichen Redakteurs ist vom Gesetzgeber als dauernde Einrichtung geschaffen; der Inhaber dieser Stellung kann selbstverständlich häufig wechseln, muß es in manchen Fällen sogar, etwa bei Krankheit, Reise, Tod des bestellten verantwortlichen Redakteurs[61]. Das haben inzwischen auch neuere Vertreter der Stellungstheorie erkannt[62]. Sie halten jedoch neben der bloßen Tätigkeit des Redigierens als Anknüpfungspunkt für die Begriffsbestimmung des verantwortlichen Redakteurs weiterhin an dem zusätzlichen Erfordernis der Zustimmung durch den Unternehmer der Druckschrift[63] fest, allerdings zu Unrecht, wie man an den Beispielen von *Appelius*[64] und *Kitzinger*[65] sieht, wo der verantwortliche Redakteur überraschend ausgefallen ist, ein Stellvertreter nicht bestellt war und der Unternehmer der Druckschrift verhindert war, sofort einen neuen verantwortlichen Redakteur zu bestellen. Wer in dieser Zwischenzeit die Redaktionsgeschäfte besorgt, vor allem die Auswahl des Stoffes vornimmt und über den Abdruck entscheidet, muß als verantwortlicher Redakteur gelten, auch ohne Bestellung durch den Unternehmer. Diese Lücke haben auch die Vertreter der Stellungstheorie erkannt und bezeichnen ihre Ansicht selbst als „nicht der Weisheit letzter Schluß“[66] und als „nicht ideale Lösung“[67] des Problems.

d) Alleiniger Anknüpfungspunkt für die Bestimmung, wer als verantwortlicher Redakteur haftet, ist also die tatsächliche Ausübung der

---

59 v. *Bülow*, ZStW 14 (1894), 647, 650; RGSt. 27, 250; vgl. auch *Mannheim*, S. 53.

60 Der Ausdruck wurde von *Löning*, S. 16, und *Kloeppel*, S. 214, geprägt, die ihn aber für den verantwortlichen Redakteur der formellen Theorie wählten, für den Fall, daß für jede Nummer ein anderer verantwortlicher Redakteur benannt wird.

61 Darauf ist immer wieder hingewiesen worden, schon durch *Löning*, S. 16, und *Kitzinger*, Anm. III 4 zu § 7 RPresseG, der auf den ähnlichen Fall bei einer Behörde hinweist, die als Institution ebenfalls von dem jeweiligen Amtsträger unabhängig ist.

62 *Mannheim*, S. 53; *Löffler*, Presserecht, Rdnr. 8 zu Vorbem. §§ 7, 8 RPresseG.

63 Dieses Erfordernis wird aber dadurch abgeschwächt, daß neben dem Unternehmer auch der Chefredakteur und der verantwortliche Redakteur selbst vorübergehend einen anderen als verantwortlichen Redakteur sollen bestellen können; *Mannheim*, S. 55, und *Löffler*, Presserecht, Rdnr. 13 zu Vorbem. §§ 7, 8 RPresseG.

64 ZStW 27 (1907), 674.

65 Anm. III 4 zu § 7 RPresseG.

66 *Mannheim*, S. 56.

67 *Löffler*, Presserecht. Rdnr. 11 zu Vorbem. §§ 7, 8 RPresseG.

redigierenden Tätigkeit[68]. In welchem Verhältnis der verantwortliche Redakteur zu seinem Unternehmer steht, mag für den privatrechtlichen Anstellungsvertrag von Bedeutung sein (Innenverhältnis), berührt aber nicht die Haftung des Redakteurs nach außen[69].

2. *Mehrheit von Redakteuren*

Bei der Größe einer modernen Zeitung oder Zeitschrift kann die Stellung eines verantwortlichen Redakteurs in der Regel nicht mehr von einer Person allein ausgeübt werden. Das Gesetz läßt daher in § 7 Abs. 2 RPresseG eine Verteilung der Aufgaben auf mehrere Personen zu. Es erhebt sich dann die Frage, welche von diesen Personen für die Aufnahme einer Entgegnung haftet.

a) Die Aufteilung hat nach § 7 Abs. 2 RPresseG in der Weise zu erfolgen, daß das Arbeitsgebiet jedes einzelnen gegenüber dem der anderen abgegrenzt ist, und zwar nach (selbständigen) Teilen der Druckschrift, so daß jeweils ein Redakteur verantwortlich ist für den politischen Teil, den kulturellen Teil, den Wirtschafts-, den Sportteil, die Lokalnachrichten usw. Die Aufteilung muß alle Teile der Druckschrift umfassen, auch den Anzeigenteil[70]. Zur Aufnahme der Entgegnung ist dann derjenige Redakteur verpflichtet, in dessen Teil der beanstandete Artikel erschienen ist[71].

b) Nicht zulässig ist es, mehrere Personen gemeinsam für die gesamte Druckschrift oder einen Teil derselben zu bestellen und durch Mehrheitsbeschluß über die Aufnahme eines Artikels zu entscheiden[72], oder für einen Teil der Druckschrift überhaupt keinen verantwortlichen Redakteur zu bestellen. Im letzten Falle wird man den als verantwortlichen Redakteur anzusehen haben, der über die Aufnahme der Beiträge in die Druckschrift tatsächlich entschieden hat (Tätigkeitstheorie, vgl. oben 1c). Im ersten Falle liegt eine nach § 7 Abs. 2 RPresseG zwar unzulässige und nach §§ 18, 19 RPresseG strafbare Bestellung vor, doch wird man diese Gesetzesverletzung nicht damit „belohnen" dürfen, daß keiner der Bestellten verantwortlicher Redakteur ist[73]; die Presse

---

[68] In neuerer Zeit haben sich BGHSt. 9, 187, BayObLG ArchPRÜbers. VII (1962), 37, OLG Düsseldorf ArchPRÜbers. VII (1962), 36 und OLG Hamburg NJW 1953, 1766, gegen die Benennungstheorie und für die Anknüpfung an die Ausübung der redigierenden Tätigkeit ausgesprochen. Eine Unterscheidung zwischen Tätigkeits- und Stellungstheorie war bei der jeweiligen Sachlage nicht erforderlich.

[69] So besonders *Appelius*, ZStW 27 (1907), 673.

[70] h. M.; RGSt. 28, 72; *Mannheim*, S. 57; *Löffler*, Presserecht, Rdnr. 24 zu § 7 RPresseG.

[71] Allgemeine Ansicht; *Löffler*, Presserecht, Rdnr. 37 zu § 11 RPresseG.

[72] h. M.; *Kitzinger*, Anm. V 1 zu § 7 zu RPresseG.

[73] So aber *Häntzschel*, RPresseG, Anm. 14 zu § 7.

kann sich also nicht einfach durch Benennung mehrerer Redakteure von ihrer Haftung befreien. In diesen Fällen wird man jeden einzelnen als zur Aufnahme einer Entgegnung verpflichtet ansehen müssen[74].

3. Personenwechsel

Hat zwischen dem Erscheinen des beanstandeten Artikels und dem Erscheinen der Nummer, in der die Entgegnung aufgenommen werden soll, die Person des verantwortlichen Redakteurs gewechselt, so erhebt sich die Frage, welcher Redakteur zur Aufnahme der Entgegnung verpflichtet ist, der frühere oder der jetzige. Für die Beantwortung dieser Frage ist der Zweck des § 11 RPresseG zu berücksichtigen. Der Gesetzgeber wollte gegen einen in der Presse erschienenen Artikel die Möglichkeit geben, daß der Betroffene in demselben Presseorgan vor dem gleichen Publikum eine Gegenerklärung abgibt. Die Verpflichtung zur Aufnahme der Entgegnung soll also an sich nicht die Person des verantwortlichen Redakteurs treffen, sondern das Presseorgan selbst, für das die Institution des verantwortlichen Redakteurs nur stellvertretend als Haftungssubjekt geschaffen wurde. Mit Recht hält daher die h. M.[75] den Redakteur für verpflichtet, der für die Nummer verantwortlich ist, in der die Entgegnung zu erscheinen hat. *Ebner*[76] hält auch den früheren verantwortlichen Redakteur für mitverpflichtet. Dabei verkennt er, daß dieser, da er nicht mehr verantwortlicher Redakteur ist, keine Entscheidungsbefugnis mehr über die Aufnahme eines Artikels hat, eine Mitverpflichtung also sinnlos wäre. Unberührt bleibt natürlich die persönliche Haftung des früheren verantwortlichen Redakteurs für den von ihm redigierten Artikel, strafrechtlich nach § 20 RPresseG, zivilrechtlich nach § 823 Abs. 1 oder Abs. 2 BGB, falls in dem Artikel eine Ehrverletzung oder andere Rechtsverletzung enthalten war.

4. Der Verleger

Die Abdruckspflicht trifft nach § 11 RPresseG nur den verantwortlichen Redakteur, nicht den Verleger, im Gegensatz zu den LPresseG, die auch dem Verleger die Pflicht zum Abdruck einer Entgegnung auferlegen.

Man hat die Beschränkung des § 11 RPresseG als „Fehlgriff des Gesetzgebers" bezeichnet[77], weil der Verleger als Inhaber des Unter-

---

[74] *Kitzinger*, Anm. V 1 zu § 1 RPresseG.

[75] *Löffler*, Presserecht, Rdnr. 36 zu § 11 RPresseG mit ausführlichen Nachweisen.

[76] S. 43.

[77] *Mannheim*, S. 20, 24.

nehmens die Aufnahme einer Entgegnung auch dann verhindern könne, wenn der verantwortliche Redakteur zur Aufnahme freiwillig bereit oder vom Gericht verurteilt sei. Früher hat man diesen Fall, wie im wesentlichen das gesamte Entgegnungsrecht, nur unter strafrechtlichen Gesichtspunkten gewürdigt. Danach bleibt der verantwortliche Redakteur für den Nichtabdruck der Entgegnung nach § 19 Abs. 1 Nr. 3 RPresseG auch dann strafbar, wenn er auf Weisung des Verlegers handelte. Er kann sich vor Strafe nur durch Niederlegung der verantwortlichen Redaktion schützen[78].

Neuerdings läßt man die Geltendmachung des Entgegnungsrechts im Zivilrechtsweg zu[79]. Dabei ergibt sich für den Betroffenen die Schwierigkeit, daß für ihn eine Verurteilung des verantwortlichen Redakteurs zur Aufnahme der Entgegnung praktisch wertlos ist, falls der Verleger den Abdruck trotzdem verhindern könnte. Das OLG Hamburg[80] hält deshalb den Verleger für verpflichtet, die Aufnahme zu dulden. Diese Entscheidung, die sich, soweit ersichtlich, bisher als einzige mit diesem Problem befaßt hat, ist vom Ergebnis her durchaus billigenswert, findet im Wortlaut des Gesetzes aber an sich keine Stütze. Man wird sie trotzdem mit der Überlegung rechtfertigen können, daß die Haftung des verantwortlichen Redakteurs nur stellvertretend für das Presseorgan eingeführt wurde, an sich also das Presseorgan als abdruckspflichtig anzusehen ist (vgl. oben 3). Mit diesem Lösungsweg hat man ein Ergebnis erreicht, das der Regelung in den LPresseG sehr nahekommt. Trotzdem wäre es wünschenswert, die Verpflichtung des Verlegers für die gesamte Bundesrepublik expressis verbis festzustellen, damit jeder Zweifel von vornherein ausgeschaltet wäre.

§ 6: Voraussetzungen der Abdruckspflicht

Die Pflicht zum Abdruck einer Entgegnung besteht nur gegenüber in „Artikeln“ (unten I 1.) einer „periodischen Druckschrift“ (I 2.) „mitgeteilten Tatsachen“ (II). Auf seiten des Betroffenen müssen noch hinzukommen: eine „förmliche Entgegnungserklärung“ (III 1), die sich auf „tatsächliche Angaben“ (III 2) beschränkt, das Ersuchen an den verantwortlichen Redakteur, die Entgegnung abzudrucken, das sog. „Abdrucksverlangen“ (III 3) und ein „berechtigtes Interesse“ (IV).

Diese gesetzlichen Erfordernisse sollen es ermöglichen, das Entgegnungsrecht in vernünftigen Grenzen und einem für die Presse zumut-

---

[78] h. M.; *Häntzschel*, RPresseG, Anm. II D 1 zu §§ 18, 19.

[79] In den neuen LPresseG ist dies ausdrücklich festgelegt; für den Geltungsbereich des RPresseG vgl. unten § 7 II 2 und 3. Teil.

[80] ArchPRÜbers. VII (1962), 37.

baren Umfang zu halten, vor allem einen Mißbrauch zu Lasten der Presse zu verhüten. Unter den beiden Begriffen „mitgeteilte Tatsachen" der Presse und „tatsächliche Angaben" des Betroffenen hat man jeweils „Tatsachenbehauptungen" zu verstehen[1].

Diese Beschränkung kennzeichnet den für das deutsche Entgegnungsrecht schon immer typischen Grundsatz: Tatsachenbehauptungen gegen Tatsachenbehauptung[2]. Eine Entgegnung ist weder gegen Werturteile noch mit Werturteilen zulässig. Insoweit[3] ist das Entgegnungsrecht mit dem Recht auf Widerruf[4] eng verwandt, denn auch dieses ist auf Tatsachenbehauptungen beschränkt und besteht nicht gegenüber Formalbeleidigungen, Werturteilen und Ansichten[5], gegen die der Betroffene nur Schadensersatz- und Unterlassungsansprüche geltend machen kann[6].

I. Artikel in einer periodischen Druckschrift

1. Artikel

Nach § 11 Abs. 1 RPresseG besteht die Abdruckspflicht der periodischen Presse, wenn diese Tatsachen über eine Privatperson oder Behörde mitteilt. Die Form, in der diese Mitteilung erfolgt, ist ohne Belang. Erst in § 11 Abs. 2 RPresseG gebraucht das Gesetz den Begriff Artikel, wenn es heißt, die Entgegnung müsse in der gleichen Aufmachung veröffentlicht werden wie der „zu berichtigende Artikel". Das RPresseG erweitert hier nicht den Kreis der sachlichen Voraussetzungen, sondern verwendet den Ausdruck nur zur Bezeichnung des Ausschnitts der Druckschrift, in dem die „mitgeteilten Tatsachen" enthalten sind. Unter Artikel versteht man daher allgemein nicht nur die eigentlichen Zeitungsaufsätze, sondern ebenso Nachrichten, Notizen und sonstige Mitteilungen, in denen Tatsachenbehauptungen enthalten sind und somit

---

[1] h. M.; statt vieler: *Löffler*, Presserecht, Rdnr. 91 zu § 11 RPresseG.

[2] Siehe oben § 2 II 2 a und unten II.

[3] Wegen der Unterschiede zwischen Widerruf und Entgegnung vgl. unten § 9 IV 6 c und § 11 II 1.

[4] Ob als deliktischer Widerrufsanspruch nach §§ 823, 249 BGB oder als negatorischer Anspruch nach § 1004 BGB kann hier dahingestellt bleiben. Vgl. dazu *Helle*, Der Schutz der persönlichen Ehre ..., S. 15 ff., und *Hubmann*, JuS 1963, 98 ff.

[5] h. M.; vgl. BGHZ 10, 105 ff.; BGH NJW 1961, 1913, wo mit Recht ausgeführt wird, daß ein Widerruf von Ansichten und Werturteilen zu einem unerträglichen Gewissenszwang und zu einer schweren Gefährdung des Rechts auf freie Meinungsäußerung führen müßte; vgl. dazu auch *Hubmann*, JuS 1963, 98 ff.

[6] wobei ein Schadensersatzanspruch u. U. auch bei Verbreitung wahrer Behauptungen bestehen kann, z. B. nach § 826 BGB; vgl. BGH VersR 1954, 286.

ein Bedürfnis nach einer Entgegnung besteht[7]. Die LPresseG sprechen daher statt von „Artikel“ von „beanstandetem Text“.

a) Streitig ist jedoch, inwieweit auch Anzeigen entgegnungsfähig sind und zwar für den Geltungsbereich der §§ 11 RPresseG, 10 BayPresseG und 10 HessPresseG, die bezüglich der Anzeigen keine Sonderregelung treffen. In § 11 Abs. 2 BadWürttPresseG, § 11 Abs. 3 RhldPfPresseG und § 11 Abs. 2 SaarlPresseG dagegen ist das Entgegnungsrecht gegenüber „Anzeigen, die ausschließlich dem geschäftlichen Verkehr dienen“, ausgeschlossen; die §§ 11 Abs. 3 HambPresseG und § 11 Abs. 3 SchlHPresseG sehen zwar auch Anzeigen als entgegnungsfähig an, bürden jedoch dem Betroffenen für den Abdruck einer Gegendarstellung gegen eine Anzeige die Kostenlast auf, während der Entgegnungsanspruch sonst nicht mit Kosten verbunden ist. § 10 BerlPresseG, § 11 BremPresseG und § 11 NdsPresseG lassen nach dem Vorbild des BadWürttPresseG das Entgegnungsrecht bei Geschäftsanzeigen ebenfalls nicht zu; für die übrigen Anzeigen bürden sie dem Betroffenen die Kostenlast auf wie im HambPresseG und im SchlHPresseG.

Die früher h. M.[8] bejahte die Frage der Entgegnungsfähigkeit von Anzeigen, weil auch diese oft Tatsachen enthielten, an deren Berichtigung ein Interesse bestehen könne und der Presse die Möglichkeit verwehrt sein solle, in den Annonceteil auszuweichen, um so eine Mitteilung „entgegnungssicher“ zu machen. Die Gegenmeinung[9], die heute vorzudringen scheint[10], sieht in der Erstreckung auf den Anzeigenteil eine durch nichts gerechtfertigte Behinderung der Presse, auf deren Kosten private Auseinandersetzungen im Entgegnungsweg geschlichtet würden. Sie verneint daher das Vorliegen eines Artikels.

Bei der Untersuchung, welcher Meinung der Vorzug zu geben ist, muß man sich darüber im klaren sein, daß wohl die Mehrzahl aller Anzeigen für eine Entgegnung schon deshalb ausscheidet, weil sie keine Tatsachenbehauptungen über Dritte enthalten. Es entfallen daher von vornherein die reinen Familien- und Geschäftsanzeigen. So braucht vor allem ein „Kleinkrieg privater Wettbewerber“ vor der Öffentlichkeit auf Kosten der Presse nicht befürchtet zu werden[11], weil Geschäftsanzeigen in der Regel einen individuell erkennbaren Dritten

---

[7] h. M.; *Häntzschel*, RPresseG, Anm. 4 a zu § 11; *Löffler*, Presserecht, Rdnr. 40 zu § 11 RPresseG.

[8] *Kraehling*, S. 81 ff.; *Meves*, GA 45 (1897), 336; *Westphal*, S. 62; *Kitzinger*, RPresseG, Anm. III 1 b zu § 11 mit weiteren Nachweisen.

[9] Zunächst vor allem *Kloeppel*, S. 239; *Ebner*, S. 45 und DJZ 1910, 1073.

[10] *Löffler*, Presserecht, Rdnr. 42 zu § 11 RPresseG; *Becher*, S. 63; *Thies*, S. 92. Vgl. aber LG Fulda, ArchPRÜbers. V (1960), 31, das für den Bereich des HessPresseG eine Gegendarstellung auch gegenüber Anzeigen für zulässig hält, dazu *Löffler*, ArchPR 1960, 156.

[11] So aber *Thies*, S. 92; *Regensburger*, S. 54.

nicht betreffen. Die vergleichende Werbung, die sich auf einen bestimmten, erkennbaren Konkurrenten bezieht, ist nach deutschem Recht verboten[12]. Sonstige Geschäftsanzeigen, auch bei sog. Alleinstellungswerbung[13], lassen keinen individuellen Mitbewerber erkennen, soweit doch, sind sie ebenfalls unzulässig[14]. Somit verbleiben nur noch die wenigen Fälle, in denen die Vorschriften des Wettbewerbsrechts nicht beachtet wurden oder die Anzeigen sonstige Tatsachenbehauptungen über einen Dritten enthalten. Man denke etwa daran, daß jemand in einer Zeitung die unrichtige Annonce aufgibt, er habe einen Prozeß gegen eine bestimmte Person gewonnen. Das LG Fulda[15] hat hierzu neuerdings für den Bereich des HessPresseG die Erstreckung des Entgegnungsrechts auf Anzeigen zugelassen mit der Begründung, die Beschränkung des Entgegnungsrechts auf betroffene Personen, die ein sachliches Interesse an einer Erwiderung haben, verhindere einen Mißbrauch zu Lasten der Presse — eine Ansicht, die sich an sich auch auf das RPresseG ausdehnen ließe, denn der „Berichtigungszwang" des RPresseG unterliegt insoweit derselben Beschränkung auf den „Betroffenen" wie das „Gegendarstellungsrecht" des HessPresseG[16].

Trotzdem wird dieser Ausdehnung wohl nicht zuzustimmen sein. Allerdings kann man die ablehnende Meinung nicht darauf stützen, daß Anzeigen für jedermann als private Äußerung erkennbar sind[17], denn auch Leserbriefe und Artikel, die unter dem Vorbehalt der Redaktion stehen[18], sind allgemein mit Recht[19] als entgegnungsfähig anerkannt worden, obwohl man sie sofort als private Äußerung erkennen kann. Untersucht man jedoch die beteiligten Interessen, so entdeckt man zwischen Leserbriefen und sonstigen Fremdartikeln einerseits und privaten Anzeigen andererseits einen grundlegenden Unterschied, der es rechtfertigt, beide unterschiedlich zu behandeln: An privaten Anzeigen hat die Presse nämlich lediglich ein wirtschaftliches, ein finanzielles Veröffentlichungsinteresse. Ihr geht es um das Entgelt für die Anzeigen; der Inhalt der Inserate ist ihr, falls er nicht strafbarer Natur ist (§§ 20,

---

[12] h. M.; statt aller *Hubmann*, Gewerblicher Rechtsschutz, S. 251.

[13] Wenn also der Wettbewerber seine Ware als „die beste", sein Geschäft als „das größte", „das älteste" usw. anpreist.

[14] *Baumbach-Hefermehl*, Rdnr. 35 ff. zu § 3 UWG.

[15] ArchPRÜbers. V (1960), 31; dazu *Löffler*, ArchPR 1960, 156, der aufmerksam macht auf eine eventl. Schadensersatzpflicht des Inserenten gegenüber der Zeitung, da er diese schuldhaft einem Entgegnungszwang ausgesetzt habe.

[16] *Reh-Gross*, Anm. 3 a zu HessPresseG § 10.

[17] So aber *Thies*, S. 92; wohl auch *Löffler*, Presserecht, Rdnr. 42 zu § 11 RPresseG.

[18] z. B.: „Ansichten, die unter dieser Rubrik veröffentlicht werden, stellen nicht unbedingt die Meinung der Redaktion dar".

[19] h. M.; *Löffler*, Presserecht, Rdnr. 64 zu § 11 RPresseG; vgl. auch unten II 2.

21 RPresseG), an sich gleichgültig. Sie will sich mit den Anzeigen vor allem nicht selbst an die Leser wenden. Bei Leserbriefen und sonstigen „fremden“ Artikeln ist die Lage ganz anders. Die Presse bekommt dafür kein Entgelt. Sie wählt unter den ihr zugesandten Artikeln diejenigen aus, die sie selbst ihren Lesern zur Diskussion stellen möchte. Ein rein finanzielles Interesse steht hier, wie bei den presseeigenen Meldungen, nicht eigentlich im Vordergrund. Sie verfolgt vielmehr in erster Linie einen eigenen, informatorischen und meinungsbildenden Zweck, ein öffentliches Interesse also, auch wenn die Redaktion die Meinung der Verfasser nicht unbedingt teilt. Auf der Wahrnehmung dieses öffentlichen Interesses beruht die Autorität der Presse bei ihren Lesern, weil sie die „Gestalterin der öffentlichen Meinung“[20] ist, die eine öffentliche Aufgabe wahrnimmt[21]. Darauf beruht aber auch die besondere Gefährlichkeit der Presse gegenüber dem einzelnen, dem die Überprüfung einer Nachricht unmöglich ist. Wegen dieser Gefährlichkeit hat das Gesetz dem Betroffenen als schnell wirkende Abwehrwaffe das Entgegnungsrecht gewährt. Diese Interessenlage besteht nun gleichermaßen bei den presseeigenen Artikeln und den von der Presse ausgewählten und zur Diskussion gestellten „fremden“ Artikeln, mit denen sie einen eigenen informatorischen und meinungsbildenden Zweck verfolgt, nicht jedoch bei bloßen Anzeigen, an denen sie nur ein privates, wirtschaftliches Interesse hegt. Aus diesen Erwägungen heraus erscheint es gerechtfertigt, Leserbriefe und sonstige fremde Artikel anders zu behandeln als private Anzeigen. Der Betroffene kann sich gegen eine ihn betreffende Pressemeldung mit der sofortigen (für ihn kostenlosen) Entgegnung also immer dann zur Wehr setzen, wenn auf seiten der Presse zu dem rein wirtschaftlichen Interesse ein öffentliches Informationsinteresse hinzukommt[22]. Entfällt letzteres, wie bei privaten Anzeigen, dann muß für den Betroffenen sein davon abhängiges Entgegnungsrecht ebenfalls entfallen oder zumindest entsprechend vermindert werden.

Für den Betroffenen wird jedoch in der Regel ein berechtigtes Interesse nicht geleugnet werden können, auch gegenüber ihn betreffenden Anzeigen möglichst rasch eine Entgegnung bringen zu dürfen. Da er das Recht auf (kostenlose) Entgegnung jedoch nicht hat, ist nach einer anderen Lösung zu suchen. Dafür bietet sich folgender Ausweg an: Der Be-

---

[20] BGHZ 19, 392 ff. (399); BVerfGE 12, 113 ff. (125): Instrument zur Bildung der öffentlichen Meinung. Vgl. ferner *Dagtoglou*, Wesen und Grenzen der Pressefreiheit, 1963, S. 16 ff.

[21] Vgl. dazu *Schüle* in *Schüle-Huber*, S. 22 ff.; *Rehbinder*, Die öffentliche Aufgabe und rechtliche Verantwortlichkeit der Presse, 1962, S. 120 ff., der eine besondere „öffentliche Aufgabe“ der Presse allerdings ausdrücklich ablehnt.

[22] Zur Interessenhäufung und der Konfliktslösung im allgemeinen vgl. *Hubmann*, AcP 155 (1956), S. 107 ff., 123 ff.

troffene gibt eine für ihn kostenpflichtige Anzeige auf, mit der er dem Erstinserat entgegentritt. Die Presse ist, da sie das Erstinserat veröffentlicht hat, verpflichtet, auch die Anzeige des Betroffenen abzudrucken, und zwar aus dem Gesichtspunkt des Abschlußzwangs, weil sie hinsichtlich ihrer Leser, die von der ersten Anzeige Kenntnis genommen hatten, eine faktische Monopolstellung innehat[23]. Von dem ersten Inserenten kann der Betroffene die Kosten seiner Anzeige als Schadensersatz verlangen[24].

Der von den LPresseG in Hamburg, Schleswig-Holstein und Berlin aufgezeigten Lösung ist also der Vorzug zu geben und zwar, im Wege der Auslegung auch für den Geltungsbereich der §§ 11 RPresseG, 10 BayPresseG und 10 HessPresseG. Im Interesse der Rechtssicherheit wäre es jedoch wünschenswert, insoweit eine ausdrückliche gesetzliche Regelung zu treffen. Die im BadWürttPresseG, BremPresseG, NdsPresseG, RhldPfPresseG und SaarlPresseG vorgeschlagene Trennung zwischen Geschäftsanzeigen und sonstigen Annoncen erscheint dagegen nicht gerechtfertigt.

Gegenüber „Artikeln" steht dem Betroffenen also gegen die Presse der (nicht kostenpflichtige) Anspruch auf Abdruck einer Entgegnung zu, gegenüber ihn betreffenden Anzeigen jedoch nur der Anspruch auf Abschluß eines Anzeigenvertrages. Der Ausschluß des (kostenlosen) Entgegnungsrechts gegenüber Anzeigen ermöglicht es dem Redakteur nicht, in den Anzeigenteil auszuweichen, um so seine Artikel „entgegnungssicher" zu machen. Nicht der Anzeigenteil als solcher, sondern nur die echte Anzeige ist vom Entgegnungszwang befreit. Mitteilungen der Redaktion werden von der Entgegnungspflicht auch dann erfaßt, wenn sie in Form einer Anzeige veröffentlicht werden[25].

b) Fraglich kann auch werden, ob bildliche Darstellungen, z. B. Karikaturen oder Photographien, dem Entgegnungszwang unterliegen. *Regensburger*[26] hält sich an den Wortlaut des RPresseG, das einen „Artikel" voraussetzt, und läßt eine Entgegnung nur bei dem Begleittext des Bildes zu, nicht aber hinsichtlich des Bildes selbst. Mit Recht lehnt die h. M.[27] diese enge Auslegung ab. Eine bildliche Darstellung vermag eine

---

[23] Darauf hat bereits *Mannheim*, S. 23, wenn auch in anderem Zusammenhang, hingewiesen. Ferner *Kloeppel*, Reichspreßrecht, 1894, S. 239.

[24] Anspruchsgrundlage könnte z. B. § 823 Abs. 1 BGB sein, wenn das Erstinserat unwahre, ehrenrührige Behauptungen enthielt; bei unwahren, geschäftsschädigenden Äußerungen u. U. auch §§ 1, 3 UWG, § 823 Abs. 2 oder 826 BGB; vgl. zu diesen Ansprüchen *Hubmann*, Gewerblicher Rechtsschutz, S. 239 ff., 270 ff.

[25] So schon *Hampe*, DJZ 1910, 1290.

[26] S. 57.

[27] *Kitzinger*, Anm. III 1 b zu § 11 RPresseG, mit Nachweisen aus der älteren Literatur und Rspr.; neuerdings zustimmend *Löffler*, Presserecht, Rdnr. 44 zu

Tatsache oft viel unmittelbarer und eindringlicher wiederzugeben als eine Darstellung in Worten. Das Bedürfnis nach einer Entgegnung kann hier nicht geleugnet werden[28]. Man denke nur an eine Verwechslung von Bildern oder an durch Photomontage hergestellte Photographien. Der Hinweis auf den Wortlaut des Gesetzes erscheint verfehlt, weil einmal der Begriff Artikel, wie dargelegt, nicht im streng technischen Sinn zu verstehen ist, zum anderen zur Zeit der Entstehung des RPresseG die Photographie noch in ihren Anfängen steckte. Nach der ratio legis muß eine Entgegnung auch gegenüber bildlichen Darstellungen zugelassen werden, soweit sie eine Tatsachenmitteilung über eine Person oder Behörde enthalten[29]. Sie kann entweder durch ein „Gegenbild" oder durch eine Gegenerklärung in Worten erfolgen[30].

2. *Periodische Druckschrift*

Unter periodischen Druckschriften, auf die das Entgegnungsrecht beschränkt ist, versteht das RPresseG „Zeitungen und Zeitschriften, welche in monatlichen oder kürzeren, wenn auch unregelmäßigen Fristen erscheinen" (§ 7 Abs. 1 RPresseG).

a) Mit dieser Legaldefinition klärt das Gesetz jedoch nur den Begriff der Periodizität, läßt es aber offen, was man unter Zeitungen bzw. Zeitschriften zu verstehen hat. Ein periodisches Erscheinen nimmt man immer an, wenn zwischen dem Erscheinen der einzelnen Nummern nicht mehr als ein Monat verstreicht, doch verliert eine Druckschrift die Eigenschaft des periodischen Erscheinens nicht dadurch, daß infolge besonderer Umstände die Monatsfrist gelegentlich überschritten wird[31], wie z. B. bei einer Doppelnummer oder beim Ausfallen oder der Verzögerung einer Nummer infolge Krankheit des Herausgebers. Die Dauer des Erscheinens kann von vornherein sowohl zeitlich als auch nach Zahl der erscheinenden Nummern begrenzt sein[32], wie das Beispiel *Löfflers*[33] zeigt, in dem eine Zeitung täglich, aber nur während der Sommerolympiade, erscheint.

Die Höchstfrist von einem Monat ist willkürlich gewählt und wohl etwas kurz[34]. Es ist nicht einzusehen, warum sich eine Zeitschrift von

§ 11 RPresseG; *Schmidt-Osten*, Journ. 1953, H. 12, S. 4; *Rebmann-Ott-Storz*, Rdnr. 12 zu § 11 BadWürttPresseG.

[28] Das erkennt auch *Regensburger*, S. 57, an.

[29] So früher schon *Oppenheimer*, DJZ 1909, 432.

[30] *Löffler*, Presserecht, Rdnr. 44 zu § 11 RPresseG; vgl. auch *Schmidt-Osten*, Journ. 1953, H. 12, S. 4.

[31] *Kitzinger*, Anm. I 1 zu § 7 RPresseG; *Häntzschel*, RPresseG, Anm. 3 zu § 7.

[32] Vgl. RGSt. 14, 279.

[33] Presserecht, Rdnr. 4 zu § 7 RPresseG.

[34] Ebenso *Mannheim*, S. 7.

den Sondervorschriften für periodische Druckwerke dadurch soll befreien können, daß sie alle fünf oder sechs Wochen erscheint. Mit Recht haben daher die neueren LPresseG den Begriff der Periodizität erweitert und eine Höchstfrist von sechs Monaten gesetzt[35].

b) Zeitungen und Zeitschriften sind Druckwerke, die periodisch erscheinen, deren Einzelnummern in sich abgeschlossen und selbständig sind, die der Berichterstattung über Tagesereignisse oder der Erörterung bestimmter Fragen dienen und denen eine gewisse Mannigfaltigkeit des Inhalts eigen ist[36]. Der Unterschied zwischen Zeitung und Zeitschrift ist dabei presserechtlich ohne Bedeutung, weil beide gleichgestellt sind. Gleichfalls bedeutungslos ist es, auf welchem Gebiet die Zeitschrift tätig ist. So sind auch wissenschaftliche Fachzeitschriften vom Entgegnungsrecht nicht ausgenommen[37].

Keine Zeitungen oder Zeitschriften, und damit auch keine periodischen Druckschriften, sind die sog. Lieferwerke, auch wenn die einzelnen Ergänzungslieferungen oder Teilbände in monatlichen Abständen erscheinen. Die Einzellieferung bildet kein selbständiges Ganzes, sondern nur einen unselbständigen Teil des Gesamtwerkes. Auch wissenschaftliche Abhandlungen, die in fortlaufend nummerierten Heften erscheinen, sind keine Zeitschriften. Sie sind zwar selbständige Nummern, doch fehlt ihnen das Merkmal der Mannigfaltigkeit.

c) Nicht zu den Druckwerken i. S. der Pressegesetze gehören amtliche Druckwerke, soweit sie ausschließlich amtliche Mitteilungen enthalten, und die nur Zwecken des Gewerbes und Verkehrs, des häuslichen und geselligen Lebens dienenden Druckwerke, wie Formulare, Preislisten, Geschäftsberichte usw. Auch soweit sie periodisch erscheinen sollten, unterliegen sie daher nicht dem Entgegnungszwang[37a].

---

[35] § 7 Abs. 4 BadWürttPresseG; § 6 Abs. 2 BayPresseG; § 6 Abs. 4 BerlPresseG; § 7 Abs. 4 BremPresseG; § 7 Abs. 4 HambPresseG; § 4 Abs. 3 HessPresseG; § 7 Abs. 4 NdsPresseG; § 7 Abs. 3 RhldPfPresseG; § 7 Abs. 4 SaarlPresseG; § 7 Abs. 4 SchlHPresseG.

[36] *Löffler*, Presserecht, Rdnr. 6 zu § 7 RPresseG; *Kitzinger*, RPresseG, Anm. I 2 zu § 7.

[37] BGH NJW 1963, 1155: „Physikalische Blätter" = JZ 1963, 479 = *GRUR* 1963, 638. Das sollte an sich selbstverständlich sein, wird jedoch von manchen Fachblättern nicht richtig gesehen, vgl. Physikalische Blätter 1963, 376 ff., wo übersehen wird, daß ein Wissenschaftler mit dem Entgegnungsrecht natürlich nicht kostenlos seine (angeblich völlig abwegigen) Theorien über die Relativitätstheorie vorbringen, jedoch den über ihn verbreiteten Tatsachenbehauptungen entgegentreten durfte. Unrichtig daher auch *Riewe*, GRUR 1964, 250 ff., der sich gegen die vom BGH, a.a.O., vertretenen, im Einklang mit der h. M. befindlichen Auffassung wendet.

[37a] § 12 RPresseG; § 7 Abs. 3 BadWürttPresseG; § 6 Abs. 3 BerlPresseG; § 7 Abs. 3 BremPresseG; § 7 Abs. 3 HambPresseG; § 4 Abs. 2 HessPresseG; § 7 Abs. 3 NdsPresseG; § 7 Abs. 4 RhldPfPresseG; § 7 Abs. 3 SaarlPresseG; § 7 Abs. 3 SchlHPresseG.

II. Tatsachenmitteilung

Das Gesetz gewährt in § 11 RPresseG und in den entsprechenden Vorschriften der LPresseG den Anspruch auf Abdruck einer Entgegnung nur dann, wenn diese auf Tatsachen beschränkt ist und sich nur gegen tatsächliche Behauptungen der Presse richtet. Diese Beschränkung soll einen „kritischen Journalismus"[38] ermöglichen und verhindern, daß die Presse zu einem „Tummelplatz öffentlicher Polemik"[39] und unzumutbar belastet wird. Insoweit unterscheidet sich das deutsche Entgegnungsrecht seit jeher von seinem französischen Vorbild, das sich nicht auf Tatsachenbehauptungen beschränkt und auch gegenüber Meinungsäußerungen und Werturteilen besteht[40]. Die deutsche Regelung erscheint jedoch besser. Sie ist auch schon immer befürwortet worden[41]. Ein Streit zwischen Presse und Betroffenen vor dem Forum der Leser ist sinnvoll, wenn es um die Wahrheit bzw. Unwahrheit einer Tatsachenbehauptung geht. Über das Objekt des Streits kann, soweit erforderlich, Beweis erhoben werden. Über Meinungsäußerungen und Werturteile ist ein Streit dagegen nutzlos. Man mag sie teilen oder nicht, einem Beweise sind sie jedenfalls nicht zugänglich. Es erscheint daher durchaus gerechtfertigt, wenn die Presse nicht verpflichtet ist, kostenlos die Meinungsäußerungen des Betroffenen abzudrucken. Die Interessenlage ist hier der beim Anspruch auf Widerruf vergleichbar, der auch nur gegen Tatsachenbehauptungen und nicht gegen Werturteile besteht[42]. Gegen ehrverletzende Werturteile in der Presse kann also weder mit dem Widerrufs- noch mit dem Entgegnungsanspruch vorgegangen werden. In diesen Fällen bleibt lediglich der Schutz nach § 823 Abs. 2 BGB i. V. m. § 185 StGB und § 823 Abs. 1 BGB, da das Recht auf Ehre heute als absolutes Persönlichkeitsrecht anerkannt ist[43].

1. Tatsachenbehauptung und Werturteil

Wie in vielen anderen Gesetzen, in denen Tatsachenbehauptungen zu einem Tatbestandsmerkmal gemacht wurden (z. B. §§ 824 BGB, 186, 187, 263 StGB, 14, 15 UWG) müssen diese von den Werturteilen (Mei-

---

[38] *Mannheim*, S. 24.

[39] *Löffler*, Presserecht, Rdnr. 91 zu § 11 RPresseG.

[40] Vgl. oben § 2 I 3 b.

[41] h. M.; vgl. *Löffler*, Presserecht, Rdnr. 56, 91 zu § 11 RPresseG; *Reh-Gross*, Anm. 4 zu § 10 HessPresseG; *Rebmann-Ott-Storz*, Rdnr. 1 vor und 9 ff. zu § 11 BadWürttPresseG. Allein *Arndt* in *Löffler-Arndt-Noelle-Naumann-Haacke*, Die öffentliche Meinung, 1962, S. 15, fordert eine Ausdehnung auf Meinungsäußerungen. Gegen ihn vor allem *Greiff*, NJW 1963, 1138, Fußnote 12.

[42] h. M.; vgl. BGH NJW 1961, 1913; dazu *Hubmann*, JuS 1963, 101.

[43] Nachweise unten § 9 IV 6 c (3).

nungsäußerungen) unterschieden werden[44]. Im Rahmen des presserechtlichen Entgegnungsanspruchs erfolgt die Abgrenzung nach denselben Grundsätzen, die Rechtsprechung und Literatur vor allem zu den §§ 186, 187, 263 StGB entwickelt haben[45].

a) Unter einer Tatsache ist demnach etwas Bestehendes oder Geschehenes zu verstehen, das grundsätzlich dem Beweise zugänglich ist[46]. Dazu gehören nicht nur äußerlich wahrnehmbare Vorgänge und Zustände (sog. äußere Tatsachen), sondern auch solche des Seelenlebens (sog. innere Tatsachen), wie Motive, Absichten, Gesinnungen usw. Ein anschauliches Beispiel bringt hier *Schwarze*[47]: Über wen die Presse berichtet hat, er sei in ein Haus eingedrungen, um zu stehlen, der mag entgegnen, er habe ausgebrochenes Feuer löschen wollen. Künftige Ereignisse sind dagegen als hypothetische Vorgänge keine Tatsachen[48]. Eine auf Zukünftiges gerichtete Absicht kann jedoch als gegenwärtige, innere Tatsache entgegnungsfähig sein[49]. So kann etwa ein Politiker, dem ein Pressebericht unterstellt, er wolle in nächster Zukunft aus der Politik ausscheiden und in die Wirtschaft abwandern, entgegnen, daß er gegenwärtig diese Absicht nicht habe.

b) In Grenzfällen ist die Grenze zwischen Tatsachenbehauptungen und Werturteilen jedoch flüssig[50]. Die Bestimmung, ob eine Äußerung als Tatsachenbehauptung oder Werturteil anzusehen ist, kann nur dadurch erfolgen, daß die Äußerung auf ihre Geeignetheit zum Beweis geprüft wird, denn subjektive Meinungsäußerungen (Werturteile) sind nicht beweisfähig. Das sprachliche Gewand einer Äußerung ist dabei kein sicheres Kriterium. So kann ein sonst allgemeines Schimpfwort wie „Lump" eine Tatsachenbehauptung enthalten, wenn es sich erkennbar auf ein ganz bestimmtes Ereignis bezieht, also etwas Greifbares hinter ihm steht[51]. Andererseits sieht der Verkehr Anpreisungen wie

---

[44] Zur Abgrenzung vgl. vor allem *Helle*, Der Schutz der persönlichen Ehre und des wirtschaftlichen Rufs im Privatrecht, 1957, S. 30 ff. mit Nachweisen aus Literatur und Rechtsprechung; ferner *Schuhmacher*, Die Presseäußerung als Verletzung der persönlichen Verhältnisse, insbesondere ihre Widerrechtlichkeit, 1960, S. 1 ff., 107 ff.

[45] Allgemein anerkannt: *Häntzschel*, RPresseG, Anm. 7 zu § 11; *Löffler*, Presserecht, Rdnr. 57 zu § 11 RPresseG; *Erbs-Kohlhaas*, Anm. 10 a zu § 11 RPresseG.

[46] Allgemein anerkannt, RGSt. 55, 129 (131) und BGHZ 3, 270 (273 ff.): Constanze I, mit weiteren Nachweisen.

[47] S. 74 Anm. 18 (zitiert nach *Löffler*, Presserecht, Rdnr. 58 zu § 11 RPresseG).

[48] *Häntzschel*, RPresseG, Anm. 7 A zu § 11; *Schönke-Schröder*, Anm. II 1 zu § 186 StGB; a. A. jedoch *Mannheim*, S. 25.

[49] RGSt. 24, 405 (407).

[50] Allgemein anerkannt: *Schönke-Schröder*, Anm II. 1 zu § 186 StGB mit Nachweisen.

[51] RGSt. 68, 120 (121).

„die beste Seife der Welt“ als subjektive Meinungsäußerung an, obwohl sie die Form reiner Tatsachenbehauptungen haben[52]. Man wird daher stets auf die Umstände des Einzelfalles abstellen müssen[53], wobei die Grenze zugunsten der Tatsachenbehauptungen weit zu ziehen ist[54]. Wo immer ein Werturteil mit Tatsachenbehauptungen verbunden ist oder verschleierte Tatsachenbehauptungen enthält, wird man einen Entgegnungsanspruch jedenfalls insoweit gewähren müssen, als ein dem Beweis zugänglicher Tatsachenkern erkennbar ist[55]. Ein reines Werturteil liegt demnach wohl nur vor, wenn etwas „nach irgendeinem — sittlichen, religiösen, wirtschaftlichen, sozialen, künstlerischen usw. — Maßstab gemessen“ wird[56]. Andere Urteile, die nicht auf solchen Wertungen beruhen, also Urteile im logischen Sinn[57], sind keine subjektiven Meinungsäußerungen, sondern — objektive — Tatsachen, die dem Beweise zugänglich sind.

c) Wegen der Schwierigkeit der Abgrenzung in Einzelfällen erklärt *Baumbach-Hefermehl*[58] die Unterscheidung zwischen Tatsachenbehauptung und Werturteilen für schlechthin unbrauchbar. Man darf jedoch Schwierigkeiten im Einzelfall nicht damit abtun, daß man die grundsätzliche Wesensverschiedenheit leugnet. Auch *Wenzel*[59] meint, für das Entgegnungsrecht — trotz der ausdrücklichen gesetzlichen Bestimmungen — auf die Unterscheidung zwischen Tatsachenbehauptungen und Werturteilen verzichten zu können[60]. Er schlägt vor, stattdessen zwischen „sachlichen Angaben“ und „unsachlichen Schilderungen“ zu unterscheiden, unterläßt es jedoch, Maßstäbe für die Unterscheidung dieser Begriffe aufzuzeigen. *Wenzel* verlagert damit das Abgrenzungsproblem in den Bereich des reinen Wertens und Abwägens, wo eine Entscheidung nur noch schwieriger zu fällen ist. Zwischen Tatsachen und Werturteilen besteht im Kern ein qualitativer Wesensunterschied; Abgrenzungsschwierigkeiten ergeben sich nur in Grenzfällen. Ob man

---

[52] Vgl. BGHSt. 6, 357 (359), wo ein Werturteil in der Form einer Behauptung über innere Tatsachen abgegeben wurde.

[53] RGSt. 64, 10 (12); BGHSt. 6, 159 (162).

[54] Allgemein anerkannt, vgl. BGHZ 3, 270 (273 f.): Constanze I; *Helle*, S. 33.

[55] BGHSt. 6, 159 (162), allgemein anerkannt. — Daß beim Entgegnungsrecht über den Wahrheitsgehalt einer Behauptung kein Beweis erhoben wird, spielt keine Rolle. Es kommt nur auf die Geeignetheit zum Beweise an.

[56] *Helle*, S. 32.

[57] d. h. logische Folgerungen aus bestimmten Voraussetzungen, z. B.: Alle Menschen sind sterblich. Cajus ist ein Mensch, also ist Cajus sterblich; zitiert nach *Helle*, S. 32.

[58] Rdnr. 3 zu § 14 UWG.

[59] NJW 1963, 1710 ff.

[60] Er will dies einer BGH-Entscheidung entnehmen (NJW 1963, 1155: Physikalische Blätter), doch ist nicht ersichtlich, inwiefern diese Entscheidung die These *Wenzels* zu stützen vermag.

dagegen einen Vorgang als sachlich oder unsachlich wertet, hängt einmal davon ab, welchen Maßstab man für den richtigen hält, zum andern davon, ob dieser Maßstab „vernünftig" angewendet wurde. Eine solche Unterscheidung stößt daher auf weit größere Schwierigkeiten als die zwischen Tatsachen und Werturteilen.

2. *Mitteilung*

Die Tatsachenbehauptung muß schließlich mitgeteilt, d. h. zur Kenntnis der Leser gebracht sein.

a) Ob die Mitteilung mit oder ohne Vorbehalt der Redaktion, ob als gewisse, als wahrscheinliche oder als zweifelhafte Meldung erfolgt, bleibt außer Betracht[61]. So befreit vor allem der häufige Hinweis „Artikel, die unter dieser Rubrik veröffentlicht werden, stellen nicht unbedingt die Meinung der Redaktion dar", nicht von der Pflicht zum Abdruck einer Entgegnung.

Läßt die Presse die Meldung nicht als eigene erscheinen, sondern als fremde, indem sie der Mitteilung Ausdrücke vorausschickt wie „gerüchteweise verlautet" oder „wie die X-städter Zeitung berichtet, soll...", so kann der Betroffene gleichwohl den Abdruck einer Entgegnung verlangen[62]. Andernfalls fiele es der Presse nicht schwer, kritische Mitteilungen in das Gewand fremder Behauptungen zu kleiden. So muß dem Betroffenen gegenüber einer inländischen Zeitung das Entgegnungsrecht zustehen, wenn diese eine in der ausländischen Presse über ihn verbreitete Nachricht ebenfalls abdruckt, auch dann, wenn dies mit Quellenangabe geschieht[63].

b) Eine Ausnahme wird hier allgemein[64] nur zugelassen, wenn die Presse Tatsachenbehauptungen eines Parlamentsmitglieds aus einer öffentlichen Sitzung richtig wiedergibt. Das muß man aus Art. 42 Abs. 3 GG entnehmen, wo es heißt: „Wahrheitsgetreue Berichte über die öffentlichen Sitzungen des Bundestags und seiner Ausschüsse bleiben von jeder Verantwortlichkeit frei". Nach § 12 StGB gilt das auch für die Parlamente der Länder, aber wohl nicht für Verhandlungen bei ähnlichen Körperschaften, wie Gemeinden und Gemeindeverbänden, oder bei Gerichten[65]. Daß diese Freistellung von jeglicher Verantwortlichkeit

---

[61] *Häntzschel*, RPresseG, Anm. 7 B zu § 11.

[62] *Löffler*, Presserecht, Rdnr. 64 zu § 11 RPresseG mit Nachweisen; vgl. auch oben I 1 a.

[63] *Löffler*, a.a.O.

[64] *Berner*, S. 241; *Kraehling*, S. 83; *Kitzinger*, III 1 b zu § 11 RPresseG; *Stenglein-Conrad*, Anm. 10 zu § 11 RPresseG.

[65] So die h. M., vgl. Fußnote 64, weil die Befreiung auf der „Berichtsimmunität" des Parlaments beruhe und diese vom Gesetz gewährleistete rechtliche

auch die Befreiung vom Entgegnungsrecht mitumfassen soll, war schon der Wille des Reichsgesetzgebers[66]. In den neuen LPresseG hat man diese Ausnahme expressis verbis geregelt[67]. Hat also z. B. ein Abgeordneter in einer Rede im Bundestag einen Unternehmer der unkorrekten Preisgestaltung bezichtigt und hat die Presse diese Behauptung verbreitet, so kann der Unternehmer von der Presse nicht den Abdruck einer Entgegnung verlangen[68]. Dagegen steht dem Abgeordneten ein Entgegnungsrecht zu, wenn der Presseberichterstatter diese Behauptung zu Unrecht ihm zugeschrieben hat, sie aber in Wahrheit von einem anderen Abgeordneten stammte[69], denn hier handelt es sich nicht mehr um „wahrheitsgetreue Berichterstattung", so daß die Freistellung nach § 42 Abs. 3 GG nicht Platz greift.

Die Pflicht zum Abdruck einer Entgegnung besteht ferner nur gegenüber freiwillig veröffentlichten Artikeln. So wird man gegen amtliche Bekanntmachungen und Entgegnungen, die von der Presse nach § 10 bzw. § 11 RPresseG auf Grund einer gesetzlichen Pflicht veröffentlicht werden mußten, ein Entgegnungsrecht nicht mehr gewähren können. Es wäre für die Presse wohl eine nicht zumutbare Härte, wenn sie für die Erfüllung einer gesetzlichen Pflicht mit dem Entgegnungsrecht „bestraft" würde[70].

3. *Das Wahrheitsproblem*

Nach dem Gesetz entsteht die Verpflichtung der Presse zum Abdruck einer Entgegnung schon dann, wenn eine Pressemeldung Tatsachenbehauptungen über einen Dritten enthält. Nicht dagegen ist erforderlich, daß die Behauptungen unwahr sind[71]. Darin liegt das her-

---

Sonderstellung nicht ausgedehnt werden dürfe; a. A. trotzdem v. *Liszt*, Reichspreßgesetz, S. 97, und *Kloeppel*, S. 238.

[66] Sten. Ber. 3, 251.

[67] § 11 Abs. 5 BadWürttPresseG; § 11 Abs. 5 BremPresseG; § 10 Abs. 5 BerlPresseG; § 11 Abs. 5 HambPresseG; § 10 Abs. 5 HessPresseG; § 11 Abs. 5 NdsPresseG; § 11 Abs. 5 RhldPfPresseG; § 11 Abs. 5 SaarlPresseG; § 11 Abs. 5 SchlHPresseG.

[68] *Löffler*, Presserecht, Rdnr. 14 zu § 12 StGB, weist mit Recht darauf hin, daß diese Freistellung für den Betroffenen eine recht unbefriedigende Regelung darstellt. Der österreichische OGH, ArchPRÜbers. V (1960), 32, hat daher neuerdings ausgeführt, durch das formelle Entgegnungsrecht werde niemand zur Verantwortung gezogen, so daß der Betroffene auch gegenüber wahrheitsgetreuen Berichten aus öffentlichen Parlamentssitzungen den Abdruck einer Entgegnung verlangen könne.

[69] Ebenso *Löffler*, Presserecht, Rdnr. 51 zu § 11 RPresseG.

[70] So auch *Regensburger*, S. 52; *Häntzschel*, RPresseG, Anm. 7 C zu § 11.

[71] h. M.; der Verzicht auf die Feststellung der Wahrheit war schon bei den Beratungen des RPresseG im Reichstag als Mittel des Gesetzes anerkannt worden, um dem Betroffenen möglichst schnell Gelegenheit zu geben, die Leser darauf aufmerksam machen zu können, daß die Behauptungen über ihn unwahr sein können, Sten. Ber. 1, 416 ff.

vorstechendste Merkmal des Entgegnungsrechts und der Hauptunterschied zum Widerrufsanspruch. Während nämlich der Widerruf einer Behauptung nur bei deren Unwahrheit verlangt werden kann[72], besteht die Verpflichtung der Presse zum Abdruck einer Entgegnung auch dann, wenn die Meldung objektiv wahr ist, der Betroffene sie aber für unwahr hält[73]. Man spricht daher allgemein vom nur „formalen" Charakter des Entgegnungsrechts[74], weil auf die Feststellung der materiellen Wahrheit verzichtet wird, um den Betroffenen selbst möglichst rasch zu Wort kommen zu lassen. In den LPresseG hat man daher den Begriff „Gegendarstellung" gewählt. Hätte der Gesetzgeber das Entgegnungsrecht an die Feststellung der Wahrheit geknüpft, so bestünde in den Voraussetzungen Identität mit denen des Widerrufsanspruchs. Damit wäre das Entgegnungsrecht aber überflüssig, weil der Widerruf als rehabilitierende Erklärung der Presse viel wirksamer ist als die subjektive Entgegnung des Betroffenen[75].

Für die Feststellung, ob eine Pressemeldung „tatsächlicher Natur" ist, kommt es also nicht darauf an, ob das Mitgeteilte Tatsache ist, sondern nur darauf, ob es „als Tatsache mitgeteilt"[76] wurde; oder, um mit *Berner*[77] zu sprechen, es genügt, wenn eine Entgegnung „berichtigen will, wenn sie auch nicht wirklich berichtigt". Es genügt also, wenn der Betroffene die Unrichtigkeit der Pressemeldung behauptet. Dieses Wesensmerkmal des Entgegnungsrechts wird bei der Prüfung seiner Rechtsnatur noch eingehend zu würdigen sein[78].

III. Entgegnungserklärung und Abdrucksverlangen

Unter der förmlichen Entgegnungserklärung versteht man den in der Zeitung als „Berichtigung" zum Abdruck kommenden Text, den der Betroffene bei der Redaktion einzureichen hat; als Abdrucksverlangen bezeichnet man das nach dem Gesetz zusätzlich erforderliche Ersuchen

---

[72] h. M.; statt aller BGHZ 37, 187 ff. (191).

[73] Allgemein anerkannt; statt aller RGSt 24, 278; BGH NJW 1963, 1155; bei (bewußt) unwahren Entgegnungen wird allerdings unter dem Gesichtspunkt des Rechtsmißbrauchs ein Entgegnungsanspruch verneint, *Kitzinger*, RPresseG, Anm. III 3 zu § 11; Vgl. im einzelnen unten § 7 I 3 b.

[74] Schon bei den Beratungen des RPresseG im Reichstag (Sten. Ber. 1, 461 ff.) wurde dieser Ausdruck verwendet; ebenso RGSt 24, 278; auch in der Literatur besteht hierüber völlige Übereinstimmung, nur *Arndt*, NJW 1963, 1590 ff., wendet sich gegen die Bezeichnung „formales" Recht, ohne aber die Unwahrheit der Pressemeldung als Voraussetzung des Entgegnungsanspruchs zu fordern. (Vgl. auch oben Fußn. 41).

[75] Vgl. dazu unten § 9 IV 6 c (5).

[76] *Häntzschel*, RPresseG, Anm. 7 zu § 11.

[77] S. 233.

[78] Vgl. unten § 9 IV 6 c (5).

an den verantwortlichen Redakteur, die Entgegnungserklärung abzudrucken. Die Förmlichkeiten der Entgegnungserklärung sind vor allem deswegen zu beachten, weil der verantwortliche Redakteur beim Fehlen auch nur einer von ihnen zum Abdruck nicht verpflichtet ist[79].

1. Die Form der Entgegnung

Hier kann man zwischen Förmlichkeiten unterscheiden, die ausdrücklich vorgeschrieben sind und solchen, die aus dem Sinn und Zweck des Gesetzes zu entnehmen sind.

a) Zunächst verlangt § 11 RPresseG, daß die Entgegnung „vom Einsender unterzeichnet" ist. Unter „Einsender" ist die „beteiligte" (betroffene) Privatperson oder Behörde zu verstehen[80], nicht etwa derjenige, der die Entgegnung überbringt oder übermittelt. An der Unterschrift dieser Person, deren Auswahl im Belieben des Betroffenen steht, kann das Gesetz kein Interesse haben[81]. Die Unterzeichnung soll vielmehr die Berechtigung des Betroffenen darlegen. Nach §§ 11 Abs. 2 BadWürttPresseG, RhldPfPresseG und SaarlPresseG genügt auch die Unterschrift des gesetzlichen Vertreters.

Aus dem Erfordernis der Unterzeichnung ist zu schließen, daß die Entgegnungserklärung schriftlich fixiert sein muß[82], wenn in § 11 RPresseG und § 10 BayPresseG die Schriftform auch nicht ausdrücklich gefordert ist, im Gegensatz zu den übrigen LPresseG[83], in denen die Schriftform gesetzlich verankert ist. Der verantwortliche Redakteur ist mithin nicht verpflichtet, eine mündliche, etwa telephonisch vorgetragene Gegendarstellung abzudrucken oder selbst eine den gesetzlichen Erfordernissen entsprechende Erklärung zu entwerfen[84].

Streit herrscht nun darüber, ob die Unterzeichnung handschriftlich erfolgen muß oder nicht. Das ist bedeutsam für die Beantwortung der weiteren Frage, ob es genügt, die Entgegnung telegraphisch oder über Fernschreiber zu übermitteln. § 11 Abs. 1 RPresseG spricht davon, daß die „Berichtigung vom Einsender unterzeichnet" sein muß. Die §§ 126, 127 BGB können hier nicht automatisch angewendet werden, da das RPresseG einige Jahrzehnte älter ist als das BGB. Es ist vielmehr nach Sinn und Zweck des Formerfordernisses zu forschen, um so herauszufinden, ob tatsächlich die handschriftliche Unterzeichnung verlangt wer-

---

[79] Zum Ablehnungsrecht des Redakteurs vgl. unten § 7 II.

[80] Zum Begriff der Beteiligung vgl. oben § 5 I 3.

[81] *Regensburger, S. 58.*

[82] h. M.; *Häntzschel*, RPresseG, Anm. 8 b zu § 11.

[83] Baden-Württemberg, Berlin, Bremen, Hamburg, Hessen, Niedersachsen, Rheinland-Pfalz, Saarland und Schleswig-Holstein.

[84] Vgl. RGSt. 44, 5; *Stenglein-Conrad,* Anm. 4 zu § 11 RPresseG.

den kann. Die Unterschrift des Einsenders soll dem verantwortlichen Redakteur die Möglichkeit geben, festzustellen, ob der Unterzeichnete mit der Person des „Betroffenen" identisch ist[85]. Neben der Unterzeichnung mit dem Nachnamen wird man daher u. U. auch die Angabe des Vornamens und des Berufes fordern müssen[86]. Für die Zwecke der Identifikation zwischen Einsender und Betroffenen erscheint es aber nicht unbedingt erforderlich, handschriftliche Unterzeichnung vorzuschreiben. Man sollte daher dem Bedürfnis Rechnung tragen, Entgegnungserklärungen auch telegraphisch oder über Fernschreiber übermitteln zu können, da es bei Entgegnungen auf Schnelligkeit ankommt, wenn sie voll wirksam sein sollen. Für den Entgegnungstext als solchen wie für die Unterschrift muß daher jede Art von Druck oder Schrift genügen[87]. Das KG[88] hat nun die einmalige Unterzeichnung eines Schreibens, das neben dem Entgegnungstext auch andere Erklärungen enthielt, etwa das Abdrucksverlangen, nicht als formgerechte Unterzeichnung angesehen, sondern eine selbständige Unterschrift am Ende des Entgegnungstextes gefordert. Diese Ansicht wird mit Recht allgemein als zu formalistisch abgelehnt, weil die Unterzeichnung des gesamten Schreibens auch als Unterschrift unter den förmlichen Entgegnungstext gelten kann. Man läßt daher die Unterschrift unter dem ganzen Schreiben immer dann genügen, wenn der Entgegnungstext als solcher in sich abgeschlossen ist und ohne weiteres aus dem zusammenhängenden Schreiben herausgelöst werden kann[89].

b) Mit der Frage der Schriftform bzw. Unterschriftsform eng verwandt ist das umstrittene Problem, ob die Entgegnungserklärung auch von einem Vertreter abgefaßt und unterschrieben werden kann. Die Meinungen gehen hier weit auseinander. Vor allem die Praxis[90] neigt der Auffassung zu, eine Vertretung auszuschließen und die persönliche Unterzeichnung des Betroffenen zu fordern, weil die formelle Entgegnung keine rechtsgeschäftliche Willenserklärung sei, sondern eine höchstpersönliche Aussage des Betroffenen[91]. Von der Gegenmeinung wird

---

[85] So schon *Meves*, GA 45 (1897), 338.

[86] *Meves*, a.a.O.; *Löffler*, Presserecht, Rdnr. 79 zu § 11 RPresseG.

[87] Ebenso *Häntzschel*, RPresseG, Anm. 8 b zu § 11 und Das deutsche Preßrecht, S. 42; *Kitzinger*, Anm. III 3 a zu § 11 RPresseG; *Löffler*, Presserecht, Rdnr. 75 zu § 11 RPresseG; *Riss*, JW 1911, 386 Fußn. 3; *Scholz*, WRP 1961, 336; *Mannheim*, S. 26, und für den Bereich des HessPresseG neuerdings auch *Reh-Gross*, Anm. 5 zu § 10 HessPresseG.

[88] GA 42 (1894), 305 und GA 49 (1901), 339.

[89] BayObLGSt. 23, 71; *Regensburger*, S. 59; *Stenglein-Conrad*, Anm. 4 zu § 11 RPresseG.

[90] BayObLGSt. 7, 86; OLG Königsberg JW 1927, 1601; KG JW 1929, 1258, OLG Frankfurt NJW 1953, 1068; ebenso *Regensburger*, S. 60; *Kraehling*, S. 89; *Stenglein-Conrad*, Anm. 4 zu § 11 RPresseG.

[91] So neuerdings *Thies*, S. 94, 95; für den Bereich des HessPresseG auch

diese Auffassung als lebensfremd und formalistisch abgelehnt[92]; die „ratio legis und die Interessenlage" sprächen für die Zulassung einer Stellvertretung[93]. Nach dem Zweck des Gesetzes soll das Erfordernis der Unterschrift gewährleisten, daß einmal die Berechtigung des Einsenders nachgewiesen wird, zum anderen, daß er zu seinen Angaben steht. Daraus hat man geschlossen, daß eine Bevollmächtigung stets unzulässig sei, weil ein Bevollmächtigter niemals den „persönlichen Aspekt" treffen könne[94]. Dabei wird jedoch übersehen, daß die Stellvertretung in unserem Recht stets zulässig ist, soweit sie nicht, wie bei den höchstpersönlichen Rechtsgeschäften des Familien- und Erbrechts, ausdrücklich ausgeschlossen ist[95]. Da die Unterzeichnung eines Entgegnungstextes als Ausstellung einer rechtsbegründenden Privaturkunde rechtsgeschäftlichen Charakter trägt[96], erscheint die Stellvertretung auch hier als zulässig[97]. Man kann niemandem verwehren, eine eigene Erklärung von einem vielleicht schreib- und sprachgewandteren Dritten abfassen und unterschreiben zu lassen. Freilich muß die Bevollmächtigung in diesem Fall der Presse nachgewiesen werden. Die Vollmacht wird sich bei dem besonderen Charakter der Entgegnung auch ausdrücklich auf die Abfassung und Unterzeichnung einer Entgegnungserklärung beziehen müssen. Eine Generalvollmacht wird daher wohl nicht ausreichend sein, weil bei ihr in der Regel nicht erkenntlich ist, ob und was der Betroffene entgegnen will[98]. Das ist jedoch kein Problem der Zulässigkeit der Stellvertretung, sondern eine Frage des Umfangs der Vollmacht.

c) Über den Umfang (die Länge) der Entgegnungserklärung trifft § 11 RPresseG keine Bestimmung. Es heißt dort in Abs. 3 nur, die Presse habe „kostenfrei" soviel Raum zur Verfügung zu stellen, wie die „zu berichtigende Mitteilung" eingenommen habe. Längere Entgegnungen müssen zwar abgedruckt werden, doch sind für die den kostenfreien Raum überschreitenden Zeilen die üblichen Einrückungsgebühren, die sich nach dem Tarif für den Inseratenteil berechnen[99], zu bezahlen. Diese

---

Reh-Gross, Anm. 5 zu § 10 HessPresseG, jedoch mit dem Hinweis darauf, daß das Recht zur Rüge des Formmangels verwirkt werden könne (im Anschluß an OLG Frankfurt, NJW 1953, 1068).

92 *Ebner*, S. 48; *Mannheim*, S. 26; *Zellner*, S. 38; *Kitzinger*, Anm. III 3 a zu § 11 RPresseG; neuerdings anscheinend LG Nürnberg-Fürth, ArchPRÜbers. VII (1962), 39, obwohl sich die Entscheidung auf das Abdrucksverlangen bezieht.

93 *Löffler*, Rresserecht, Rdnr. 83 zu § 11 RPresseG.

94 Neuerdings wieder *Thies*, S. 94.

95 h. M.; vgl. *Erman-Böhle-Stamschräder*, Anm. 7 vor § 164.

96 RGSt. 33, 137.

97 Ebenso *Kitzinger*, Anm. III 3 a zu § 11 RPresseG und die weiter in Fußn. 92 Genannten.

98 Insoweit abweichend *Löffler*, Presserecht, Rdnr. 82 zu § 11 RPresseG.

99 *Löffler*, Presserecht, Rdnr. 103 zu § 21 RPresseG.

Regelung erscheint willkürlich und ungerecht[100], vor allem deswegen, weil unter der „zu berichtigenden Mitteilung“ anerkanntermaßen[101] nicht der gesamte Presseartikel zu verstehen ist, sondern nur die Sätze bzw. Abschnitte, gegen die sich die Entgegnung wendet. Nun erfordert aber eine Erwiderung nicht selten mehr Worte als die Behauptung, die sie entkräften will. Auch muß in einer Entgegnung zur Verdeutlichung des Gesagten oft ein Teil aus dem Presseartikel wiederholt werden[102]. Es ist in all diesen Fällen unbillig, wenn den Betroffenen die Kostentragungspflicht für den notwendigen „Mehrraum“ trifft, da die Presse die Entgegnung veranlaßt hat. Mit Recht hat man daher in den LPresseG die starre Vorschrift des § 11 Abs. 3 RPresseG nicht übernommen, sondern jede angemessene Entgegnung für kostenfrei erklärt und damit ein Abstellen auf den Einzelfall ermöglicht[103].

Streitig ist nun, ob die Presse den Abdruck einer nach § 11 RPresseG zum Teil kostenpflichtigen Entgegnung von der Vorauszahlung der Einrückungsgebühren abhängig machen kann. Man hat dies abgelehnt mit der Begründung, die Einrückungsgebühren seien die Forderung für die „geschehene Einrückung“[104] und der sofortige Abdruck der Entgegnung, der nach § 11 Abs. 2 RPresseG in der nächstfolgenden, für den Druck noch nicht abgeschlossenen Nummer zu erfolgen hat, werde illusorisch, wenn man die Abdruckspflicht der Presse von der Bezahlung der Einrückungsgebühren abhängig macht[105]. Die Gegenmeinung stützt sich auf den Wortlaut des § 11 Abs. 3 RPresseG, indem sie unter den „üblichen Einrückungsgebühren“ auch die Zahlungsmodalitäten verstanden wissen will. Sie gewährt der Presse daher ein Leistungsverweigerungsrecht insoweit, als die Einrückungsgebühren üblicherweise im voraus entrichtet werden. Die erste Meinung erscheint billiger und dürfte der

---

[100] So schon *Berner*, S. 240; *Marquardsen*, S. 87, der die Unbilligkeiten durch „das Ermessen des Richters“ ausgleichen will, dabei aber übersieht, daß die starre Regelung des § 11 Abs. 3 RPresseG keinen Spielraum mehr läßt.

[101] *Häntzschel*, RPresseG, Anm. 11 zu § 11; *Kitzinger*, Anm. V zu § 11 RPresseG.

[102] OLG Celle ArchPRÜbers. VIII (1963), 49.

[103] So gewähren § 11 Abs. 2 BadWürttPresseG, § 10 Abs. 2 BerlPresseG, § 11 Abs. 2 BremPresseG, § 11 Abs. 2 HambPresseG, § 11 Abs. 2 NdsPresseG, § 11 Abs. 2 RhldPfPresseG, § 11 Abs. 2 SaarlPresseG und § 11 Abs. 2 SchlHPresseG den kostenfreien Raum für jede Gegendarstellung von „angemessenem Umfang“; nach § 10 Abs. 2 BayPresseG soll die kostenfreie Gegendarstellung den Umfang des beanstandeten Textes nicht wesentlich überschreiten.

[104] *Stenglein-Conrad*, Anm. 8 zu § 11 RPresseG.

[105] OLG Naumburg GA 42 (1894), 306; *Regensburger*, S. 76; ohne Begründung *Mannheim*, S. 27; im Ergebnis auch *Kitzinger*, Anm. V zu § 11 RPresseG. Er gewährt der Presse zwar einen Anspruch auf vorherige Zahlung, fordert aber, daß der rechtzeitige Abdruck der Entgegnung nicht von der Zahlung der Einrückungsgebühren abhängig gemacht werden dürfe. *Kitzinger* gibt jedoch selbst zu, daß der Anspruch der Presse auf „vorherige“ Zahlung dann praktisch wertlos ist.

ratio legis wohl besser entsprechen. Die Presse ist zur Aufnahme einer Entgegnung deswegen verpflichtet, weil sie Behauptungen über den Betroffenen abgedruckt hat. Die Entgegnungspflicht insgesamt nun von der Zahlung der Einrückungsgebühren abhängig zu machen, obwohl diese nur für die den kostenfreien Raum übersteigenden Zeilen anfallen, erscheint nicht angängig. Hinzu kommt, daß sich die starre Regelung des § 11 Abs. 3 RPresseG als Fehlkonstruktion zu Lasten des Betroffenen erwiesen hat[106].

Die neuen LPresseG[107] haben daher eine andere Regelung geschaffen und Kostenfreiheit für jede Entgegnung mit angemessenem Umfang festgesetzt[108]. Bei einer nicht mehr angemessenen Entgegnung ist die Presse überhaupt nicht zum Abdruck verpflichtet[109]. Eine solche Regelung wird der Interessenlage, vor allem dem Schutz des Betroffenen, dem das Entgegnungsrecht dienen soll, besser gerecht.

d) Auch über die Sprache, in der die Entgegnung abzufassen ist, trifft das Gesetz keine Bestimmung. Ein Antrag des Abgeordneten *Donimierski*[110], die Entgegnung müsse „in der Sprache, in welcher die periodische Druckschrift erscheint, verfaßt" sein, wurde vom Reichstag abgelehnt[111]. Die Frage ist daher bestritten. Von ihrer Beantwortung hängt es z. B. ab, ob deutsche Zeitungen die Entgegnung eines ausländischen Betroffenen in dessen Heimatsprache (z. B. russisch, türkisch) abdrucken müssen und ob Zeitungen, die im Inland in fremder Sprache erscheinen, verpflichtet sind, deutsch abgefaßte Entgegnungen zu veröffentlichen.

Aus der Ablehnung des Antrags von *Donimierski* im Reichstag folgerte die früher h. M., daß der Einsender nicht an die Sprache der Druckschrift gebunden sei, sondern die freie Wahl habe[112], zumindest der Redakteur einer in Deutschland erscheinenden Zeitung verpflichtet sein müsse, eine deutsch abgefaßte Entgegnung aufzunehmen[113]. Bereits

---

[106] In sich widerspruchsvoll erscheint die Argumentation *Löfflers*, wenn er einerseits (Presserecht, Rdnr. 102 zu § 11 RPresseG) sagt, daß die Zahlungspflicht des Betroffenen für eine angemessene, aber den Raum der beanstandeten Mitteilung übersteigende Entgegnung unbillig sei, andererseits (Presserecht Rdnr. 104 zu § 11 RPresseG) jedoch behauptet, daß es eine unbillige Belastung der Presse wäre, wenn sie ihre Abdruckspflicht nicht von der Vorauszahlung der Einrückungsgebühren abhängig machen könne.

[107] Vgl. oben Fußn. 103.

[108] Dies forderten schon *Berner*, S. 240; *Mannheim*, S. 27.

[109] § 10 Abs. 2 HessPresseG verlangt zwar auch einen „angemessenen Umfang", doch folgt § 10 Abs. 3 dem schlechten Vorbild des § 11 Abs. 3 RPresseG, in dem die Zahlung von Einrückungsgebühren statuiert ist.

[110] Sten. Ber. 3, 276.

[111] Sten. Ber. 1, 420.

[112] z. B. *Berner*, S. 236 ff.; *Heilborn*, S. 28.

[113] So ausdrücklich OLG Posen, GA 56 (1907), 117; *Stenglein-Conrad*, Anm. 4 zu § 11 RPresseG; *Kraehling*, S. 95. — *Meves*, GA 45 (1897), 364, meit, in An-

sehr bald wurde diese Ansicht mit Recht bekämpft, da sie dem Wesen des Entgegnungsrechts nicht entspricht[114].

Eine Entgegnung will und soll sich an den Personenkreis wenden, der den Presseartikel gelesen hat. Erscheint nun die Entgegnung in einer anderen Sprache als der beanstandete Artikel, so kann sie regelmäßig denselben Leserkreis nicht mehr erreichen. Es entspricht dem Interesse des Betroffenen, wenn seine Entgegnung in der Sprache der Pressemeldung veröffentlicht wird. Darüber hinaus gibt diese Lösung der Presse die Möglichkeit, ihrer Abdruckspflicht richtig nachzukommen. Da der verantwortliche Redakteur die Entgegnung kraft Gesetzes auf ihren etwaigen strafbaren Inhalt überprüfen muß, kann er dieser Pflicht am besten dann nachkommen, wenn die Entgegnung in der Sprache seiner Zeitung abgefaßt ist. Auch ist die Gewähr gegeben, daß der Druckerei alle Lettern zur Verfügung stehen, was bei Fremdsprachen mit anderen Schriftzeichen nicht der Fall wäre (z. B. russisch, arabisch usw.). Auch ein äußerlicher Umstand spricht für die hier vorgeschlagene Lösung, nämlich die sog. Parallelität[115] zwischen Presseartikel und Entgegnung. Tatsachenbehauptungen werden Tatsachenbehauptungen gegenübergestellt; Pressemitteilung und Entgegnung sollen möglichst den gleichen Umfang haben, an gleicher Stelle und mit gleicher Schrift veröffentlicht sein. Es liegt daher nahe, auch deswegen die gleiche Sprache zu fordern, zumal man der Interessenlage, wie dargelegt, mit dieser Lösung am besten gerecht wird[116].

Es fragt sich dann nur noch, wer die Entgegnung in die Sprache der Zeitung zu übersetzen hat, ob der Betroffene selbst oder der verantwortliche Redakteur. Man wird hier berücksichtigen müssen, daß der Redakteur am Text einer Entgegnung nichts verändern darf[117]. Daraus hat *Regensburger*[118] wohl mit Recht geschlossen, daß der verantwortliche Redakteur weder berechtigt noch verpflichtet ist, die persönliche Aussage des Betroffenen zu übersetzen. Die Übersetzungspflicht trifft also den Betroffenen selbst.

---

lehnung an *Marquardsens* Stellungnahme im Reichstag (Sten. Ber. 1, 419), eine beteiligte deutsche Behörde „dürfe" sich gar keiner anderen als der (deutschen) Amtssprache bedienen. Hier wird aber übersehen, daß die Behörden im Rahmen des Entgegnungsrechts nicht privilegiert sind (vgl. oben § 5 I 3), worauf *Regensburger*, S. 71, mit Recht hinweist; für sie gilt nichts anderes als für Privatpersonen.

[114] v. *Liszt*, Reichspreßrecht, S. 99; *Regensburger*, S. 68 ff.

[115] Dazu näher unten § 7 I.

[116] Ebenso *Löffler*, Presserecht, Rdnr. 109 zu § 11 RPresseG; *Thies*, S. 96, die allerdings eine Ausnahme macht für den Fall einer fremdsprachigen Zeitung in Deutschland, wo sie immer den Abdruck einer deutsch abgefaßten Entgegnung für zulässig hält.

[117] Vgl. unten § 7 I 3.

[118] S. 71; zustimmend *Löffler*, a.a.O.

2. *Der Inhalt der Entgegnung*

Nach dem Gesetz darf eine Entgegnung keinen strafbaren Inhalt haben und muß sich auf tatsächliche Angaben beschränken.

a) Daß die Entgegnung keinen strafbaren Inhalt haben darf, ist notwendige Folge der §§ 20, 21 RPresseG, und der diesen Bestimmungen entsprechenden Vorschriften der LPresseG, nach denen der verantwortliche Redakteur einer periodischen Druckschrift für deren Inhalt einstehen muß, auch dann, wenn er die Veröffentlichung auf Grund eines Entgegnungsverlangens hin vorgenommen hat. Dabei hat man unter dem Ausdruck „keinen strafbaren Inhalt haben" nach einhelliger Ansicht zu verstehen, daß die Entgegnung keine mit Strafe bedrohte Handlung" enthalten darf[119]. Sollte die Strafbarkeit des Betroffenen also infolge Unzurechnungsfähigkeit oder eines persönlichen Straf- oder Schuldausschließungsgrundes entfallen, so liegt gleichwohl eine mit Strafe bedrohte Handlung vor[120], und der verantwortliche Redakteur wäre strafbar, wenn er die Entgegnung abdrucken würde. Eine mit Strafe bedrohte Handlung liegt dagegen nicht vor, wenn die Rechtswidrigkeit infolge eines Rechtfertigungsgrundes entfällt[121]; der verantwortliche Redakteur ist dann zum Abdruck der Entgegnung verpflichtet.

Als häufigster Fall einer Entgegnung mit strafbarem Inhalt wird § 185 StGB (Beleidigung) in Frage kommen, wobei es gleichgültig ist, ob sich die Beleidigung gegen Dritte oder gegen die Presse richtet[122]. Eine Formulierung wie „Der Artikel ist unwahr" oder „Er sagt die Unwahrheit"[123] kann dabei nicht als Beleidigung gewertet werden, wohl aber eine Wendung wie „lügenhaft" und „verleumderisch"[124].

b) Der Betroffene muß sich in seiner Entgegnung auf tatsächliche Angaben beschränken. Darunter versteht das Gesetz ebenso Tatsachenbehauptungen[125] wie bei den durch die Presse „mitgeteilten Tatsachen".

---

[119] *Kitzinger*, Anm. III 3 c zu § 11 RPresseG; *Löffler*, Presserecht, Rdnr. 87 zu § 11 RPresseG mit weiteren Nachweisen. Da der terminus technicus „mit Strafe bedrohte Handlung" neueren Datums ist (seit der VO vom 29. 5. 1943, RGBl. I, S. 341 ins StGB eingeführt), wird er in der Literatur zum Presserecht zwar nicht verwendet, doch zeigen die Ausführungen eindeutig, daß diese Rechtsfigur gemeint ist.

[120] *Schönke-Schröder*, Vorbem. zu § 47, Rdnr. 55 ff.

[121] *Schönke-Schröder*, a.a.O.

[122] h. M.; *Löffler*, Presserecht, Rdnr. 87 zu § 11 RPresseG.

[123] OLG Celle, GA 39 (1891), 375; *Häntzschel*, RPresseG, Anm. 9 a zu § 11.

[124] OLG Celle GA 41 (1893), 72; vgl. auch RG JW 1931, 2800 mit Anm. v. Weber.

[125] h. M.; *Regensburger*, S. 46; *Löffler*, Presserecht Rdnr. 91 zu § 11 RPresseG; a. A. teilweise nur *Kitzinger*, RPresseG, Anm. III 3 b zu § 11 der aus der Formulierung „auf tatsächliche Angaben beschränkt" folgern will, daß dieser Begriff enger sein soll als der Begriff „mitgeteilte Tatsachen". Mit dieser Ansicht ist er allein geblieben.

Auch die „tatsächlichen Angaben" sind daher von den Werturteilen abzugrenzen und umfassen „äußere" und „innere" Tatsachen[126]. Dieser Grundsatz, daß Tatsachenbehauptungen gegen Tatsachenbehauptung gestellt wird, ist typisch für das deutsche Entgegnungsrecht, das insoweit dem Widerruf verwandt ist[127], während das französische Recht die Beschränkung auf Tatsachen nicht kennt[128].

c) Schließlich ist noch ein weiteres Erfordernis zu beachten, das sich zwar nicht expressis verbis aus dem Gesetz ergibt, bei sinngemäßer Auslegung aber verlangt werden muß: Die tatsächlichen Angaben, auf die sich die Entgegnung zu beschränken hat, müssen in gedanklichem Zusammenhang zu den von der Presse mitgeteilten Tatsachen stehen[129]. Wenn das Gesetz das Entstehen des Entgegnungsrechts auch nicht an die Feststellung der Wahrheit geknüpft hat[130], so muß die Entgegnung doch richtigstellen wollen[131], sie muß eine „entgegengesetzte Darstellung"[132] enthalten. Ein schutzwürdiges Interesse an der Mitteilung weiterer Tatsachen, die mit der Pressemeldung nichts zu tun haben, besteht nicht[133]. Wenn also bei der Bekanntgabe der Ergebnisse eines Warentests der Sitz einer Erzeugerfirma angegeben wurde, so kann diese den Abdruck einer Entgegnung fordern, daß sie ihren Sitz von einem bestimmten Zeitpunkt ab an einen anderen Ort verlegt habe; sie darf aber nicht hinzufügen, daß sie dort in einem weit größeren und besseren Gebäude untergebracht sei und sich deshalb ihre Kapazität bedeutend erhöht habe[134].

Freilich bedeutet das Erfordernis des gedanklichen Zusammenhangs nicht, daß nur Gegenteiliges in der Entgegnung enthalten sein dürfe. In einer „Gegendarstellung" können u. U. auch ergänzende (zusätzliche) Behauptungen aufgestellt werden[135], jedoch nur dann, wenn diese notwendig sind, um ein durch die Presse hervorgerufenes unvollständiges Bild zu korrigieren[136]. So kann ein Fabrikant auf die Mitteilung, er

---

[126] Im einzelnen kann hier auf das oben unter II 1 Gesagte verwiesen werden.

[127] Zur Abgrenzung zum Widerrufsanspruch vgl. unten § 9 IV 6 c (5) und § 11 II 1.

[128] Vgl. oben § 2 II 2; *Löffler*, NJW 1962, 905 bzw. DÖV 1962, 380; *Biolley*, S. 32 ff. mit Nachweisen aus der Rechtsprechung des Cour de Cassation.

[129] Dazu vor allem *Riss*, JW 1911, 387; *Kitzinger*, Anm. III 3 zu § 11 RPresseG.

[130] Vgl. oben II 3.

[131] *Berner*, S. 233; OLG Frankfurt NJW 1950, 71.

[132] OLG Celle, ArchPR Übers. VIII (1963), 49.

[133] *Meves*, GA 45 (1897), 344; *Riss*, JW 1911, 387; *Regensburger*, S. 62.

[134] *Koebel*, NJW 1963, 791.

[135] *Löffler*, Presserecht, Rdnr. 98 zu § 11 RPresseG.

[136] *Marquardsen*, S. 85; *Riss*, JW 1911, 387.

habe auf der Fachausstellung keinen Preis gewonnen, entgegnen, daß er dort gar nicht ausgestellt habe[137]. Auch wird man auf die Meldung, man sei wegen Meineids vor Gericht gestanden, entgegnen dürfen, man sei wegen erwiesener Unschuld freigesprochen worden[138]. Sehr häufig wird es hier auf die Umstände des Einzelfalles ankommen. So kann man bei einer Meldung, eine Ehe sei geschieden oder eine Frau habe ihren Mann verlassen, nicht abschließend beurteilen, ob die Frau entgegnen könne, die Ehe sei aus dem Verschulden des Mannes geschieden, bzw. ihr Mann habe sie zu ihrem Verhalten gezwungen[139]. Hat hier die Presse nur jeweils die Tatsache der Scheidung bzw. des Verlassens mitgeteilt, so wird beim Publikum in der Regel keine falsche Vorstellung erweckt, die durch den Vortrag neuer Tatsachen berichtigt werden könnte. Erfolgte die Tatsachenmitteilung aber im Zusammenhang mit anderen Behauptungen derart, daß man aus der Tatsache der Scheidung bzw. des Verlassens schließen könnte, die Frau führe einen liederlichen Lebenswandel, so müssen hier die oben genannten ergänzenden Tatsachenbehauptungen zugelassen werden, weil sie erforderlich sind, um das angeblich falsche Bild zu korrigieren.

Eine Entgegnung muß also immer richtigstellen wollen. Von dieser Warte aus ist es verständlich, wenn der Gesetzgeber in § 11 Abs. 1 RPresseG den Ausdruck „Berichtigung" verwendet hat, der allerdings insoweit irreführend ist, als es auf eine Prüfung der Wahrheit nicht ankommt[140].

3. Das Abdrucksverlangen

Nach dem Gesetz ist der verantwortliche Redakteur zum Abdruck der Entgegnung nur „auf Verlangen" des Betroffenen verpflichtet.

a) Der Gesetzgeber hat damit das Abdrucksverlangen zu einer Voraussetzung für die Abdruckspflicht des Redakteurs gemacht. Insoweit unterscheidet sich der Entgegnungsanspruch von den meisten sonstigen Ansprüchen, bei denen die Geltendmachung nicht Anspruchsvoraussetzung ist. Macht ein Kläger z. B. seinen Schadensersatzanspruch vor Gericht geltend, ohne den Beklagten vorher zur Zahlung aufgefordert zu haben, so ist seine Klage begründet; er trägt dann bei sofortigem Anerkenntnis des Beklagten nur die Kosten des Prozesses (§ 93 ZPO). Wenn dagegen der Betroffene den verantwortlichen Redakteur auf Abdruck

---

[137] *Kitzinger*, Anm. III 3 zu § 11 RPresseG.

[138] *Greiff*, NJW 1950, 242.

[139] Ohne Abstellen auf die konkreten Umstände ist hier *Kitzinger*, Anm. III 3 zu § 11 RPresseG, für, *Riss*, JW 1911, 387, gegen die Zulassung einer Entgegnung.

[140] Wegen der verschiedenen Bezeichnungen für das Institut der „Berichtigung" vgl. oben unter §§ 3 II 3 a.

einer Entgegnung verklagt, ohne sich vorher mit dem Abdrucksverlangen an ihn gewendet zu haben, so würde man diese Klage an sich als unbegründet abweisen müssen, weil es an einer Anspruchsvoraussetzung fehlt; jedoch wird die Klage als konkludent gestelltes Abdrucksverlangen anzusehen sein. Aus diesen Erwägungen heraus wird das Entgegnungsrecht häufig als „verhaltener Anspruch" bezeichnet[141], weil die Abdruckspflicht erst mit dem Abdrucksverlangen entsteht[142]. Das OLG Frankfurt[143] sieht in dem Abdrucksverlangen sogar eine Prozeßvoraussetzung, so daß die Klage vorher als unzulässig abzuweisen wäre[144]. Für diese Auffassung gibt das Gesetz allerdings nichts her.

b) Im Gegensatz zur formellen Entgegnungserklärung ist das Abdrucksverlangen an keine Form gebunden[145], kann also auch mündlich (telephonisch) und durch konkludente Handlung (Zusenden der Entgegnung) gestellt werden[146]. Insbesondere ist man sich einig, daß auch ein Bevollmächtigter das Abdrucksverlangen stellen kann, da dieses eine rechtsgeschäftliche Willenserklärung ist[147]. Sie wird daher mit dem Zugehen wirksam (§ 130 BGB), d. h. wenn sie in den Machtbereich[148] des verantwortlichen Redakteurs gelangt, also von Personen entgegengenommen wird, die zum Empfang von Postsendungen berechtigt sind. Obwohl nur der verantwortliche Redakteur zum Abdruck verpflichtet ist, läßt man es zu, daß das Abdrucksverlangen auch an „die Redaktion", sogar allgemein an „die Zeitung" (z. B. Erlanger Tagblatt) adressiert wird[149].

c) Das Abdrucksverlangen ist nach dem RPresseG an sich an keine Frist gebunden. Man hat früher daher ernsthaft darüber diskutiert, ob die Verjährung des Anspruchs in 30 Jahren (§§ 195, 198 BGB) eintritt[150], obwohl eine 30jährige Verjährungsfrist bei einem Institut, das einen möglichst schnellen Abdruck gewährleisten soll, ein Widersinn ist. Aus

---

141 Zum Begriff des „verhaltenen Anspruchs" vgl. *Lehmann*, Allgemeiner Teil, S. 86; *Enneccerus-Nipperdey*, Allgemeiner Teil ..., 2. Hbd., § 222 II 4 (S. 1367).

142 *Kitzinger*, Anm. III 2 c zu § 11 RPresseG; *Löffler*, Presserecht, Rdnr. 68 zu § 11 RPresseG; *Neumann-Duesberg*, JR 1956, 289 und NJW 1960, 2033.

143 NJW 1950, 270.

144 Zustimmend *Greiff*, NJW 1950, 243.

145 h. M.; vgl. *Löffler*, Presserecht, Rdnr. 70 zu § 11 RPresseG.

146 So schon BayObLGSt. 7, 86; *Stenglein-Conrad*, Anm. 4 zu § 11 RPresseG.

147 Statt aller *Häntzschel*, RPresseG, Anm. 8 a zu § 11.

148 RGZ 50, 194.

149 *Löffler*, RPresseG, Rdnr. 69 zu § 11 RPresseG; einschränkend *Häntzschel*, RPresseG, Anm. 8 a zu § 11, der hier das Verlangen nur dann als zugegangen behandeln will, wenn es der verantwortliche Redakteur tatsächlich erhalten hat. Vgl. dazu OLG Celle, ArchPRÜbers. VIII (1963), 49.

150 Vgl. *Oetker*, GS 68 (1906), 324; *Kraehling*, S. 107; *Riss*, JW 1911, 390.

dem Wesen des Entgegnungsrechts[151] und seiner Gegenüberstellung zum Widerruf ergibt sich seine zeitliche Begrenzung von selbst.

Der Gesetzgeber hat auf eine Prüfung der Wahrheit bewußt verzichtet, weil er der Schnelligkeit des Abdrucks den Vorzug geben wollte. Eine Entgegnung kann deshalb dann nicht mehr zugelassen werden, wenn schon so viel Zeit verstrichen ist, daß die Pressemeldung aus dem Gedächtnis des Lesers längst entschwunden ist. In diesen Fällen, in denen es auf die Schnelligkeit des Abdrucks der Entgegnung nicht mehr ankommt, wird man den Betroffenen wohl darauf verweisen müssen, in die Prüfung der Wahrheit einzutreten und einen Anspruch auf Widerruf geltend zu machen[152]. Wenn man die Dauer des Entgegnungsrechts nur durch den Grundsatz der Verwirkung einschränken will[153], so erscheint dies nicht immer ausreichend[154]. Die neueren LPresseG tragen diesen Erwägungen dadurch Rechnung, daß sie im Gegensatz zum RPresseG fordern, daß das Abdrucksverlangen „unverzüglich" gestellt wird[155]. Die zusätzliche Ausschlußfrist von drei Monaten nach Veröffentlichung des beanstandeten Textes erscheint allerdings zu kurz in Anbetracht der Tatsache, daß zu den periodischen Druckwerken, gegen die das Entgegnungsrecht besteht, auch solche Werke zählen die nur alle sechs Monate erscheinen. Es wäre wohl besser, wenn das Gesetz auf den Einzelfall abzustellen erlaubte, vor allem darauf, welche Bedeutung die Pressemeldung hatte (kurzlebig oder von einigem Gewicht) und wie häufig die Druckschrift erscheint.

IV. Berechtigtes Interesse

Nach den LPresseG von Baden-Württemberg, Berlin, Bremen, Hessen, Niedersachsen, Rheinland-Pfalz und Schleswig-Holstein besteht der Entgegnungsanspruch nicht, wenn „die betroffene Person oder Stelle kein berechtigtes Interesse an der Veröffentlichung" hat, während das RPresseG, das BayPresseG, das HambPresseG und das SaarlPresseG diese Beschränkung nicht enthalten. Bei der Auslegung des § 11 RPresseG hat man zwar häufig ein „berechtigtes Interesse" verlangt[156], doch nicht als besondere, zusätzliche Anspruchsvoraussetzung, sondern als Abgrenzungsmerkmal für die Feststellung, wer Betroffener ist, auch

[151] *Scholz,* WRP 1961, 336.

[152] Für das Verhältnis des Entgegnungsrechts zum Widerrufsanspruch vgl. unten § 9 IV 6 c (5) und § 11 II 1.

[153] *Löffler,* Presserecht, Rdnr. 71 zu § 11 und Rdnr. 50 zu § 19 RPresseG.

[154] Ähnlich Greiff, NJW 1950, 243.

[155] §§ 10 Abs. 2 BerlPresseG und HessPresseG; §§ 11 Abs. 2 BadWürttPresseG, BremPresseG, HambPresseG, NdsPresseG, RhldPfPresseG, SaarlPresseG und SchlHPresseG.

[156] *Löffler,* Presserecht, Rdnr. 20 ff. zu § 11 RPresseG mit Nachweisen.

wenn kein Name oder u. U. ein falscher Name in der beanstandeten Mitteilung enthalten war. Das zusätzliche Erfordernis eines „berechtigten Interesses" wird der Gesetzgeber wahrscheinlich aufgestellt haben, um einen Mißbrauch zu Lasten der Presse zu verhindern, doch erscheint diese weitere Anspruchsvoraussetzung rechtspolitisch kaum wünschenswert. Unter der Formulierung „berechtigtes Interesse" wird man, wie etwa bei Namensverletzungen i. S. des § 12 BGB, ohnehin „jedes verständige persönliche und vermögensrechtliche Interesse, auch das ideelle und das Affektionsinteresse"[157] zu verstehen haben, wenn das Entgegnungsrecht nicht unnötig eingeschränkt sein soll. Da für den Anspruch schon die bloße Behauptung einer solchen Verletzung genügt[158], ist das zusätzliche Erfordernis eines berechtigten Interesses nur dazu angetan, Verwirrung und u. U. Streit unter den Beteiligten hervorzurufen. Da im übrigen das Entgegnungsrecht ohnehin an sehr strenge und formale Voraussetzungen gebunden ist, erscheint die Regelung des RPresseG, des BayPresseG, des HambPresseG und des SaarlPresseG, die ein zusätzliches berechtigtes Interesse nicht verlangen, als weit besser. Eine rechtsmißbräuchliche oder schikanöse Ausübung des Entgegnungsrechts ist auch im Geltungsbereich dieser Gesetze nicht möglich, da jede Rechtsausübung am Rechtsmißbrauch ihre Grenze findet[159].

§ 7: Die Erfüllung der Abdruckspflicht

I. Art und Umfang der Abdruckspflicht

1. Rechtzeitigkeit des Abdrucks der Entgegnung

Der Abdruck hat in der nach Empfang der Entgegnungserklärung „nächstfolgenden, für den Druck noch nicht abgeschlossenen Nummer" zu erfolgen. In dieser Bestimmung hat der Gesetzgeber das Interesse des Betroffenen an rascher Veröffentlichung mit dem Interesse der Presse daran, daß der normale Geschäftsgang durch den Berichtigungszwang nicht gehemmt wird, vereint.

a) Das Interesse des Einsenders geht auf baldigen Abdruck seiner Erklärung. Sie kann die größtmögliche Wirkung entfalten, solange die Pressemeldung noch aktuell ist. Der Gesetzgeber hat dieses Bedürfnis nach schnellem Abdruck anerkannt, indem er ihm das Interesse an der Prüfung der Wahrheit geopfert[1] und bestimmt hat, daß die Entgegnung

[157] *Erman-Böhle-Stamschräder*, Anm. 13 zu § 12 BGB.
[158] Vgl. oben II 3 und unten § 10 IV 6 c Fußn. 108.
[159] Zum Rechtsmißbrauch vgl. *Soergel-Siebert*, Rdnr. 11 vor § 226 BGB.

[1] Vgl. oben § 6 II 3.

bereits in der nächsten Nummer abzudrucken ist. Darunter ist die nächste Nummer mit der vollen Auflage zu verstehen. Sollte die nächste Auflage teilweise nicht in Vertrieb kommen, weil sie z. B. beschlagnahmt wurde, so ist die Abdruckspflicht nicht erfüllt; der Betroffene hat Anspruch auf nochmaligen Abdruck, denn nur so ist gesichert, daß alle Leser der Zeitschrift Gelegenheit bekommen, auch die Entgegnung kennenzulernen[2].

Daß die Entgegnung in einer Nummer abgedruckt werden muß und nicht auf mehrere Nummern verteilt werden darf, ist selbstverständlich[3]. Ob die Auflage der nächsten Nummer inzwischen gestiegen oder gefallen ist, bleibt unberücksichtigt, insbesondere kann der Betroffene nicht verlangen, daß bei gefallener Auflage die Presse wegen der Entgegnung zusätzliche Exemplare druckt[4].

b) Die Entgegnung braucht allerdings in der nächsten Nummer nicht veröffentlicht zu werden, wenn diese für den Druck bereits abgeschlossen ist. Durch den Eingang einer Entgegnung soll eine bereits druckfertige Nummer nicht nochmals umgeändert werden müssen. Diese Schutzvorschrift für die Presse ist für einen auf Aktualität eingestellten Betrieb unbedingt erforderlich. Die Entgegnung muß dann in der nächstfolgenden, noch nicht abgeschlossenen Nummer erfolgen.

Eine Nummer gilt in dem Zeitpunkt als abgeschlossen, von dem ab üblicherweise keine Änderungen oder Einschaltungen mehr vorgenommen zu werden pflegen[5]. Das ist weder beim Schluß der Redaktion[6], noch mit der Fertigstellung und Korrektur des Satzes[7] der Fall, sondern in der Regel erst mit dem sog. Umbruch[8], d. h. wenn die Zusammenstellung des von der Setzerei gesetzten Zeitungstextes zu einer Nummer und die Verteilung des gesetzten Materials auf verschiedene Seiten dieser Nummer einschließlich der Aufmachung erfolgt ist[9].

Sind einzelne Teile der Druckschrift, wie der Wirtschaftsteil oder die Lokalnachrichten, schon vor dem Umbruch der ganzen Nummer druckfertig und ist die Entgegnung in diesem Teil zu veröffentlichen, dann ist es unzulässig, sie in einem anderen, noch nicht abgeschlossenen Teil abzudrucken (vgl. unten 2). Es fragt sich in diesen Fällen, ob es für das

---

[2] BGH NJW 1964, 1132 (1134).

[3] *Regensburger*, S. 72; *Kitzinger*, Anm. IV 2 zu § 11 RPresseG.

[4] BGH NJW 1964, 1132 (1134), der eine solche Pflicht mit Recht für unzumutbar hält.

[5] *Löffler*, Presserecht, Rdnr. 113 zu § 11 RPresseG.

[6] *Stenglein-Conrad*, Anm. 5 zu § 11 RPresseG.

[7] Zum Begriff der Korrektur *März*, Die moderne Zeitung, 1951, S. 187.

[8] h. M.; BayObLGSt. 12, 184; *Häntzschel*, RPresseG, Anm. 10 b zu § 11; *Kitzinger*, RPresseG, Anm. IV 2 zu § 11; *Meves*, GA 45 (1897), 332.

[9] *Dovifat*, Zeitungslehre, Bd. 2, 3. Aufl. 1955, S. 94 ff.; *März*, a.a.O., S. 188.

„Abgeschlossensein" auf den Zeitpunkt des Umbruchs der ganzen Nummer ankommt oder auf die Fertigstellung des Teils, in dem die Entgegnung zu erscheinen hat. Bei buchstabengetreuer Auslegung des Gesetzes müßte der bereits druckfertige Teil nochmals geändert werden, da die Nummer als Ganzes noch nicht abgeschlossen ist[10]. Die herrschende Gegenmeinung bezieht den Begriff „abgeschlossen" nicht nur auf die ganze Nummer, sondern auch auf solche Teile, die üblicherweise innerhalb einer Gesamtnummer einen in sich abgeschlossenen Teil bilden[11]. In den meisten Fällen dürfte der zweiten Ansicht der Vorzug zu geben sein, da sie in der Regel dem Sinn des Gesetzes, die Aktualität der Presse zu wahren, besser gerecht wird. Allerdings sollte man dabei nicht die Fälle übersehen, in denen die konkreten Umstände eine andere Entscheidung erfordern. Man denke an eine Zeitschrift, die nur einmal monatlich erscheint, deren Modeteil aber z. B. schon vierzehn Tage vor Abschluß der nächsten ganzen Nummer druckfertig ist. Geht in diesem Zeitpunkt eine Entgegnung ein, die im Modeteil abzudrucken wäre, so ist es der Presse durchaus zuzumuten, den bereits abgeschlossenen Teil innerhalb von vierzehn Tagen umzuändern, ohne daß ihre Aktualität darunter leidet. Hier ist dem Interesse des Betroffenen an einem schnellen Abdruck der Vorzug zu geben. Wenn diese Fälle auch seltener sein mögen, so sollte die herrschende Meinung ihre starre Haltung insoweit modifizieren, als es die Umstände des Einzelfalles erfordern. Es kommt für die Beantwortung der Frage, ob sich der Begriff „abgeschlossen" auch auf einen Teil oder nur die ganze Nummer beziehen kann, also immer darauf an, ob die Umstände des Einzelfalles es für die Presse als zumutbar erscheinen lassen, bereits abgeschlossene Teile umzuändern.

2. *Äußere Aufmachung der Entgegnung*

Die Entgegnung muß in „demselben Teil der Druckschrift und mit derselben Schrift", in der die beanstandete Meldung erschien, veröffentlicht werden und zwar „ohne Einschaltungen und Weglassungen".

a) In den Erfordernissen „gleicher Teil der Druckschrift und gleiche Schrift" kommt der Grundsatz der Parallelität zwischen Pressemeldung und Entgegnung zum Ausdruck. Diese Parallelität soll es gewährleisten, daß der gleiche Leserkreis angesprochen wird und beide Artikel dem Publikum äußerlich gleichwertig gegenübertreten. Aus diesem Grundsatz hat man daher mit Recht gefordert, daß die Entgegnung in derselben Sprache wie der beanstandete Artikel zu erfolgen habe[12]. So ist es

---

[10] So früher *Meves*, GA 45 (1897), 345.

[11] So schon *Regensburger*, S. 66; *Reimann*, S. 46; ferner *Kitzinger*, Anm. IV 2 zu § 11 RPresseG; *Löffler*, Presserecht, Rdnr. 114 zu § 11 RPresseG.

[12] Vgl. oben § 6 III 1.

unzulässig, die Entgegnung unter der Rubrik „Leserbriefe" abzudrucken[13] oder sie gar in kleinster Schrift an den Wetterbericht anzuhängen. Da der Grundsatz der Parallelität eine Benachteiligung des Betroffenen verhindern will, wird es dem Zweck des Gesetzes wohl nicht zuwiderlaufen, wenn die Entgegnung in größeren Lettern gedruckt wird als es die Pressemeldung war[14], doch ist dabei zu bedenken, daß eine solche Übertreibung u. U. geeignet sein kann, die Entgegnung lächerlich zu machen.

b) Die Aufnahme der Entgegnung hat schließlich ohne Einschaltungen und Weglassungen zu erfolgen. Darin ist nach *Berner*[15] eine Anstandspflicht des verantwortlichen Redakteurs gesetzlich normiert. Von ihm eingefügte Frage- und Ausrufezeichen sind deshalb ebenso unzulässig wie Zwischenbemerkungen, etwa „oho", „na also", „unwahr"[16] usw., selbst wenn sie als solche der Redaktion kenntlich gemacht werden[17]. Es hieße jedoch das Gesetz überstreng auslegen, wollte man es dem Redakteur verwehren, orthographische Fehler auszubessern[18]. Verpflichtet ist er dazu allerdings nicht[19].

Nach dem Gesetz besteht jedoch kein absolutes Glossierungsverbot. Vor- und Nachbemerkungen sind erlaubt[20]. Solche redaktionellen Kommentierungen müssen die Entgegnungserklärung als Ganzes unangetastet lassen. Sie dürfen nach den neuen LPresseG nur tatsächliche Angaben enthalten. Werden neue Tatsachen mitgeteilt, können sie erneut einen Entgegnungsanspruch auslösen, doch ist der bloße Zusatz des Redakteurs, er halte an der ursprünglichen Meldung fest, nicht mehr entgegnungsfähig, da insoweit nichts Neues mitgeteilt wurde, das Entgegnungsrecht also erschöpft ist[21].

---

13 In einem solchen Abdruck erblickt der BGH sogar eine Persönlichkeitsverletzung; BGHZ 13, 337; Leserbriefe; 31, 308: Altherrenrundschreiben; ferner OLG Köln NJW 1962, 48, dazu *Möller*, ArchPR 1962, 258. Die neuen LPresseG, mit Ausnahme Bayerns und Hessens, erklären den Abdruck der Entgegnung als Leserbrief sogar expressis verbis für unzulässig, doch hätte es einer solchen Klarstellung an sich gar nicht bedurft.

14 *Löffler*, Presserecht, Rdnr. 122 zu § 11 RPresseG; *Regensburger*, S. 66; a. A. *Delius*, S. 45 Anm. 10.

15 S. 236.

16 h. M.; *Löffler*, Presserecht, Rdnr. 117 zu § 11 RPresseG.

17 *Häntzschel*, RPresseG, Anm. 10 a zu § 11.

18 a. A. *Regensburger*, S. 72.

19 *Kitzinger*, Anm. IV 1. zu § 11 RPresseG.

20 h. M. seit BayObLGSt. 11, 371; das OLG Karlsruhe (NJW 1965, 979) erblickt allerdings in einem Fall, in dem eine Zeitschrift die Entgegnung des Betroffenen in einer Spalte und in der Spalte daneben die Stellungnahme des Redakteurs abdruckte, keinen ordnungsgemäßen Abdruck, obwohl das OLG selbst zugibt, daß die Entgegnung als in sich abgeschlossener Teil erhalten und im Zusammenhang lesbar bleibt.

21 *Kitzinger*, RPresseG, Anm. IV 1 zu § 11; *Kloeppel*, S. 240; *Reimann*, S. 46; a. A. *Born*, S. 65.

Wird eine Gegendarstellung zwar abgedruckt, gleichzeitig jedoch in unzulässiger Weise glossiert, so stellt sich dieser Abdruck nicht als Erfüllung der Entgegnungspflicht dar. Dem Betroffenen steht dann ein neuer Anspruch auf Abdruck ohne unzulässige Glossierung zu[21a].

3. *Das Ablehnungsrecht des Redakteurs (Verlegers)*

Entspricht eine eingesandte Entgegnungserklärung allen gesetzlichen Erfordernissen (vgl. oben § 6), so ist der verantwortliche Redakteur, nach den LPresseG auch der Verleger, verpflichtet, die Entgegnung zu veröffentlichen, und zwar unter Berücksichtigung der unter 1. und 2. dargestellten Besonderheiten. Kommt er dieser Pflicht nicht nach, dann macht er sich nach § 19 Abs. 1 Nr. 3 RPresseG strafbar. Die neuen LPresseG (mit Ausnahme Bayerns), haben den Verstoß gegen die Abdruckspflicht nicht mehr unter Strafe gestellt. Fehlt es dagegen an einer der sehr zahlreichen gesetzlichen Voraussetzungen für das Entstehen der Abdruckspflicht, dann ist er berechtigt, die Veröffentlichung abzulehnen.

a) So besteht keine Verpflichtung zum Abdruck, wenn z. B. die Entgegnungserklärung strafbaren Inhalt hat, wenn sie Werturteile enthält, nicht unterschrieben ist usw. Insbesondere ist er nicht verpflichtet, aus einem „Gemisch" das Unzulässige herauszuschälen und eine den gesetzlichen Erfordernissen entsprechende Entgegnung vorzuschlagen[22]. Die Ansicht des OLG Frankfurt[23], der verantwortliche Redakteur habe eine „presserechtliche Pflicht" zur aktiven Mitarbeit an der Abfassung einer ordnungsgemäßen Entgegnung, ist vereinzelt geblieben[24] und wird allgemein abgelehnt[25]. Selbstverständlich bleibt es dem Redakteur unbenommen, eine ordnungsgemäße Entgegnung anzubieten und die Einwilligung des Betroffenen dafür einzuholen. Eine Pflicht dazu hat er jedoch nicht. Man wird von ihm allerdings verlangen müssen, die Gründe für seine Ablehnung anzugeben, damit sich der Betroffene darauf einstellen und eine den gesetzlichen Erfordernissen entsprechende Entgegnung anbieten kann[26].

[21a] OLG Frankfurt NJW 1965, 2163.

[22] h. M.; OLG Celle NJW 1953, 1767; OLG München NJW 1954, 927; NJW 1955, 267; ArchPRÜbers. V (1960), 30: *Kitzinger*, Anm. III 3 b zu § 11 RPresseG; *Mannheim*, S. 26; *Regensburger*, S. 63; *Stenglein-Conrad*, Anm. 2 zu § 11.

[23] NJW 1950, 270; NJW 1953, 1068.

[24] Zustimmend nur *Greiff*, NJW 1950, 243.

[25] *Löffler*, Presserecht, Rdnr. 124, 125 zu § 11 RPresseG; vgl. ferner den Bericht von *Löffler* über die 11. Arbeitstagung des Studienkreises für Presserecht und Pressefreiheit, NJW 1962, 904 f. (905) und DÖV 1962, 380; *Erbmann-Ott-Storz*, Rdnr. 35 zu § 11 BadWürttPresseG.

[26] Ebenso *Koebel*, NJW 1963, 792.

Druckt der verantwortliche Redakteur den zulässigen Teil einer teilweise unzulässigen Entgegnung ab, so verstößt er nicht gegen § 11 RPresseG[27]; er ist nicht nach § 19 Abs. 1 Nr. 3 RPresseG strafbar. Die Abdruckspflicht entsteht nämlich nicht, wenn keine ordnungsgemäße Entgegnung eingesandt wurde, so daß der Redakteur auch keine Pflichtverletzung begehen kann, wenn er die herausgeschälte Entgegnung abdruckt[28]. Sollte der Betroffene jedoch noch eine ordnungsgemäße Entgegnung einreichen, so muß sie der Redakteur vollständig veröffentlichen, also auch solche Teile, die er schon — ohne verpflichtet zu sein — abgedruckt hatte.

b) Ein Ablehnungsrecht hat der verantwortliche Redakteur nicht, wenn er die Entgegnung für unwahr hält[29]. Das folgt aus der formalen Natur des Entgegnungsrechts, das entsteht, ohne daß es auf eine Wahrheitsprüfung ankommt. Die Abdruckspflicht sollte selbst dann bestehen, wenn der Redakteur Beweise für die Unrichtigkeit der Entgegnung zu haben glaubt, denn diese können sich nachträglich als falsch herausstellen; das Entgegnungsrecht ist aber gerade unabhängig von einer Prüfung der Frage, wer recht hat. Eine Beweisaufnahme über die Wahrheit darf daher im Prozeß nicht erfolgen[30]. Das folgt aus dem Zweck des Gesetzes. Der Betroffene soll sich wehren können, wenn er die Pressemeldung für unwahr hält, und zwar solange der Eindruck bei den Lesern noch frisch ist. Kann er mit seiner subjektiven Erklärung die Meldung auch nicht korrigieren, so soll er die Leser wenigstens darauf aufmerksam machen können, daß die Pressemeldung unwahr sein kann. Aus diesen Überlegungen heraus erscheint es zumutbar, der Presse die Abdruckspflicht auch dann aufzuerlegen, wenn sie Beweise für die Unwahrheit der Entgegnung zu haben glaubt[31]. Sowohl der Presse wie dem Betroffenen steht der Weg offen, über eine Widerrufsklage die Wahrheit gerichtlich feststellen zu lassen und dies den Lesern mitzuteilen, denn der Abdruck einer Entgegnung macht einen Widerrufsanspruch nicht überflüssig[32].

---

[27] So aber *Kloeppel*, S. 241; *Kraehling*, S. 92; *Regensburger*, S. 63; KG GA 42 (1894), 305.

[28] *Berner*, S. 237; *Kitzinger*, Anm. III 3 b RPresseG.

[29] Völlig h. M.; statt aller: BGH NJW 1964, 1132 ff.; *Stenglein-Conrad*, Anm. 1 zu § 11 RPresseG.

[30] So besonders *Schultz*, Die Justiz 1964, 321.

[31] RGSt. 24, 278; BGH NJW 1963, 151 und NJW 1964, 1132 ff. (1134); *Scholz*, WRP 1961, 335; nicht so streng *Greiff*, NJW 1950, 242; *Löffler*, Presserecht, Rdnr. 5 zu § 11 RPresseG und *Koebel*, NJW 1963, 791, die hier eine Abdruckspflicht verneinen, dabei aber übersehen, daß erst das Gericht feststellen kann, ob die Beweise stichhaltig sind. Auf diese gerichtliche Feststellung hat aber der Gesetzgeber beim Entgegnungsrecht gerade verzichtet.

[32] Vgl. oben § 6 II 3 und unten § 9 IV 6 c (5) und § 11 II 1.

Nur in einem Ausnahmefall besteht bei Streit über die Wahrheit keine Abdruckspflicht für die Presse, und zwar dann, wenn die Entgegnung offenkundig unwahr ist[33]. Streitig ist allerdings, was im einzelnen darunter zu verstehen ist, vor allem, ob es für den Begriff der Offenkundigkeit etwa doch genügt, wenn die Presse „Beweise" in Händen zu haben glaubt[34]. An den Begriff „Offenkundigkeit" sollten jedoch strenge Maßstäbe gelegt werden, damit nur die Fälle erfaßt werden können, in denen die Tatsache allgemein oder gerichtsbekannt ist[35]. Es kann daher aus den dargelegten Gründen nicht genügen, wenn die Presse Beweise für die Unwahrheit in Händen zu haben glaubt. Bei Zweifeln über die Offenkundigkeit ist der Redakteur also immer zum Abdruck verpflichtet, weil das Entgegnungsrecht eben ohne Prüfung der Wahrheit besteht. Insoweit sind die Anspruchsvoraussetzungen geringer als beim Widerruf.

c) Neben diesen Fällen, in denen das Ablehnungsrecht des Redakteurs besteht, wenn eine gesetzliche Voraussetzung für die Abdruckspflicht fehlt, gibt es noch weitere Ausnahmen, die schon erwähnt wurden, und zwar bei wahrheitsgetreuen Berichten über öffentliche Parlamentssitzungen und zwangsweise von der Presse aufgenommenen Entgegnungen, gegen die eine weitere Entgegnung nicht zulässig ist. Im einzelnen kann hier auf das oben Ausgeführte verwiesen werden[36].

4. Die Kostentragungspflicht für den Abdruck

Nach dem Gesetz ist der Abdruck der Entgegnung für den Betroffenen ausdrücklich kostenfrei. Soweit sich die Entgegnung später als richtig erweist, erscheint diese Regelung durchaus befriedigend. Es könnten sich jedoch Zweifel erheben, ob es tatsächlich gerechtfertigt ist, die Kostenlast der Presse auch dann aufzuerlegen, wenn die Entgegnung sich hinterher als unwahr herausstellt, oder ob es in diesen Fällen nicht billiger wäre, die Kostenlast dem Betroffenen aufzubürden.

Im deutschen Rechtskreis blieb dieses Problem bisher unerörtert. Lediglich § 20 Abs. 5 des Gesetzentwurfs zur Neuordnung des zivilrechtlichen Persönlichkeits- und Ehrenschutzes sieht vor, daß der zum Abdruck der Entgegnung Verpflichtete von dem Berechtigten den Ersatz

---

[33] Allgemein anerkannt. Der BGH spricht in NJW 1964, 1132 (1134) von „offensichtlicher Unwahrheit"; ferner *Koebel*, NJW 1963, 791; *Greiff*, NJW 1950, 242; *Löffler*, Presserecht, Rdnr. 5, 16 zu § 11 RPresseG; *Scholz*, WRP 1961, 335; *Schultz*, Die Justiz, 1964, 321.

[34] Vgl. die in Fußnote 31 Genannten.

[35] Ebenso *Scholz*, WRP 1961, 335 und vor allem *Schultz*, Die Justiz, 1964, 321, aus der Sicht der Praxis; ferner AG München, ArchPRÜbers. I (1945—56), 21.

[36] § 6 II 2 b.

der notwendigen Aufwendungen verlangen kann, wenn der Inhalt der Entgegnung sich im wesentlichen als unwahr erweist. § 24 Abs. 7 des österreichischen PresseG bestimmt, daß in diesen Fällen der Betroffene die üblichen Einrückungsgebühren zu erstatten hat.

Für die bisherige Regelung in den deutschen PresseG scheint zu sprechen, daß das Entgegnungsrecht für den Betroffenen so gut wie illusorisch würde, wenn er befürchten müßte, daß er, falls er sich irrte, die hohen Einrückungsgebühren (Kosten für eine Anzeige mit entsprechendem Umfang) zu bezahlen hätte. Für die Presse ist andererseits der Raum im redaktionellen Teil der Zeitung nicht so wertvoll, daß es ihr nicht zugemutet werden könnte, den Raum für die Entgegnung zur Verfügung zu stellen. Schließlich war sie es, die durch ihre Veröffentlichung die Gefahr für den Betroffenen heraufbeschworen hatte. Es erscheint daher die deutsche Regelung insoweit gerechtfertigt, als es nur um den durch die Presse zur Verfügung zu stellenden Raum geht und der normale Geschäftsgang der Presse nicht gestört wird. Der Betroffene sollte die üblichen Einrückungsgebühren auch dann nicht bezahlen müssen, wenn seine Entgegnung unrichtig war, es sei denn, der Betroffene hatte mutwillig und im Bewußtsein der Unwahrheit seiner Entgegnung deren Abdruck gefordert. Insoweit könnte die Presse vollen Schadensersatz über §§ 826, 249 ff. BGB fordern, weil eine sittenwidrige Schädigung vorliegt.

Soweit der Presse allerdings wegen der Entgegnung zusätzliche Kosten entstehen, etwa durch Rückfragen oder durch Änderung eines bereits druckfertigen Teils der Zeitschrift, erscheint es gerechtfertigt, diese zusätzlichen notwendigen Aufwendungen dem Betroffenen aufzubürden, wenn die Pressemitteilungen richtig waren. Schließlich müßte der Einsender selbst wissen, ob die ihn betreffenden Mitteilungen der Wahrheit entsprechen. Eine gesetzliche Regelung wäre daher insoweit wünschenswert.

II. Folgen der Nichterfüllung

Das RPresseG stellt in § 19 Abs. 1 Nr. 3 einen Verstoß des verantwortlichen Redakteurs gegen seine Pflichten aus § 11 RPresseG unter Strafe, ebenso wie § 13 Abs. 1 c) BayPresseG bei einem Verstoß gegen die Abdruckspflicht nach § 10 BayPresseG. Das Strafurteil hat nach § 19 Abs. 2 RPresseG bzw. § 13 Abs. 1 c) BayPresseG zugleich den Abdruck der Entgegnung in der nächstfolgenden Nummer anzuordnen. Der Gesetzgeber wollte mit dieser Strafdrohung einen Druck auf die Presse ausüben[37], weil er glaubte, der verantwortliche Redakteur würde den Abdruck der Entgegnung einer Bestrafung vorziehen. Diese Annahme

[37] Sten.Ber. 1, 416, sprechen von „psychologischem Zwang".

sollte sich als Trugschluß erweisen. In den übrigen LPresseG hat man daher auf diese Strafandrohung verzichtet. In Berlin (§ 21 Abs. 1 Nr. 3 BerlPresseG) und in Baden-Württemberg, Niedersachsen und Saarland (§ 22 Abs. 1 Nr. 3 des jeweiligen LPresseG) begeht jedoch eine Ordnungswidrigkeit, wer sich vorsätzlich oder fahrlässig bei Äußerungen zu einer Gegendarstellung nicht auf Tatsachen beschränkt. Es war lange streitig, ob neben dem Strafverfahren nach § 19 RPresseG im Zivilrechtsweg auf Abdruck der Entgegnung geklagt werden kann, denn das RPresseG sagt darüber nichts (vgl. unten 2.).

Die neuen LPresseG von Baden-Württemberg, Berlin, Bremen, Bayern, Hamburg, Hessen, Niedersachsen, Rheinland-Pfalz, Saarland und Schleswig-Holstein schlagen insoweit einen anderen Weg ein. Sie erklären den Zivilrechtsweg ausdrücklich für zulässig und haben mit Ausnahme des BayPresseG (§ 13), einen Verstoß des verantwortlichen Redakteurs gegen seine Abdruckspflicht nicht mehr unter Strafe gestellt. Im folgenden soll daher die Strafklage nur sehr kurz behandelt werden, zumal ihr die Praxis im Geltungsbereich des RPresseG und des BayPresseG keine große Bedeutung beimißt, weil die Zivilklage für den Betroffenen weit günstiger ist.

1. Die Strafklage

Erfüllt der verantwortliche Redakteur seine ihm nach § 11 RPresseG obliegende Pflicht nicht, indem er eine ihm zugesandte, den gesetzlichen Erfordernissen entsprechende Entgegnung nicht oder nicht ordnungsgemäß abdruckt, so macht er sich nach § 19 Abs. 1 Nr. 3 RPresseG strafbar.

a) Die Tat ist eine Übertretung[38] und nach § 19 Abs. 2 RPresseG nur auf Antrag verfolgbar. Auf diesen Antrag sind die §§ 61 ff. StGB anzuwenden. Antragsberechtigt ist der „Betroffene", also jede „beteiligte öffentliche Behörde oder Privatperson"[39]. Die Antragsfrist beträgt drei Monate; sie beginnt mit dem Tage zu laufen, seit welchem der Antragsberechtigte von der Zuwiderhandlung und der Person des Täters Kenntnis gehabt hat (§ 61 StGB). Das wird in aller Regel wohl der Tag sein, an dem die Nummer erscheint, in der die Entgegnung hätte veröffentlicht werden müssen[40], denn der Betroffene wird diese Nummer wohl überprüfen; die Person des Täters (des verantwortlichen Redakteurs) ist aus dem Impressum der Druckschrift ersichtlich.

---

[38] Strafrahmen: Geldstrafe bis zu DM 500.— oder Haft bis zu 6 Wochen (§§ 19 RPresseG; 1 Abs. 3, 18 StGB).

[39] Einhellige Meinung; statt aller *Erbs-Kohlhaas*, Anm. 6 e zu § 19 RPresseG.

[40] *Löffler*, Presserecht, Rdnr. 63 zu § 19 RPresseG.

Die Übertretung des verantwortlichen Redakteurs verjährt in drei Monaten (§ 67 Abs. 3 StGB). Die Verjährungsfrist beginnt mit dem Tage zu laufen, an welchem die Handlung begangen ist (§ 67 Abs. 4 StGB), d. h. am Tag des Erscheinens der Nummer, in der die Entgegnung hätte veröffentlicht werden müssen, denn zu diesem Zeitpunkt ist die Zuwiderhandlung des Redakteurs beendet[41].

b) Die Zuwiderhandlung gegen den § 11 RPresseG ist ein Sonderdelikt. Da nur der verantwortliche Redakteur zum Abdruck verpflichtet ist, kommt nur er als Täter in Frage. Weist der Verleger den Redakteur an, eine bestimmte Entgegnung nicht zu veröffentlichen, so ist nur der verantwortliche Redakteur Täter[42], doch kann der Verleger als Anstifter haften, da Anstiftung (§ 48 StGB) auch zu Sonderdelikten möglich ist[43]; er kann jedoch nicht als Gehilfe bestraft werden, da unser Recht eine strafbare Beihilfe zu einer Übertretung nicht kennt (§ 49 StGB)[44].

c) Das Strafurteil muß (nicht darf) nach § 19 Abs. 2 RPresseG zugleich die Aufnahme des eingesandten Artikels in die nächstfolgende Nummer anordnen, und zwar auch dann, wenn der verantwortliche Redakteur freigesprochen wurde, weil er den Abdruck in gutem Glauben, also auf Grund eines Tatbestands- oder Verbotsirrtums[45], verweigerte. Mit dieser Anordnung wollte der Gesetzgeber dem Interesse des Betroffenen Rechnung tragen, dem weniger an der verhältnismäßig geringen Bestrafung des Redakteurs gelegen ist, als vielmehr daran, daß seine Entgegnung veröffentlicht wird. Bedauerlicherweise hat es der Gesetzgeber jedoch versäumt, Vorschriften über die Vollstreckbarkeit dieser Anord-

---

[41] Ebenso BayObLGSt. 13, 376; *Häntzschel*, RPresseG, Anm. II D 2 zu § 19; a. A. *Kitzinger*, RPresseG, Anm. IV zu § 19, der ein Dauerdelikt annimmt, weil der verantwortliche Redakteur weiterhin zum Abdruck der Entgegnung verpflichtet bleibt. Das letztere ist zwar richtig, nicht jedoch der Schluß, daß damit ein Dauerdelikt vorliegen müsse. Kitzinger übersieht hier den Unterschied zwischen „verhaltener" und „akuter" (konkretisierter) Abdruckspflicht. Solange der Betroffene noch kein Abdrucksverlangen gestellt hat, besteht nur eine „verhaltene" Abdruckspflicht (vgl. oben § 6 III 3 a). Erst mit dem Abdrucksverlangen konkretisiert sich diese Pflicht auf eine bestimmte Ausgabe der Druckschrift: Der Abdruck der Entgegnung hat dann in der nächstfolgenden Nummer zu erfolgen. Geschieht das nicht, so ist der verantwortliche Redakteur zwar weiterhin zum Abdruck verpflichtet, doch bleibt diese Pflicht wiederum solange eine „verhaltene", bis der Betroffene ein erneutes Abdrucksverlangen stellt, und sich die Pflicht erneut auf eine bestimmte Nummer konkretisiert. Für die Frage, wann der verantwortliche Redakteur gegen seine Abdruckspflicht verstoßen hat, kann es allein auf seine konkretisierte („akute") Abdruckspflicht ankommen. Vgl. dazu *Löffler*, Presserecht, Rdnr. 47, 48 zu § 19 RPresseG; ferner OLG Celle BB 1963, 1120 = ArchPRÜbers. VIII (1963), 49.

[42] *Erbs-Kohlhaas*, Anm. 6 d zu § 19 RPresseG.

[43] BGHSt. 5, 75.

[44] Das übersieht *Löffler*, Presserecht, Rdnr. 59 zu § 19 RPresseG, wenn er eine (strafbare) Beihilfe für möglich hält.

[45] *Löffler*, Presserecht, Rdnr. 66 zu § 19 RPresseG.

nung aufzustellen. Die der Zwangsvollstreckung im Zivilprozeß eigenen Vollstreckungsmaßnahmen, wie Ersatzleistung, Beugestrafen usw. sind dem Strafprozeß unbekannt. Die gerichtliche Anordnung des Abdrucks kann daher nicht durchgesetzt werden, falls sich der verantwortliche Redakteur weiterhin weigert, die Entgegnung zu veröffentlichen. Diese Unzulänglichkeit war mit ein Grund, warum man versucht hat, die zivilrechtliche Durchsetzbarkeit des Entgegnungsrechts anzuerkennen.

Der Betroffene könnte nach der Verurteilung des verantwortlichen Redakteurs zwar ein erneutes Abdrucksverlangen stellen, eine nochmalige Anordnung des Abdrucks durch den Strafrichter erreichen und diesen Weg theoretisch beliebig oft wiederholen[46], aber er käme damit doch nicht zu seinem eigentlichen Ziel: der tatsächlichen Veröffentlichung seiner Entgegnung.

2. *Die Zivilklage*

Wegen der angeblich öffentlichrechtlichen Natur des „Berichtigungszwangs"[47] hat es die h. M. lange Zeit abgelehnt, die zivilrechtliche Klage auf Abdruck der Entgegnung zuzulassen. So konnte der BGH[48] im Jahre 1952 noch mit fast allgemeiner Zustimmung rechnen, als er entschied, daß der Berichtigungsanspruch nicht im Zivilrechtsweg verfolgbar sei. Im Jahre 1959 hat er diese Frage erneut aufgeworfen[49], aber offen gelassen, ob der inzwischen „zunehmenden Auffassung" von der Zulässigkeit des Zivilrechtswegs zu folgen sei, weil keine Notwendigkeit zur Entscheidung bestand. Als der BGH[50] im Jahre 1963 erneut Gelegenheit hatte, zu dieser Frage Stellung zu nehmen, schloß er sich der inzwischen im Schrifttum und in der Rechtsprechung einiger Obergerichte herrschend gewordenen Meinung an, daß § 11 RPresseG einen im Zivilrechtsweg verfolgbaren Anspruch gewähre. Die neuen LPresseG eröffnen ausdrücklich den Zivilrechtsweg. Allerdings ist es bisher nicht gelungen, dafür eine von allen anerkannte dogmatische Rechtfertigung zu finden, die es ermöglicht, das Entgegnungsrecht sinnvoll in unsere Privatrechtsordnung einzubauen. Im folgenden soll nun versucht werden, die Rechtsnatur dieses Instituts zu klären und seine Einordnung in unser Privatrechtssystem darzulegen.

---

[46] *Kitzinger*, Anm. V 2. zu § 19 RPresseG.

[47] Vgl. zu dieser Theorie unten § 8 I 2.

[48] Constanze I = BGHZ 3, 270 = GRUR 1952, 410 ff. (412).

[49] BGHZ 31, 308 ff. (315): Altherrenrundschreiben.

[50] BGH NJW 1963, 151: Staatskarossen; BGH NJW 1963, 1155: Physikalische Blätter.

Dritter Teil

Die Rechtsnatur des Entgegnungsrechts

Von der Klärung der Rechtsnatur des Entgegnungsrechts hängen die für seine Einordnung in unser Rechtssystem wichtigen Entscheidungen ab, etwa über die zivilrechtliche Durchsetzbarkeit, seine Behandlung im Prozeß, das Verhältnis zu Schadensersatz- und Widerrufsanspruch. Auch die weitere Frage ist dann zu beantworten, ob das (zunächst nur gegen die Presse gerichtete) Entgegnungsrecht auf andere Massenmedien wie Film, Funk und Fernsehen ausgedehnt oder zu einem allgemeinen, privatrechtlichen Entgegnungsrecht erweitert werden kann, wie es § 20 des Gesetzentwurfs zur Neuordnung des zivilrechtlichen Persönlichkeits- und Ehrenschutzes vorsah, und wem für ein solches allgemeines Entgegnungsrecht die Gesetzgebungskompetenz zustünde. Die Fragen stellen sich, vom Problem der Durchsetzbarkeit im Zivilprozeß abgesehen, nicht nur für das Entgegnungsrecht des § 11 RPresseG, sondern auch für das in den LPresseG gewährte Recht auf Gegendarstellung.

§ 8: Die verschiedenen Theorien

I. Die historische Entwicklung bis 1945

1. Das Anfangsstadium

In den ersten zwei Jahrzehnten nach dem Erlaß des RPresseG im Jahre 1874 beschränkten sich die Ausführungen zum Entgegnungsrecht in den zahlreichen presserechtlichen Lehrbüchern und Kommentaren auf eine Darstellung und Auslegung seiner gesetzlichen Voraussetzungen. Monographische Abhandlungen fehlten ganz.

a) In diesen Lehrbüchern und Kommentaren findet man keinerlei Hinweis auf die Rechtsnatur des damals allgemein so bezeichneten „Berichtigungszwang der Presse“. Bei v. *Liszt*[1] könnte man aus der systematischen Einordnung des „Berichtigungszwangs“ unter die „Anord-

[1] Österr. Preßrecht (1878), S. XVII; in Reichspreßrecht (1880), S. 93, schlägt er den (besseren) Ausdruck „Entgegnungsrecht“ statt „Berichtigungszwang“ vor, doch noch ein halbes Jahrhundert später ist der letztere Begriff üblich.

nungen zur Verhütung des Fortwirkens begangener Rechtsverletzungen" schließen, daß er in diesem Institut einen Anspruch sieht, der in einem vorausgegangenen, rechtswidrigen Tun der Presse wurzelt[2], doch bemerkt v. *Liszt* dazu selbst, daß diese systematische Einordnung „nur eine annähernd richtige sein kann"[3]. Es handele sich hier um eine „preßpolizeiliche Anordnung", die dem Fortwirken der durch die Presse begangenen Rechtsverletzungen entgegenwirken solle. Geschütztes Rechtsgut sei die Wahrheit, die wenigstens in abstracto zu erreichen das Ziel des Gesetzgebers gewesen sei. Ob im konkreten Fall das Publikum irregeführt werde, sei unerheblich[4]. An anderer Stelle[5] führt v. *Liszt* aus, der Redakteur dürfe eine (unrichtige) Entgegnung deswegen nicht zurückweisen, weil nicht er, sondern das Publikum zur Entscheidung über die Wahrheit oder Unwahrheit kompetent sei. Daher dürfe selbst der Richter keine Beweisaufnahme über die Wahrheitsfrage ansetzen. Nach *Kloeppel*[6] soll die Verpflichtung des verantwortlichen Redakteurs zum Abdruck der Entgegnung dem Verwaltungsrecht (Polizeirecht) angehören, doch gibt er für diese Behauptung keine Begründung.

b) Im Jahre 1894 schneidet *Meves*[7] in der ersten Abhandlung, die ausschließlich den „Berichtigungszwang" zum Gegenstand hat, die Frage an, ob das Entgegnungsrecht zivilrechtlichen Charakter hat, indem er feststellt, die gerichtliche Anordnung der nachträglichen Aufnahme der Entgegnung gemäß § 19 Abs. 2 RPresseG habe einen „zivilrechtlichen Anstrich". Nähere Ausführungen in dieser Richtung fehlen jedoch.

2. Die öffentlichrechtliche Theorie

a) In zwei Abhandlungen aus dem Jahre 1906 begründet *Oetker*[8] die sog. öffentlichrechtliche Theorie, die es ablehnt, dem Betroffenen eine zivilrechtliche Leistungsklage auf Abdruck zuzuerkennen. Seine Ausführungen, auf die später immer wieder Bezug genommen wird, sind noch verhältnismäßig knapp. Er meint, der Berichtigungszwang sei als Begrenzung der in § 1 RPresseG garantierten Pressefreiheit aufzufassen und müsse daher, wie diese, dem öffentlichen Recht zugerechnet werden; für ein privates Berichtigungsverfahren bleibe kein Raum[9]. Es liege ein „publizistisches Obligationsverhältnis" vor[10], das öffentlich-

---

[2] Diesen Schluß zieht auch *Regensburger*, S. 12.
[3] Österr. Preßrecht, S. 176.
[4] a.a.O., S. 175.
[5] Reichspreßrecht, S. 94.
[6] Reichspreßrecht, S. 238.
[7] GA 45 (1897), 332 ff. (350).
[8] DJZ 1906, 639 ff. und GS 68 (1906), 321 ff.
[9] DJZ 1906, 641.
[10] GS 68 (1906), 322.

rechtlichen Charakter trage: Der öffentlichrechtlichen Abdruckspflicht des Redakteurs stehe ein öffentlichrechtlicher Berichtigungsanspruch des Betroffenen gegenüber. Weitere Gründe führt *Oetker* nicht an, doch weist er darauf hin, daß diese Frage einer „eindringenden Untersuchung“ bedürfe[11]. Für das geltende RPresseG greift er später auf diese Argumente zurück, empfindet das Ergebnis jedoch als ungesund und schlägt de lege ferenda vor, den Streit über das Bestehen der Abdruckspflicht dem Zivilrichter zuzuweisen[12].

b) Die Ansicht *Oetkers* setzt sich in den folgenden Jahrzehnten in Literatur[13] und Rechtsprechung[14] durch. Seinen Argumenten werden weitere hinzugefügt: Geschütztes Rechtsgut sei die staatliche Ordnung, die erschüttert würde, wenn falsche Pressemeldungen unwidersprochen blieben[15]. Da der „Berichtigungszwang“ im zweiten Abschnitt des RPresseG, der mit „Ordnung der Presse“ überschrieben ist und das sog. Presseverwaltungsrecht oder „Preßpolizeirecht“ behandelt, geregelt sei, müsse auch dieser „preßpolizeilicher“ Natur sein[16]. Im übrigen stelle die Strafandrohung des § 19 Abs. 1 Nr. 3, Abs. 2 mit § 11 RPresseG ein strafrechtliches Nebengesetz dar[17] und habe keinerlei zivilrechtliche Bedeutung[18]. Im ganzen RPresseG finde sich nicht „die leiseste Spur von Privatrecht“[19]. Schließlich spreche die Entstehungsgeschichte für die öffentlich-rechtliche Natur; der Berichtigungszwang sei ein Erbe alter, polizeistaatlicher Sicherungsmaßregeln aus der Zeit der Zensur[20]. Eine zivilrechtliche Leistungsklage auf Abdruck der Entgegnung komme demnach nicht in Frage. Es gebe nur die Strafklage gemäß § 19 RPresseG[21]. Diese Auffassung wurde durch die Rechtsprechung des RG zum Verhältnis zwischen Zivilrechtsschutz und Strafrechtsschutz begünstigt. Das RG verneinte das Rechtsschutzbedürfnis für eine negatorische Unterlassungsklage zunächst beharrlich, wenn die Strafklage ge-

---

[11] GS 68 (1906), 323 Fußnote 5.

[12] SeuffBl. 77 (1912), 206, 226.

[13] Im Jahre 1909: *Westphal*, S. 28 ff.; 1911: *Ebner*, JW 1911, 902 ff.; *Regensburger*, S. 10 ff.; *Reimann*, S. 10 ff.; 1917: *Giese*, JW 1917, 632; *Kraehling*, S. 38 ff.; 1927: *Häntzschel*, Anm. 2 zu § 11 RPresseG; 1928: *Häntzschel*, Reichspreßrecht, S. 40 ff.; *Stenglein-Conrad*, Anm. 9 zu § 11 RPresseG.

[14] RGZ 50, 108 (110) und RG JW 1917, 713 bestimmen, daß das RPresseG keinerlei zivilrechtliche Bedeutung habe. v. *Liszt* (Anm. zu RG JW 1917, 713) findet das Ergebnis unbefriedigend, wendet sich aber an den Gesetzgeber; vgl. ferner OLG Düsseldorf JW 1924, 1538 mit Anm. *Kitzinger*.

[15] *Häntzschel*, Anm. 1 zu § 11 RPresseG.

[16] *Ebner*, JW 1911, 903; *Kloeppel*, S. 238; *Kraehling*, S. 44 f.; OLG Düsseldorf JW 1924, 1538.

[17] *Regensburger*, S. 16 f.

[18] OLG Düsseldorf JW 1924, 1538; RG JW 1917, 713 mit Anm. v. *Liszt*.

[19] *Ebner*, JW 1911, 903.

[20] *Häntzschel*, Anm. 2 zu § 11 RPresseG.

[21] So ausdrücklich OLG Düsseldorf JW 1924, 1538.

geben war[22]. Erstmals im Jahre 1927 gab es diese Haltung auf und anerkannte die Möglichkeit des Zivilrechtsschutzes neben dem Strafrechtsschutz[23].

3. *Die privatrechtliche Theorie*

a) Im Jahre 1907 widmet *Kitzinger*[24] der Rechtsnatur des „Berichtigungsanspruchs" die bis dahin ausführlichste Abhandlung. Mit seinen sehr sorgfältigen und geistvollen Ausführungen begründet er die privatrechtliche Theorie des Entgegnungsrechts, die heute im Ergebnis allgemein anerkannt ist, wenn auch die Begründungen dafür weit auseinandergehen. *Kitzingers* Darlegungen sind teilweise an Tiefgründigkeit noch heute unerreicht. Weil sie ihrer Zeit weit vorauseilten, wurden sie damals meist mißverstanden; heute sind sie leider fast vergessen[25]. Seine Gedankengänge sind im wesentlichen folgende:

Der „Berichtigungsanspruch" diene in erster Linie nicht dem Interesse der Öffentlichkeit an wahrheitsgetreuer Berichterstattung, sondern dem Interesse des Betroffenen, daß nichts Falsches über ihn in der Presse behauptet werde. „So wie ich bin, will ich gelten, das, was ich getan und erlebt habe, mag man von mir sagen, aber nichts, was ich nicht getan und erlebt", umschreibt *Kitzinger*[26] dieses Interesse, das als Rechtsgut geschützt sei und als Persönlichkeitsrecht anerkannt werden müsse. Es sei zwar der Ehre verwandt, aber allgemeinerer Art, weil ehrenrührige Behauptungen nicht Voraussetzung des Anspruchs sind. Dieses Persönlichkeitsrecht werde durch vorausgegangenes Tun der Presse (die aufgestellten Behauptungen) beeinträchtigt und durch die Möglichkeit des Betroffenen, dagegen Stellung nehmen zu können, geschützt. Aus dem „primär" geschützten Persönlichkeitsrecht folge als „sekundärer" Anspruch das Entgegnungsrecht. Da dieses dazu bestimmt sei, privaten Interessen zu dienen und der Anspruch zwischen Privat-

---

[22] RGZ 77, 217 (222); 82, 59 (64); 88, 129 (131); 91, 265 (268); 95, 268 (273), 339 (341).

[23] RGZ 116, 151 (152); ferner RGZ 138, 219 (232); 155, 92 (94); 156, 372 (374); 166, 150 (156).

[24] ZStW 27 (1907), 872 ff.

[25] *Löffler*, Presserecht, Rdnr. 8 ff. zu § 11 RPresseG, erwähnt zwar *Kitzinger* als Begründer der privatrechtlichen Theorie, vermag sich aber dessen Erkenntnissen nicht voll anzuschließen; *Thies*, Widerruf und Entgegnung in Presse, Film und Funk, 1963, hat sich mit *Kitzingers* Abhandlung überhaupt nicht auseinandergesetzt; in den zahlreichen Aufsätzen der letzten Jahre, die das Entgegnungsrecht zum Gegenstand haben, findet sich nirgends ein Hinweis auf *Kitzingers* Ausführungen, selbst bei den Vertretern der Meinung nicht, daß das Entgegnungsrecht ein Persönlichkeitsrecht oder ein Ausfluß des allgemeinen Persönlichkeitsrecht sei, obwohl hier *Kitzinger*, wie noch zu zeigen ist, bereits vieles geklärt hatte.

[26] ZStW 27 (1907), 883.

personen bestehe[27], könne das Entgegnungsrecht nur dem Privatrecht zugeordnet werden und müsse im Zivilrechtsweg verfolgbar sein.

Dieser „sekundäre" Berichtigungsanspruch setze jedoch die Verletzung des „primären" Persönlichkeitsrecht (Wahrheit in Beziehung auf die eigene Person) voraus, könne also nur durch wahrheitswidrige Meldungen der Presse erfolgen. Da § 11 RPresseG von einer Prüfung der Wahrheit absehe, stimme die äußere gesetzliche Ausgestaltung des Anspruchs mit seiner inneren Natur nicht überein, wenn der Betroffene das Recht habe, den Abdruck unrichtiger „Berichtigungen" zu verlangen. Der Zweck des Gesetzes werde dadurch in sein Gegenteil verkehrt: Es entstehe ein „Recht zur Lüge"; das Gesetz schaffe Waffengleichheit, bloß damit gestritten werde[28]. *Kitzinger* fordert deshalb, diese „beispiellose Abnormität" de lege ferenda aufzugeben und das Entgegnungsrecht seiner inneren Natur gemäß auszugestalten, es also von der Unwahrheit der Pressemeldung abhängig zu machen.

Wegen dieser Schlußfolgerung hat man *Kitzinger* immer wieder angegriffen, weil er im Gegensatz zu § 11 RPresseG als zusätzliche Voraussetzung für das Entstehen des Entgegnungsrecht die Unwahrheit der Pressemitteilung forderte[29]. Diese Kritik erfolgte zu Recht, denn der Gesetzgeber verzichtete bewußt auf Wahrheitsprüfung, um dem Interesse des Betroffenen Rechnung zu tragen, so schnell wie möglich den Lesern darlegen zu können, daß die Behauptungen der Presse über ihn u. U. unwahr sind[30]. So berechtigt die Kritik an *Kitzinger* insoweit war, so trug sie doch dazu bei, daß seine sonstigen Ausführungen in Mißkredit gerieten und wenig beachtet blieben. Der „Fehlschluß" *Kitzingers* ist heute leicht zu erklären. Sein von ihm gefordertes Entgegnungsrecht, das an die tatbestandsmäßige und rechtswidrige aber nicht notwendige schuldhafte Verletzung des von ihm aufgezeigten Persönlichkeitsrechts geknüpft sein sollte, wäre in den Voraussetzungen identisch mit dem heute allgemein anerkannten[31] negatorischen Anspruch auf Widerruf unwahrer Tatsachenbehauptungen, und damit überflüssig, weil die widerrufende Erklärung des Täters eine Rehabilitierung darstellt, die viel wirksamer ist als die subjektive Erklärung des Betroffenen. Als *Kitzinger* jedoch seine Forderung aufstellte, stand die Anerkennung des negatorischen Widerrufsanspruchs noch Jahrzehnte aus[32]. Der Unter-

---

[27] Soweit er Behörden zusteht, sind diese anerkanntermaßen den Privatpersonen gleichgestellt, vgl. oben § 5 I 2 und 3.

[28] ZStW 27 (1907), 892, 895.

[29] z. B. *Oetker*, SeuffBl. 77 (1912), 202 f.; *Kraehling*, S. 40; *Regensburger*, S. 104 f.

[30] Vgl. Sten. Ber. 1, 415 ff., 461 ff. und oben § 6 II 3.

[31] Statt aller *Erman-Drees*, Anm. 9 c dd vor § 823 BGB und *Hubmann*, JuS 1963, 99 f.

[32] Erst 24 Jahre später anerkannte ihn das RG, zunächst in MuW 1931, 278; dann RGZ 148, 114 (123); 163, 210 (214). Vgl. dazu *Hubmann*, JuS 1963, 98 ff.

schied zwischen dem Anspruch auf Widerruf und dem auf Entgegnung konnte ihm daher nicht geläufig sein. Da er jedoch die Notwendigkeit eines negatorischen Persönlichkeitsschutzes erkannt hatte, konstruierte er das Entgegnungsrecht als solchen Anspruch.

Es nimmt daher nicht wunder, wenn seine Ausführungen damals mißverstanden wurden, eilte er doch seiner Zeit weit voraus, indem er mit seinen Ausführungen über die Rechtsnatur des Berichtigungsanspruchs die Anerkennung eines Persönlichkeitsrechts am Daseinsbild und dessen Schutz bei rechtswidrigen, aber nicht schuldhaften Verletzungen forderte — fast drei Jahrzehnte vor der Anerkennung des negatorischen Widerrufsanspruchs und ein halbes Jahrhundert vor der Anerkennung des allgemeinen Persönlichkeitsrechts durch den BGH[33].

b) *Zellner*[34] schließt sich im Jahre 1909 der Ansicht *Kitzingers* im wesentlichen pauschal an mit nur einer Ausnahme: Während *Kitzinger* zugibt, daß § 11 RPresseG eine Wahrheitsprüfung nicht voraussetzt und diese nur de lege ferenda fordert, glaubt *Zellner* aus dem Wortlaut des Gesetzes entnehmen zu können, daß das Entgegnungsrecht schon de lege lata von der Unwahrheit der Pressemeldung abhängig sei: Von einer „Berichtigung" im Sinne des § 11 Abs. 1 RPresseG könne nur gesprochen werden, wenn etwas objektiv Unrichtiges richtiggestellt werde[35]. Mit dieser Auslegung steht *Zellner* völlig allein; schon das Gesetz selbst hat zu erkennen gegeben, daß es unter Berichtigung nur eine Entgegnung versteht, wie § 11 Abs. 3 RPresseG beweist[36].

c) Zwei Jahre später vertritt auch *Riss*[37] die privatrechtliche Theorie. Er anerkennt die zivilrechtliche Leistungsklage, weil der „Berichtigungsanspruch" zwischen Privatpersonen bestehe und insoweit die Allgemeinheit, und damit das öffentliche Recht, nicht berühre. Er erachtet ein Schuldverhältnis im Sinne des § 241 BGB für gegeben und läßt offen, ob es als obligatio ex lege oder obligatio ex delicto zu klassifizieren ist. *Riss* ist der erste, der die zivilrechtliche Leistungsklage zuläßt und den Verzicht auf die Wahrheitsprüfung als wünschenswert anerkennt[38].

d) In der Rechtsprechung bis 1945 gibt es, soweit ersichtlich, nur ein einziges Urteil, das die zivilrechtliche Leistungsklage auf Abdruck der Entgegnung zugelassen hat. Das LG München[39] beruft sich in dieser

---

[33] Zum ersten Mal in der Entscheidung BGHZ 13, 334: Leserbriefe; seither in ständiger Rechtsprechung, weitere Nachweise unten § 9 Fußnoten 62 und 63.

[34] S. 11—14.

[35] S. 21 f.

[36] Vgl. oben § 6 II 3.

[37] JW 1911, 385 ff. (389).

[38] a.a.O., S. 387.

[39] JW 1923, 426 mit Anmerkung *Marwitz*.

Entscheidung aus dem Jahre 1923 auf die Ausführungen von *Kitzinger* und *Riss*, ohne den eigenen Gedankengang darzulegen. *Marwitz*[40] stimmt der Entscheidung im Ergebnis zu, weil die Strafklage nach § 19 RPresseG nicht zum gewünschten Ergebnis führe, hält aber trotzdem an der Auffassung fest, daß das Entgegnungsrecht eine „verwaltungsrechtliche Maßnahme" sei.

4. Die „gemischtrechtlichen" Theorien

a) *Mannheim*[41] hält die Ausführungen der privatrechtlichen Theorie grundsätzlich für stichhaltig. Er sieht das Entgegnungsrecht als privatrechtliches Gegengewicht gegen die tatsächliche Monopolstellung der Presse hinsichtlich ihres Leserkreises und hält es für einen Fall des Kontrahierungszwanges, für ein dem privaten und dem öffentlichen Recht angehörendes Rechtsinstitut.

b) Eine völlig andere Verbindung der beiden Theorien bringt schließlich *Schüssler*[42]. Er unterscheidet zwischen einem privatrechtlichen Berichtigungsanspruch, der gegeben sein soll, wenn nur Privatpersonen betroffen sind und einem öffentlichrechtlichen Berichtigungszwang, wenn eine Behörde betroffen ist. Nur bei letzterem sei ein öffentliches Interesse an einer Berichtigung gegeben. Diese Auffassung blieb vereinzelt, entspricht auch dem Gesetz nicht, das Privatpersonen und Behörden im Rahmen des § 11 RPresseG gleichgestellt hat[43], somit für diese Unterscheidung keinen Anhaltspunkt bietet.

5. Der Weg über § 823 Abs. 2 BGB

Um dem Betroffenen auf jeden Fall einen zivilrechtlichen Anspruch auf Abdruck seiner Entgegnung zu sichern, hat *Kitzinger*[44] einen „Umweg" aufgezeigt, der auch für die Vertreter der öffentlichrechtlichen Theorie gangbar sein sollte. Er legt § 11 RPresseG als Schutzgesetz im Sinne des § 823 Abs. 2 BGB aus. Wenn der verantwortliche Redakteur die Entgegnung schuldhaf nicht abdruckt, soll der Betroffene den Abdruck über § 249 BGB im Wege der Naturalrestitution als Schadensersatz verlangen können. Während die privatrechtliche Theorie einen zivilrechtlichen Erfüllungsanspruch schon bei Vorliegen der gesetzlichen

---

[40] a.a.O.

[41] S. 22 f.

[42] S. 7 f.

[43] Vgl. oben § 5 I 3.

[44] Erstmals in ZStW 27 (1907), 913 Fußnote 45 unter Hinweis auf das französische Recht; später in einer Anmerkung zu OLG Düsseldorf JW 1934, 1538 und Anm. I zu § 11 RPresseG.

Tatbestandsmerkmale des § 11 RPresseG für gegeben erachtet, wäre für diesen Umweg zusätzlich der rechtswidrige und schuldhafte Verstoß gegen das Schutzgesetz erforderlich. Zwei Vertreter der öffentlichrechtlichen Theorie[45] haben diesen Vorschlag aufgegriffen. *Häntzschel*[46] betont zwar, daß § 11 RPresseG in erster Linie die Interessen der Allgemeinheit an wahrheitsgemäßer Unterrichtung schützen wolle, doch bezwecke diese Vorschrift auch den Schutz des Betroffenen. Das Problem, ob der Abdruck der Entgegnung überhaupt eine Form der Naturalrestitution sein könne[47], hat man nicht erörtert. Die Rechtsprechung hat diesen Umweg damals nicht beschritten, weil sie den Schutzgesetzcharakter von § 11 RPresseG geleugnet hat[48]. Auch die strengen Vertreter der öffentlichrechtlichen Theorie in der Literatur haben, soweit sie sich mit diesem Problem überhaupt befaßt haben, den Weg über § 823 Abs. 2 BGB abgelehnt[49].

II. Die heute vertretenen Auffassungen

1. Allgemeines

Nach 1945 sind es vor allem drei Dinge, die die Diskussion über die Natur des Entgegnungsrechts beeinflussen und die dazu beigetragen haben, daß die privatrechtliche Theorie heute im Ergebnis allgemein anerkannt ist, wenn auch die Begründungen dafür stark divergieren. Es sind dies die Neuregelungen des Entgegnungsrechts in den LPresseG (a), die Wandlung der Rechtsprechung des RG zum Verhältnis zwischen Zivilrechts- und Strafrechtsschutz (b) und die Anerkennung des allgemeinen Persönlichkeitsrechts durch die Rechtsprechung (c).

a) Nach dem Zusammenbruch des Dritten Reiches fiel das RPresseG unter die Verfügungsgewalt der Länder[50]. Im GG der Bundesrepublik Deutschland wurde dem Bund auf dem Gebiet des Pressewesens nur die Rahmengesetzgebungskompetenz verliehen, von der er noch keinen Gebrauch gemacht hat. In den bisher erlassenen LPresseG, in denen ein Recht auf „Gegendarstellung" gewährt wird, das in der Voraussetzung im wesentlichen mit denen des Entgegnungsrechtes nach § 11 RPresseG übereinstimmt, hat der Gesetzgeber den Streit zwischen öffentlichrechtlicher und privatrechtlicher Theorie eindeutig zugunsten der letzteren

[45] *Regensburger*, S. 107 ff.; *Häntzschel*, Anm. 2 zu § 11 RPresseG.

[46] Anm. 1 zu § 11 RPresseG einerseits und Anm. 2 zu § 11 RPresseG andererseits.

[47] Vgl. dazu unten § 11 II 3.

[48] OLG Hamburg Rspr. 18 (1908) 76; OLG Düsseldorf JW 24, 1538.

[49] *Giese*, JW 1917, 632; *Stenglein-Conrad*, Anm. 9 zu § 11 RPresseG.

[50] Dazu und zum folgenden s. o. § 3.

entschieden: In den Ländern Baden-Württemberg, Bayern, Berlin, Bremen, Hamburg, Hessen, Niedersachsen, Rheinland-Pfalz, Saarland und Schleswig-Holstein wird in den LPresseG der Zivilrechtsweg für die Klage auf Abdruck der Entgegnung ausdrücklich eröffnet[51]. Dieses Ergebnis wollte man auch für das RPresseG erreichen, das nur noch in Nordrhein-Westfalen geltendes Recht ist, aber vor Erlaß der LPresseG auch in den übrigen Bundesländern galt. § 11 RPresseG wurde daher mehr und mehr als zivilrechtliche Anspruchsnorm ausgelegt.

b) Dieser Entwicklung günstig war auch die Rechtsprechung des RG zum Verhältnis zwischen Zivilrechts- und Strafrechtsschutz[52]. Nachdem das RG seine frühere Meinung[53] aufgegeben hatte und den Zivilrechtsschutz auch dort gewährte, wo die Strafklage gegeben war[54], entfiel eines der Hauptargumente der Vertreter der öffentlichrechtlichen Theorie.

c) Ein weiteres Argument, das für die privatrechtliche Theorie ins Feld geführt wird, ist die Anerkennung des allgemeinen Persönlichkeitsrechts durch den BGH[55]. Immer häufiger wird seitdem dieses Recht in der Diskussion über die Natur des Entgegnungsrechts als Grundlage für dessen privatrechtlichen Charakter genannt.

2. Die Meinungen in der Literatur

In der Rechtslehre kann heute die privatrechtliche Theorie zwar im Ergebnis (Durchsetzbarkeit des Entgegungsrechts im Zivilrechtsweg) als gesichert gelten, wenn auch die Begründungen dafür weit auseinandergehen, doch finden sich noch immer Anhänger der Meinung, § 11 RPresseG sei selbst keine zivilrechtliche Anspruchsnorm.

a) Vor allem *Greiff*[56] verneint für den Geltungsbereich des RPresseG die zivilrechtliche Leistungsklage auf Abdruck einer Entgegnung. Er sieht in der Strafklage nach § 19 RPresseG die einzige Möglichkeit, den Redakteur zum Abdruck zu veranlassen; er ist also als Anhänger der öffentlichrechtlichen Theorie zu sehen. Alle Bemühungen, für das Entgegnungsrecht auch außerhalb des Geltungsbereiches der LPresseG eine

---

[51] § 11 Abs. 4 BadWürttPresseG; § 10 Abs. 3 BayPresseG; § 10 Abs. 4 BerlPresseG; § 11 Abs. 4 BremPresseG; § 11 Abs. 4 HambPresseG; § 10 Abs. 4 HessPresseG; § 11 Abs. 4 NdsPresseG; § 11 Abs. 4 RhldPfPressG; § 11 Abs. 4 SaarlPresseG; § 11 Abs. 4 SchlHPresseG.

[52] Vgl. oben I 2 b.

[53] Siehe Fußnote 22.

[54] Siehe Fußnote 23.

[55] Erstmals BGHZ 13, 334: Leserbriefe; weitere Nachweise unten § 9 Fußnote 63.

[56] NJW 1950, 241 ff., 761 ff.; 1956, 384 ff.; 1961, 97 ff.; 1963, 1137 ff.; ebenso *Held*, NJW 1950, 733; *Spengler*, S. 150.

(zivilrechtliche) Rechtsgrundlage zu finden, hält er für gescheitert. Sie zeigen seiner Meinung nach nur, „wie groß das Bedürfnis für einen solchen Anspruch ist, aber auch, daß es ohne Gesetz nicht geht". Die Neuregelungen in den LPresseG begrüßt er zwar als großen Fortschritt, doch gebe das dem Richter nicht die Befugnis, eine „Gesetzänderung" dort vorzunehmen, wo der Gesetzgeber diesen Schritt noch nicht getan habe. *Greiff* wendet sich daher an den Gesetzgeber, der „schleunigst sprechen" müsse[57]. Die Rechtfertigung für das Entgegnungsrecht sieht er in einem „Wesenszug der Demokratie: die auf Wahrheit gerichtete Berichterstattungspflicht der Presse"[58]. Das Publikum habe einen Anspruch darauf, „daß der Betroffene vor ihm zu Wort komme"[59]. Auch insoweit lehnt er sich an die Argumente der öffentlichrechtlichen Theorie an. In einigen Kommentaren zum BGB wird ebenfalls die zivilrechtliche Leistungsklage abgelehnt, doch geschieht dies unter Hinweis auf die inzwischen überholte Rechtsprechung und ohne eigene Begründung[60].

b) *Gross* geht ebenfalls davon aus, daß die §§ 11, 19 RPresseG eine abschließende, strafrechtliche Regelung darstellen und für einen zivilrechtlichen Anspruch auf Abdruck einer Entgegnung keine Grundlage bilden[61]. Er sucht deshalb nach anderen Vorschriften außerhalb des RPresseG, die als Rechtsgrundlage für ein privatrechtliches Entgegnungsrecht auch in den Ländern herangezogen werden können, in denen ein LPresseG, das den Zivilrechtsweg ausdrücklich eröffnet, nicht vorhanden ist. Er hat sich deshalb bemüht, das Entgegnungsrecht als Bestandteil des Rechts der freien Meinungsäußerung (Art. 5 Abs. 1 Satz 1 GG) zu interpretieren. Er glaubt, sich dabei auf das Schmid-Urteil des BVerfG[62] stützen zu können, das dem Staatsbürger auf Grund des in Art. 5 Abs. 1 Satz 1 GG verbrieften Grundrechts ein Recht auf Erwiderung im Interesse der öffentlichen Meinungsbildung zuspreche. In dem vom BVerfG entschiedenen Fall ging es um das Recht des durch einen polemischen „Spiegel"-Artikel Angegriffenen, in einer Erwiderung, für die sich ein anderes Presseorgan zur Verfügung stellte, ebenfalls polemische Äußerungen bringen zu dürfen, um einen wirkungsvollen Gegenschlag zu führen. Daraus meint *Gross*, ein „Recht zur Presse" herleiten zu können, das dem Betroffenen die Möglichkeit gebe, in dem-

[57] NJW 1956, 384; 1961, 99; 1963, 1139.

[58] NJW 1963, 1139.

[59] NJW 1961, 98.

[60] BGB-RGRK, Anm. 88 vor § 823; *Palandt-Gramm*, 22. Aufl. (1963), Anm. 9b vor § 823; seit der 23. Aufl. (1964) ist im Anschluß an die BGH-Rechtsprechung diese Meinung jedoch aufgegeben.

[61] NJW 1963, 479 ff.; DVBl. 1963, 710 ff. und *Reh-Gross*, Anm. 2 zu § 10 HessPresseG.

[62] BVerfGE 12, 113 ff. (126): OLG-Präsident Dr. Schmid.

selben Presseorgan zu Wort zu kommen, das den beanstandeten Artikel brachte. Dieses Recht sei Bestandteil des Rechts der freien Meinungsäußerung und damit verfassungsunmittelbare Rechtsgrundlage für das (auf Tatsachen beschränkte) Entgegnungsrecht, das im Wege der „Drittwirkung der Grundrechte"[63] dem Betroffenen einen privatrechtlichen Anspruch auf Abdruck seiner Entgegnung einräume. *Rebmann-Ott-Storz*[64] schließen sich dieser Auffassung an.

c) „Das Rechtsinstitut ... entspricht ... einem vitalen Interesse nicht nur der unmittelbar Betroffenen, sondern auch der Allgemeinheit, die ihren Anspruch auf zuverlässige Unterrichtung durch die Presse am besten dadurch gewahrt sieht, wenn neben dem Kritiker auch der Angegriffene vor dem Forum der Öffentlichkeit zu Worte kommt", schreibt *Löffler*[65] und bekennt sich[66] selbst zur gemischtrechtlichen Theorie *Mannheims*, der das Entgegnungsrecht als Sonderfall des Kontrahierungszwangs auffaßt[67]. Auch *Schüle* scheint dieser Meinung folgen zu wollen[68]. *Löffler* unterläßt es jedoch, aufzuzeigen, wie sich diese Ansicht zu seinen an gleicher Stelle vertretenen Auffassungen verhält, das Entgegnungsrecht sei ein „Ausfluß des Persönlichkeitsrechts", ein „Ausfluß des Grundrechts auf freie Meinungsäußerung" und gründe sich auf ein „Urprinzip der Gerechtigkeit: ‚audiatur et altera pars'". Später bezeichnet er das Entgegnungsrecht noch als „besonderes Persönlichkeitsrecht"[69]. Diese Vielfalt der Begründung *Löfflers* zeigt besonders die Unsicherheit, die noch heute bezüglich der Rechtsnatur des Entgegnungsanspruchs besteht.

d) Eine Reihe von Autoren hält das Entgegnungsrecht ebenfalls für ein „besonderes Persönlichkeitsrecht". Sie gründen ihre Meinung vor allem auf die Annahme, das Entgegnungsrecht diene dem Schutz des einzelnen gegenüber Pressemeldungen, die seine Persönlichkeitssphäre berühren. *Bussmann*[70] nennt es daher einen „Anspruch persönlichkeitsrechtlichen Charakters, ähnlich dem Recht am Namen, am Bild, an der Ehre usw."; *Becher*[71] bezeichnet es als einen „Anspruch primärer Natur", weil er kein rechtswidriges, vorangegangenes Tun voraussetze, und als eine „besondere Art des Persönlichkeitsrechts", der das Interesse des Individuums schütze, „nicht widerspruchslos zum Gegenstand

[63] So ausdrücklich in DVBl. 1963, 713.
[64] Rdnr. 3 vor § 11 BadWürttPresseG.
[65] Presserecht, Rdnr. 1 zu § 11 RPresseG.
[66] Presserecht, Rdnr. 9 ff. zu § 11 RPresseG.
[67] Vgl. oben I 4 a.
[68] *Schüle* in *Schüle-Huber*, S. 57 Fußnote 128.
[69] *Löffler-v. Hartlieb-Leiling-Koebel-Keilhacker*, S. 4.
[70] Gutachten, S. 18.
[71] S. 97 ff.

einer Pressemitteilung gemacht zu werden"[72]. *Neumann-Duesberg*[73] und *Helle*[74] sprechen von einem „besonderen, presserechtlichen Persönlichkeitsrecht", das eine „Ausstrahlung des allgemeinen Persönlichkeitsrechts" darstelle, und weisen darauf hin, daß damit der Grundsatz des audiatur et altera pars, der Teil des Grundrechts auf freie Entfaltung der Persönlichkeit im Sinne von Art. 2 Abs. 1 GG sei, verwirklicht werden solle. Ähnlich argumentieren noch *Uhlitz*[75] und *Leinveber*[76]. Bei allen Autoren kommt jedoch nicht klar zum Ausdruck, ob sie unter dem Begriff „besonderes Persönlichkeitsrecht" ein absolutes Recht verstanden wissen wollen oder einen Anspruch (relatives Recht), der in einem solchen Recht wurzelt. Das zeigt sich besonders in der Ausdrucksweise von *Helle*, wenn er schreibt: „Seinem Wesen nach ist dieser Anspruch ein besonderes Persönlichkeitsrecht, ähnlich den Ansprüchen wegen Verletzung des Rechts am Namen ... und am eigenen Bild[77]." *Neumann-Duesberg* hat aus diesen Überlegungen heraus seine Ansicht, das Entgegnungsrecht sei ein Persönlichkeitsrecht, zunächst abgeschwächt und später aufgegeben[78].

e) Neben *Löffler*[79] bezeichnen noch *Nipperdey*[80], *Koebel*[81], *Coing*[82] und *Wenzel*[83] das Entgegnungsrecht als „Ausfluß des allgemeinen Persönlichkeitsrechts", wobei ebenfalls ein Recht auf Gehör (audiatur et altera pars) bzw. ein gesetzliches Mitspracherecht als Bestandteil des Persönlichkeitsrechts angesehen werden. Was man dabei unter „Ausfluß" versteht, ist nicht recht ersichtlich, denn dieser Ausdruck ist als Rechtsbegriff nicht exakt genug und wenig brauchbar, weil er mit unterschiedlicher Bedeutung Verwendung findet. So bezeichnet man häufig die besonderen Persönlichkeitsrechte, die selbst absolute Rechte sind, als „Ausfluß" des allgemeinen Persönlichkeitsrechts[84]. Andererseits wird auch für das Ableiten von Ansprüchen (relativen Rechten) aus absoluten

---

[72] Diese Formulierung geht auf *Regensburger* (S. 14) zurück und wird später immer wieder verwendet, z. B. *Kitzinger*, Anm. I zu § 11 RPresseG, BayObLG NJW 1958, 1825; *Leinveber*, GRUR 1961, 20.

[73] NJW 1956, 833.

[74] S. 116 und DRiZ 1963, 336.

[75] NJW 1962, 527.

[76] GRUR 1961, 20.

[77] S. 116.

[78] DB 1957, 861 Fußn. 3 und NJW 1960, 2033.

[79] Presserecht, Rdnr. 10 zu § 11 RPresseG; JZ 1956, 345; BB 1956, 359; NJW 1957, 715; ArchPR 1962, 229; ihm folgend *Rebmann-Ott-Storz*, Rdnr. 3 vor § 11 BadWürttPresseG.

[80] *Enneccerus-Nipperdey*, § 101 IV 5 (S. 600 f.); Ufita 30 (1960), 27.

[81] NJW 1963, 791.

[82] S. 19.

[83] NJW 1963, 1710.

[84] z. B. *Nipperdey*, Ufita 30 (1960), 9.

Rechten der Ausdruck „Ausfluß“ verwendet[85], wenn z. B. gesagt wird, aus dem primären (absoluten) Recht Eigentum fließen die sekundären (relativen) Rechte, wie die Ansprüche auf Herausgabe, Beseitigung usw. Wenn man also vom Entgegnungsrecht schlicht als „Ausfluß“ des allgemeinen Persönlichkeitsrechts spricht, so läßt dies noch nicht erkennen, ob man es als primäres Recht mit absolutem Charakter oder als sekundäres (relatives) Recht, also als Anspruch, aufgefaßt wissen will.

f) Namentlich dieser Unklarheiten wegen haben manche Autoren andere Wege beschritten, um die privatrechtliche Natur des Entgegnungsrechts zu begründen. Nach Aufgabe seiner früheren Meinung legt *Neumann-Duesberg*[86] dar, daß das Entgegnungsrecht kein absolutes Recht, sondern ein bloßer Anspruch sei und mithin kein Persönlichkeitsrecht sein könne. Auch die Bezeichnung als Ausfluß des allgemeinen Persönlichkeitsrechts lehnt er ab, weil das Entgegnungsrecht wegen seiner allseits anerkannten formellen Natur (Verzicht auf Wahrheitsprüfung) eine Verletzung des Persönlichkeitsrechts nicht voraussetze. Den Anspruch als schuldrechtlichen Anspruch zu bezeichnen, lehnt er ab; er schlägt vor, von einem „presserechtlichen“ Anspruch zu sprechen, wie es neben den schuldrechtlichen auch sachenrechtliche, familienrechtliche und erbrechtliche Ansprüche gebe. Anspruchsgrundlagen seien entweder die einschlägigen Vorschriften der LPresseG, soweit solche nicht existierten, § 11 RPresseG unmittelbar. Zu demselben Ergebnis gelangen *Scholz*[87], *Thies*[88] und *Wenzel*[89]. An anderer Stelle[90] leitet *Neumann-Duesberg* das Entgegnungsrecht unter Bezugnahme auf die Methodenlehre von *Larenz* aus Treu und Glauben (§ 242 BGB) ab.

g) Der bereits von *Kitzinger*[91] vorgeschlagene „Umweg“ über § 823 Abs. 2 BGB wird noch heute beschritten. Wollte *Kitzinger* damit eine Rechtsgrundlage für das Entgegnungsrecht aufzeigen, die auf jeden Fall den Zivilrechtsweg eröffnet, so dient dieser „Umweg“ heute vor allem dazu, den Gerichtsstand der unerlaubten Handlung (§ 23 ZPO) zu begründen. Neben *Löffler*[92] verweisen besonders *Wenzel*[93], *Uhlitz*[94] und

---

[85] *Okuda*, AcP 164 (1964), 544.

[86] NJW 1960, 2032 ff.

[87] WRP 1961, 337.

[88] S. 104.

[89] JZ 1962, 113; in NJW 1963, 1710, bezeichnet er das Entgegnungsrecht jedoch als Ausfluß des allgemeinen Persönlichkeitsrechts.

[90] Vortrag vor der 11. Arbeitstagung des Studienkreises für Presserecht und Pressefreiheit; vgl. dazu die Berichte von *Löffler* in NJW 1962, 904 und DÖV 1962, 380.

[91] Siehe oben Fußnote 44.

[92] Presserecht, Rdnr. 130 ff. zu § 11 RPresseG.

[93] JZ 1962, 113.

[94] NJW 1962, 526.

Thies[95] auf diese Möglichkeit. § 11 RPresseG und die entsprechenden Vorschriften der LPresseG werden als Schutzgesetze im Sinne des § 823 Abs. 2 BGB ausgelegt. Bei deren rechtswidriger und schuldhafter Verletzung durch den verantwortlichen Redakteur und beim Eintritt eines Schadens auf seiten des Betroffenen soll dieser im Wege der Naturalrestitution (§ 249 BGB) den Abdruck seiner Entgegnung verlangen können. Dieser Schadensersatzanspruch ist von dem Erfüllungsanspruch grundsätzlich zu unterscheiden, auch wenn beide den Abdruck der Entgegnung zum Ziele haben. *Wenzel, Uhlitz* und *Thies* sehen die Rechtsverletzung des verantwortlichen Redakteurs darin, daß er die ordnungsgemäß eingereichte Entgegnung entgegen seiner gesetzlichen Pflicht nicht veröffentlicht; *Löffler*[96] erblickt die Rechtsverletzung in der unwahren, zumindest einseitigen und unvollständigen Pressemeldung, die den Entgegnungsanspruch auslöse ähnlich dem Anspruch auf Widerruf gegenüber unwahren Behauptungen. Ob *Löffler* damit entgegen der formalen Natur des Entgegnungsrechts, die Schadensersatzklage auf Abdruck der Entgegnung von einer Beweisaufnahme über die Unvollständigkeit oder Einseitigkeit der Pressemeldung abhängig machen will, ist nicht ersichtlich.

3. Die Stellungnahme der Rechtsprechung

a) In den Ländern Bayern und Hessen ist seit den LPresseG von 1949, in Baden-Württemberg und Schleswig-Holstein seit 1964 und in Berlin, Bremen, Hamburg, Niedersachsen, Rheinland-Pfalz und Saarland seit 1965 der Zivilrechtsweg für den Anspruch auf „Gegendarstellung" ausdrücklich eröffnet. Das Rechtsproblem taucht daher vor Gerichten dieser Länder nicht mehr auf. Nur die Frage kann aufgeworfen werden, ob der Nichtabdruck einer Gegendarstellung eine unerlaubte Handlung darstellt (§ 823 Abs. 2 BGB i. V. mit den das Gegendarstellungsrecht regelnden Vorschriften der LPresseG) und ob der Abdrucksanspruch als Schadensersatzanspruch im Wege der Naturalrestitution am Gerichtsstand der unerlaubten Handlung geltend gemacht werden kann. Das BayOBLG[97] hat für § 10 BayPresseG den Schutzgesetzcharakter bejaht, für § 11 RPresseG verneint.

b) Für den Geltungsbereich des § 11 RPresseG und den dieser Vorschrift nachgebildeten § 8 WürttBadPresseG vom 1. 4. 1949[98] und § 13

[95] S. 105 f.

[96] a.a.O., Rdnr. 136.

[97] NJW 1958, 1825; vgl. dazu im einzelnen unten § 11 II 3.

[98] das nur für die heutigen Regierungsbezirke Nordwürttemberg und Nordbaden (früheres Bundesland Württemberg-Baden) des „Südweststaates" Baden-Württemberg galt und mit dem neuen BadWürttPresseG vom 14. 1. 1964 nicht verwechselt werden darf.

SaarlPresseG, die wie § 11 RPresseG über die zivilrechtliche Durchsetzbarkeit des Entgegnungsrechts nichts aussagen, vertraten zwar das OLG Freiburg i. Br.[99], das LG Hamburg[100] und das LG Saarbrücken[101] noch immer die öffentlichrechtliche Theorie, doch stehen diesen die den Zivilrechtsweg bejahenden Urteile der LG Mannheim[102], Wiesbaden[103] und Berlin[104] und der OLG Hamburg[105], Köln[106] und Stuttgart[107] gegenüber. Sind sich diese Gerichte im Ergebnis auch einig, so sehen doch nicht alle die presserechtlichen Vorschriften als Rechtsgrundlage für einen zivilrechtlichen Anspruch an. Die OLG Köln[108] und Hamburg[108] legen den „Berichtigungsanspruch" einmal als Unterfall des sich aus §§ 823, 1004 BGB ergebenden Beseitigungsanspruchs an, in anderen Entscheidungen[109] als Schadensersatzanspruch über §§ 823 Abs. 2, 249 BGB.

c) Der BGH hatte bereits mehrfach Gelegenheit, sich mit der Rechtsnatur des Entgegnungsrechts auseinanderzusetzen. In der ersten Constanze-Entscheidung[110] hat er sich der öffentlichrechtlichen Theorie angeschlossen und die zivilrechtliche Erfüllungsklage abgelehnt. Auch den „Umweg" über § 823 Abs. 2 BGB bezeichnete er unter Hinweis auf die Rechtsprechung als nicht gangbar, weil § 11 RPresseG kein Schutzgesetz darstelle. In der Alte-Herren-Entscheidung[111] hat er diese Frage erneut aufgeworfen, aber offen gelassen, ob der vom BGH selbst als „zunehmend" bezeichneten Auffassung zu folgen sei, daß der „Berichtigungsanspruch" vor den Zivilgerichten verfolgt werden könne. Als der BGH im Jahre 1963 erneut Gelegenheit hatte, zu dieser Frage Stellung zu nehmen, gab er seine frühere Meinung auf und schloß sich der inzwischen im Schrifttum und bei einem Teil der Rechtsprechung überwiegend vertretenen Meinung an, die dem Betroffenen einen zivilrechtlichen Erfüllungsanspruch auf Abdruck der Entgegnung gibt, der vor den ordentlichen Gerichten verfolgt werden kann. Dabei führte er aus[112], das Entgegnungsrecht trage „starke, persönlichkeitsrechtliche

[99] JZ 1951, 751.

[100] Zitiert bei *Neumann-Duesberg*, NJW 1960, 2032.

[101] JBlSaar 1960, 236.

[102] NJW 1956, 384.

[103] Zitiert bei *Wenzel*, JZ 1962, 112 Fußnote 5.

[104] ArchPRÜbers. VII (1962), 38.

[105] JZ 1956, 344; ArchPRÜbers. III (1958), 25.

[106] NJW 1962, 48, 1348.

[107] NJW 1962, 2066.

[108] NJW 1962, 48 bzw. JZ 1956, 344.

[109] NJW 1962, 1348 bzw. ArchPRÜbers. III (1958), 25.

[110] BGHZ 3, 270 = GRUR 1952, 410 ff. (412). In der amtlichen Sammlung sind die Gründe insoweit nicht abgedruckt.

[111] BGHZ 31, 308 ff. (315).

[112] BGH NJW 1963, 151.

Züge" und müsse „geradezu als ein gesetzlich näher ausgestalteter Rechtsschutz des allgemeinen Persönlichkeitsrechts auf einem Sondergebiet" verstanden werden. Wie unsicher der BGH dabei ist, zeigen seine weiteren Ausführungen: „Wie immer man die Rechtsnatur des Anspruchs im einzelnen erklären mag ..., sicher ist jedenfalls, daß der Anspruch keinen vermögensrechtlichen Charakter hat." Sachlich zuständig sei also immer das LG. § 11 RPresseG sichere dem Betroffenen zu seinem Schutze, aber auch im Interesse der Öffentlichkeit, das „rechtliche Gehör" in dem Presseorgan und trage daher dem Grundsatz audiatur et altera pars Rechnung. Diese Auffassung hat der BGH inzwischen in zwei weiteren Entscheidungen[113] bekräftigt.

§ 9: Kritik der einzelnen Theorien und Entwicklung einer eigenen Ansicht

I. Allgemeines

Nachdem im Vorangegangenen die gesetzlichen Tatbestandsmerkmale des Entgegnungsrechts und die verschiedenen Meinungen zu seiner Rechtsnatur dargelegt wurden, kann nunmehr, auf den gewonnenen Ergebnissen aufbauend, versucht werden, das Wesen dieses Instituts zu erforschen und seinen Standort in unserer Rechtsordnung zu bestimmen. Dabei gilt es vor allem, den dem Gesetz zugrundeliegenden Interessenkonflikt zwischen der Presse einerseits und dem durch einen Presseartikel Betroffenen andererseits sowie die Lösung dieses Konflikts durch den Gesetzgeber zu analysieren.

Zwei Merkmale der gesetzlichen Ausgestaltung des Entgegnungsrechts sind es insbesondere, die seine Eigenart ausmachen und deshalb besonders zu berücksichtigen sind; sie sind die Prüfsteine für die Richtigkeit jeder Theorie: Die Beschränkung auf Tatsachen und die Unabhängigkeit von einer Wahrheitsprüfung. Beides hat dazu beigetragen, daß *Kitzinger*[1] das „innere juristische Wesen" des Entgegnungsrechts als „durchaus eigenartig" und die „äußere rechtliche Gestaltung teilweise mehr als eigenartig, geradezu abnorm" empfand, *Löffler*[2] von einer „juristischen Sonderkonstruktion" spricht, die weder im zivilen noch im öffentlichen Recht eine vergleichbare Parallele besitzt und es, wie dargelegt, bis heute trotz der „zahlreichen, aber so ungemein widersprechenden Bemühungen", wie *Greiff*[3] es ausdrückt, nicht gelungen ist, eine allge-

[113] NJW 1963, 1155: Physikalische Blätter; NJW 1964, 1132: DM.

[1] ZStW 27 (1907), 872.

[2] Presserecht, Rdnr. 6 zu § 11 RPresseG.

[3] NJW 1963, 1137.

mein anerkannte Begründung für die Rechtsnatur dieses Instituts zu finden.

II. Die Entstehungsgeschichte

Sowohl die öffentlichrechtliche[4] als auch die privatrechtliche[5] Theorie berufen sich zur Begründung ihrer Ansicht auf die Entstehungsgeschichte des Entgegnungsrechts.

1. Der behördliche Berichtigungszwang und das droit de réponse

a) Wie oben dargelegt[6], gab es bereits vor der französischen Revolution in Europa einen behördlichen Berichtigungszwang, der sich als Ausfluß polizeistaatlicher Bevormundung der Presse darstellte, aber nicht den Schutz der Einzelpersönlichkeit bezweckte. Das diesen Berichtigungszwang kennzeichnende Merkmal war die Eigenschaft, nicht an tatbestandsmäßige Voraussetzungen gebunden und kraft staatlicher Autorität willkürlich erzwingbar gewesen zu sein.

b) Mit der französischen Revolution änderte sich die Lage grundlegend. Die Pressefreiheit sichert die Presse vor willkürlichen staatlichen Eingriffen. Das von *Dulaure* vorgeschlagene droit de réponse stellt sich nicht als staatliche Bevormundung dar, sondern ist dazu bestimmt, den Betroffenen vor dem Mißbrauch der neugewonnenen Pressefreiheit zu schützen[7].

2. Kritik der Meinungen

a) Die öffentlich-rechtliche Theorie nimmt an, das Entgegnungsrecht des § 11 RPresseG gehe auf den behördlichen Berichtigungszwang zurück; die privatrechtliche Theorie sieht als Vorbild das droit de réponse an. Folglich bezeichnen die Vertreter der öffentlichrechtlichen Theorie das Entgegnungsrecht des § 11 RPresseG meist als „Berichtigungszwang"[8], während die Vertreter der privatrechtlichen Theorie den Ausdruck „Berichtigungsanspruch" oder „Entgegnungsanspruch" vorschlagen[9] und die neuen LPresseG den Begriff Gegendarstellungsanspruch verwenden. *Schüssler* glaubt, § 11 RPresseG vereinige den staatlichen Berichtigungszwang mit einem privaten Entgegnungsrecht[10].

---

[4] z. B. *Häntzschel*, Anm. 2 zu § 11 RPresseG.
[5] Vgl. *Löffler*, Presserecht, Rdnr. 2, 8 zu § 11 RPresseG.
[6] § 2 I 1.
[7] Vgl. im einzelnen oben § 2 I 2 und 3.
[8] z. B. *Häntzschel, Kraehling, Oetker, Ebner* usw.
[9] Schon *Kitzinger, Zellner, Mannheim.*
[10] Siehe oben § 8 I 4 b.

b) Das Entgegnungsrecht des § 11 RPresseG entspringt nicht, wie der behördliche Berichtigungszwang, staatlicher Willkür. Es wäre sonst unerklärlich, wie es Privatpersonen zustehen könnte. Behörden haben das Entgegnungsrecht nur, wenn sie durch einen Pressebericht selbst betroffen sind. Sie stehen den Privatpersonen gleich und sind nicht privilegiert[11]. Soweit sich also die öffentlichrechtliche Theorie auf den behördlichen Berichtigungszwang als Vorbild für das Entgegnungsrecht beruft, tut sie das zu Unrecht; beide Institute sind in ihrem Wesen grundverschieden. Auch die Ansicht *Schüsslers*, der im Rahmen des § 11 RPresseG zwischen einem (öffentlichrechtlichen) Berichtigungszwang und einem (privatrechtlichen) Berichtigungsanspruch unterscheidet, wird vom Gesetz nicht gedeckt, denn Privatpersonen und Behörden sind gleichgestellt. § 11 RPresseG und die entsprechenden Vorschriften der LPresseG gehen vielmehr, wie die privatrechtliche Theorie immer wieder betont hat, auf das französische droit de réponse zurück, das den Schutz des Betroffenen bezweckt.

III. Ausschließlichkeit des Strafrechtsschutzes?

1. Die gesetzliche Regelung des RPresseG

Nach § 19 RPresseG ist der Verstoß des verantwortlichen Redakteurs gegen seine Abdruckspflicht mit Strafe bedroht. Über die Möglichkeit des Betroffenen, seinen Entgegnungsanspruch im Zivilprozeß durchzusetzen, schweigt das RPresseG im Gegensatz zu den neuen LPresseG. Die öffentlichrechtliche Theorie lehnt deshalb einen zivilrechtlichen Erfüllungsanspruch ab und faßt § 11 RPresseG ausschließlich als Teil des Straftatbestandes nach § 19 RPresseG auf. Diese Meinung wurde früher durch die Rechtsprechung des Reichsgerichts zum Verhältnis zwischen Zivilrechtsschutz und Strafrechtsschutz gefördert; das Reichsgericht hatte es lange abgelehnt, einen zivilrechtlichen Unterlassungsanspruch anzuerkennen, wenn die Möglichkeit der Strafklage gegeben war[12].

2. Das Nebeneinander von Zivilrechtsschutz und Strafrechtsschutz

Seit dem Jahre 1927 hat das RG diese Rechtsprechung jedoch aufgegeben[13]. Der Gesetzgeber hat das Nebeneinander von Zivilrechtsschutz und Strafrechtsschutz ebenfalls längst anerkannt, wie vor allem die §§ 24, 25, 26 WZG, 1, 11, 12 RabattG und 1, 2, 3 ZugabeVO beweisen. Beide Möglichkeiten des Rechtsschutzes verfolgen einen verschiedenen

[11] Siehe oben § 5 I 3.

[12] Siehe oben § 8 I 2 b mit Nachweisen in Fußn. 22.

[13] RGZ 116, 151 (152); weitere Nachweise oben § 8 I 2 b Fußn. 23.

Zweck. Der strafrechtliche Schutz geht vom öffentlichen Interesse aus und hat das Verhältnis Allgemeinheit-Einzelner im Auge; der zivilrechtliche Schutz stellt dagegen auf das Verhältnis Bürger-Mitbürger ab und dient vor allem der Wiedergutmachung angerichteten Schadens[14]. Soweit beide Bereiche zusammentreffen, wird ein umfassender Schutz nur erreicht, wenn sowohl der Strafrechts- als auch der Zivilrechtsschutz gewährleistet sind.

Damit wurde dieser Argumentation der öffentlichen Theorie an sich der Boden entzogen. Aus der Tatsache, daß der Gesetzgeber das Entgegnungsrecht seiner besonderen Bedeutung wegen mit einer strafrechtlichen Sanktion ausgestattet hat, darf keinesfalls der Schluß gezogen werden, daß ein zivilrechtlicher Schutz versagt sein soll[15]. Trotzdem wird z. B. von *Greiff*[16] und *Gross*[17] noch heute die Ansicht vertreten, § 11 RPresseG könne schon deswegen keinen zivilrechtlichen Anspruch gewähren, weil das RPresseG eine abschließende, strafrechtliche Regelung enthalte. Beide suchen deshalb nach einer Rechtsgrundlage außerhalb des RPresseG, um dem Betroffenen doch einem zivilrechtlichen Anspruch auf Abdruck seiner Entgegnung zu verhelfen. Dieser Ausgangspunkt ist jedoch verfehlt. Die Frage ist nicht, ob außerhalb des RPresseG eine Rechtsgrundlage zu suchen ist, sondern ob heute, nachdem das Nebeneinander von Strafrechtsschutz und Zivilrechtsschutz unstreitig ist[18], § 11 RPresseG selbst als unmittelbare, zivilrechtliche Anspruchsnorm auszulegen ist. Anhand der ratio legis soll im folgenden versucht werden, diese Frage zu beantworten.

IV. Die ratio legis bzw. das geschützte Rechtsgut

1. Die Feststellung der Wahrheit

Das Entgegnungsrecht ist unabhängig von der Unwahrheit der Pressemitteilung; der Betroffene kann den Abdruck seiner Entgegnung auch dann fordern, wenn diese unwahr, die Pressemeldung dagegen wahr ist[19]. Insoweit unterscheidet sich das Entgegnungsrecht grundlegend vom Widerrufsanspruch. Wegen dieser „formalen" Ausgestaltung des Entgegnungsrechts steht eines fest: Es ist kein geeignetes Mittel, die Wahr-

---

[14] *Strasser*, S. 52 f.; *Rosenthal*, JW 1922, 596; vgl. auch *Neumann-Duesberg*, DB 1957, 861.

[15] So schon *Riss*, JW 1911, 389; *Neumann-Duesberg*, Presseberichterstattung, Presseurheberrecht und Nachrichtenschutz, 1949, S. 17; ferner fast alle Vertreter der privatrechtlichen Theorie.

[16] NJW 1963, 1137.

[17] NJW 1963, 479.

[18] Statt aller *Erman-Drees*, Anm. 9 b vor § 823.

[19] Vgl. dazu oben § 6 II 3.

heit festzustellen, wobei hier dahingestellt bleiben kann, ob die Feststellung der Wahrheit im Interesse der Öffentlichkeit (so die öffentlichrechtliche Theorie) oder im Interesse des Betroffenen (so ein Teil der privatrechtlichen Theorie) erfolgen würde. Die Entgegnung soll den Lesern einer Zeitung oder Zeitschrift nur zeigen, daß der Betroffene die Meldung über ihn für unwahr hält und ihr deshalb widerspricht. Die Entgegnung stellt also keine Rehabilitierung des Betroffenen dar, auch dann nicht, wenn seine Entgegnung wahr ist, denn für die Leser ist das nicht erkennbar. Zur Feststellung der Wahrheit kann in solchen Fällen nur der Widerrufanspruch führen. Dieser ist an die Unwahrheit der Pressemitteilung gebunden und rehabilitiert den Betroffenen. Daraus folgt z. B., daß bei Abdruck einer Entgegnung das Rechtsschutzbedürfnis für eine Widerrufsklage nicht entfällt[20].

2. *Der Grundsatz des „audiatur et altera pars"*

Wegen der formalen Ausgestaltung des Entgegnungsrechts durch den Gesetzgeber hat man es häufig als Verwirklichung des Grundsatzes „audiatur et altera pars" bezeichnet. Unabhängig von der Wahrheit oder Unwahrheit einer Pressemitteilung soll der Betroffene selbst zu Wort kommen. Statt von audiatur et altera pars spricht man daher auch von Recht auf Gehör oder rechtlichem Gehör, das, solle es wirksam sein, auf die Gewährung von „Waffengleichheit" hinauslaufe.

a) Schon *Dulaure* stützte seine Forderung nach einem Entgegnungsrecht auf den Grundsatz des audiatur et altera pars, durch den Waffengleichheit zwischen der Presse und dem Betroffenen geschaffen werde[21]. In Deutschland fand dieses Argument Eingang in die Literatur, um das Entgegnungsrecht rechtspolitisch zu rechtfertigen[22]; später verwandten es Vertreter der öffentlichrechtlichen Theorie, um ihre Ansicht zu stärken: Waffengleichheit werde geschaffen, damit der Leser (die Allgemeinheit) nicht einseitig unterrichtet werde[23].

In jüngster Zeit wird dieser Grundsatz ebenfalls wieder herangezogen, diesmal jedoch zur Begründung der privatrechtlichen Theorie. *Löffler* bezeichnet ihn als ein „Urprinzip der Gerechtigkeit"[24]; andere

---

[20] h. M.; vgl. im einzelnen unten § 11 II 1; a. A. nur v. *Gamm*, GRUR 1956, 171 f.

[21] Vgl. oben § 2 I 2.

[22] *v. Liszt*, Reichspreßrecht, S. 93; *Berner*, S. 233; *Delius*, S. 38; *Heilborn*, S. 26.

[23] *Ebner*, JW 1911, 903; *Kraehling*, S. 37; *Regensburger*, S. 9; für die gemischtrechtliche Theorie vgl. *Mannheim*, S. 22.

[24] Presserecht, Rdnr. 10 zu § 11 RPresseG.

leiten ihn aus dem allgemeinen Persönlichkeitsrecht[25] oder dem Recht der freien Meinungsäußerung[26] ab. Der BGH[27] spricht in den drei letzten Urteilen, die sich zur Rechtsnatur des Entgegnungsrechts äußern, ebenfalls von „audiatur et altera pars", „Recht auf Gehör" und „rechtlichem Gehör", ohne sich jedoch festzulegen, wohin diese Begriffe gehören und welchen Inhalt sie haben.

Früher wandte sich nur *Kitzinger*[28] gegen die Begriffe „audiatur et altera pars" und „Waffengleichheit". Er hält sie für irreführend, weil sie kein selbständiger Gesetzeszweck seien und die ratio legis nur verschleierten. Der Gesetzgeber habe Waffengleichheit nur als Instrument gewährt, um das eigentliche Ziel zu erreichen: Ein Rechtsgut (die Person des Betroffenen) zu schützen. Neuerdings wendet sich besonders *Greiff*[29] gegen diese „Schlagworte", weil ihnen kein Recht zugrundeliege. Es gebe ein allgemeines „Recht auf Gehör" gegenüber jedermann ebensowenig wie ein allgemeines Recht auf Waffengleichheit, etwa zwischen reich und arm, gesund und krank, klug und dumm usw., sondern nur allgemein die Gleichheit vor dem Gesetz und im besonderen wenige, begrenzte Schutzvorschriften für den einzelnen, wie das Armenrecht, das Recht auf Pflichtverteidigung usw.

b) Diese Bedenken sind sehr erheblich und nicht zu widerlegen. Wenden wir uns zunächst dem „rechtlichen Gehör" zu. Dieser Begriff wird üblicherweise beschränkt auf das Grundrecht des Art. 103 Abs. 1 GG, das rechtliche Gehör vor den Gerichten. Soweit man ihn neuerdings auf das Verwaltungsverfahren ausdehnt (rechtliches Gehör vor den Behörden)[30], ist das gerechtfertigt, denn beide Male wird damit der Anspruch gegen den Staat, gegen die öffentliche Gewalt begründet, nicht zum bloßen Objekt eines hoheitlichen Verfahrens gemacht zu werden[31]. Das presserechtliche Entgegnungsrecht richtet sich jedoch gegen den verantwortlichen Redakteur oder den Verleger einer periodischen Druckschrift, also gegen Privatpersonen, die den Betroffenen vor dem Leserkreis ihrer Druckschrift zu Wort kommen lassen müssen. Weder der Redakteur, der Verleger, oder die Presse überhaupt, noch der

---

[25] *Neumann-Duesberg*, DB 1957, 861 (in NJW 1960, 2033 wieder aufgegeben); *Löffler*, NJW 1957, 715; *Coing*, S. 19; *Nipperdey*, Ufita 30 (1960), 28; OLG Köln NJW 1962, 48.

[26] *Rebmann-Ott-Storz*, Rdnr. 1 und 3 vor § 11 BadWürttPresseG; LG Mannheim NJW 1956, 384.

[27] NJW 1963, 151, 1155; 1964, 1132.

[28] ZStW 27 (1907), 877 ff. und Anm. I zu § 11 RPresseG.

[29] NJW 1963, 1138; ebenso *Thies*, S. 102.

[30] *Maunz-Dürig*, Rdnr. 92 zu Art. 103 Abs. 1 GG mit ausführlichen Nachweisen.

[31] Zum Inhalt und Umfang des rechtlichen Gehörs siehe *Maunz-Dürig*, Rdnr. 28 ff. zu § 103 Abs. 1 GG.

Leserkreis einer bestimmten Druckschrift können als Repräsentanten der öffentlichen Gewalt angesehen werden. Wenn häufig von einem Meinungsbildungs„prozeß“ vor dem „Forum“ der Öffentlichkeit gesprochen wird und diese Wendungen an die dem Verfahrensrecht eigenen Begriffe erinnern, so sind sie in diesem Zusammenhang nichts weiter als bildhafte Schlagworte. Aus der philologischen Verwandtschaft können irgendwelche rechtliche Schlußfolgerungen nicht gezogen werden; ein noch so großer Leserkreis bleibt immer nur eine Vielzahl von Privatpersonen, die nicht mit öffentlicher (staatlicher) Gewalt ausgestattet sind.

Nicht anders verhält es sich mit der von *Löffler* propagierten Lehre von der Presse als „vierter Gewalt im Staat“, die das klassische Gewaltenteilungsschema fortentwickeln will[32]. Der Presse kann zwar — in soziologischer Sicht — eine beträchtliche Machtstellung, die nicht zuletzt auf dem Grundrecht des Art. 5 GG beruht, nicht abgesprochen werden, doch rechtfertigt das nicht, die Presse als vierte „Staats“-gewalt zu bezeichnen. *Löffler* verkennt hier den Unterschied zwischen öffentlichen und staatlichen Aufgaben[33]. Erstere können auch von Rechtssubjekten des Privatrechts wahrgenommen werden, z. B. von der Presse oder von Privatschulen, letztere dagegen ausschließlich vom Staat oder durch von ihm geschaffene Rechtssubjekte des öffentlichen Rechts. Mit Recht wird die Lehre *Löfflers* daher abgelehnt[34]. Ist die Presse also nicht Teil der Staatsgewalt, so kann ihr gegenüber auch kein „rechtliches“ Gehör bestehen.

c) Damit stellt sich jedoch die weitere Frage, ob dem Entgegnungsrecht ein „allgemeines Recht auf Gehör“, das als „Urprinzip der Gerechtigkeit“ bzw. „elementares, unveräußerliches Menschenrecht“ bezeichnet wird[35], zugrundeliegt. Davon scheinen alle auszugehen, die das Entgegnungsrecht aus dem Grundsatz des audiatur et altera pars herleiten.

Ein solches Recht ist in Art. 6 der Menschenrechtskonvention nicht statuiert, wie vielfach behauptet wird[36]. Diese Vorschrift behandelt, ebenso wie Art. 103 Abs. 1 GG, lediglich das rechtliche Gehör, nicht je-

---

[32] Presserecht, Einl. Rdnr. 4 ff. und Der Verfassungsauftrag der Presse, Modellfall Spiegel, 1963, S. 4 ff.

[33] Vgl. dazu vor allem *Peters*, Öffentliche und staatliche Aufgaben, Festschrift für *Nipperdey*, Bd. 2, S. 877 ff.

[34] z. B. *Dagtoglou*, S. 16: „Das ist nicht nur eine Übertreibung, sondern ein grundsätzlicher Fehler. Denn dabei wird das Wesen der Presse wie auch der öffentlichen Gewalt verkannt. Die öffentliche Gewalt ist Staatsgewalt; eine Presse ... kann nicht eine vierte Gewalt sein, weil sie nicht Staat (ist und auch nicht) sein will und soll.“ Ferner *Schüle-Huber*, S. 25; *Rebmann-Ott-Storz*, Rdnr. 3 zu § 3 BadWürttPresseG; vgl. auch *Rehbinder*, S. 125 f.

[35] Diese Ausdrücke gebrauchen *Löffler*, Presserecht, Rdnr. 10 zu § 11 RPresseG und *Neumann-Duesberg*, JR 1956, 288.

[36] *Löffler*, a.a.O.

doch ein Recht auf Gehör gegenüber jedermann. Ein solches allgemeines und umfassendes Recht gegenüber jedem Mitmenschen ist nicht anzuerkennen. Wie *Greiff*[37] mit Recht betont hat, gehört es zur Freiheit jeder Person, einen Brief ungelesen zu lassen, einen Besucher abzuweisen, einen Telephonanruf abzubrechen, eine Zeitung nicht zu lesen usw. Auch § 11 RPresseG und die entsprechenden Vorschriften der LPresseG haben ein solches allgemeines Recht nicht geschaffen. Dagegen sprechen insbesondere die Beschränkung des Entgegnungsanspruchs auf Tatsachen und der Ausschluß des Abdrucksanspruchs bei einer offenkundig unwahren Entgegnung[38]. Wäre mit dem Entgegnungsrecht tatsächlich ein allgemeines Recht auf Gehör als „Urprinzip der Gerechtigkeit" anerkannt, so wäre nicht einzusehen, warum der Betroffene nicht wie der Angeklagte im Prozeß, auch mit offenkundigen Unwahrheiten gehört werden müßte, und warum ihm nur bei Tatsachenbehauptungen, nicht auch bei Meinungsäußerungen über ihn, der Anspruch auf Abdruck einer Entgegnung zusteht.

d) Mit dem „Recht auf Waffengleichheit", das dem „Recht auf Gehör" verwandt, jedoch speziellerer Natur ist, verhält es sich ebenso: Unsere Rechtsordnung kennt kein solches allgemeines Recht gegenüber jedermann, was *Greiff*[39] mit Recht betont. Gegen die Herleitung des Entgegnungsanspruchs aus einem angeblich bestehenden Recht auf Waffengleichheit sprechen ebenfalls § 11 RPresseG bzw. die entsprechenden Vorschriften der LPresseG selbst. Die Beschränkung des Entgegnungsanspruchs auf Tatsachen wäre wiederum nicht verständlich, wenn man die Existenz eines solchen allgemeinen Rechts bejahen würde. Warum sollte dem Betroffenen die „Waffe der Entgegnung" gegenüber Meinungsäußerungen versagt sein?

e) Das Entgegnungsrecht entspringt also weder aus einem allgemeinen Recht auf Gehör noch aus einem solchen auf Waffengleichheit. Es räumt dem Betroffenen lediglich die Befugnisse ein, sich gegen Tatsachenbehauptungen in der Presse dadurch zur Wehr zu setzen, daß er in demselben Presseorgan eine in der äußeren Aufmachung dem beanstandeten Text entsprechenden Gegendarstellung veröffentlichen darf. Will man diese äußerlich gleiche Aufmachung als „Waffengleichheit" oder „Recht auf Gehör" bezeichnen, so muß man sich klar darüber sein, daß das mit einem allgemeinen Recht auf Waffengleichheit oder einem Urprinzip der Gerechtigkeit nichts zu tun hat. „Waffengleichheit" ist hier lediglich eine Frage des Umfangs des Abdrucksanspruchs, sie ist das Mittel, um dem Anspruch die erforderliche Wirksamkeit zu verleihen,

---

[37] NJW 1963, 1138.

[38] Zum Ablehnungsrecht des Redakteurs bei offensichtlich unwahren Entgegnungen vgl. oben § 7 I 3 b.

[39] NJW 1963, 1138.

damit möglichst derselbe Leserkreis angesprochen wird, der den beanstandeten Text gelesen hatte, nicht jedoch selbst ein umfassendes Recht, aus dem der Entgegnungsanspruch fließen würde.

3. Die Meinungsfreiheit, Art. 5 Abs. 1 GG

Vor allem die neuen Kommentare zu den LPresseG von Hessen und Baden-Württemberg sehen das Entgegnungsrecht als Ausfluß des in Art. 5 Abs. 1 S. 1 GG normierten Rechts der freien Meinungsäußerung[40] an, das im Wege der „Drittwirkung" einen privatrechtlichen Anspruch gewähre. Zur Begründung ihrer Ansicht stützen sie sich insbesondere auf die Rechtsprechung des BVerfG, das im Schmid-Urteil dem durch einen Presseangriff Betroffenen im Interesse der öffentlichen Meinungsbildung ein „Recht auf Erwiderung" zugesprochen habe.

Richtig an dieser Ansicht ist, daß die Garantie des Art. 5 Abs. 1 S. 1 GG auch die Freiheit der Bildung der öffentlichen Meinung umfaßt[41] und eine Entgegnung sicherlich als Beitrag zur öffentlichen Meinungsbildung aufgefaßt werden kann. Die Öffentlichkeit wird darauf aufmerksam gemacht, daß die ursprüngliche Pressemitteilung u. U. nicht der Wahrheit entspricht. Aber nicht alles, was der Bildung der öffentlichen Meinung dient, muß ein Ausfluß des Grundrechts der freien Meinungsäußerung sein. So dient der Widerruf einer unwahren Pressemeldung zweifellos ebenfalls der öffentlichen Meinungsbildung; der Anspruch auf Widerruf entspringt trotzdem anerkanntermaßen nicht aus dem Recht der freien Meinungsäußerung. Die bloße Nützlichkeit für die öffentliche Meinungsbildung rechtfertigt es nicht, das Entgegnungsrecht aus Art. 5 Abs. 1 S. 1 GG als „verfassungsunmittelbares" Recht herzuleiten[42].

Das Entgegnungsrecht ist ferner auf Tatsachen beschränkt, während das Grundrecht der freien Meinungsäußerung gerade das Recht beinhaltet, persönliche Überzeugungen, wertende Äußerungen und kritische Betrachtungen im Rahmen der Gesetze uneingeschränkt zu äußern. Dieser dem Art. 5 Abs. 1 S. 1 GG zugeordnete Schutzbereich wird vom Entgegnungsrecht gerade nicht erfaßt. Die Beschränkung des Entgegnungsrechts auf Tatsachen ist aus Art. 5 GG nicht erklärlich[43].

Das Grundrecht der freien Meinungsäußerung ist weiterhin als reines Abwehrrecht ausgestaltet. Der einzelne hat zwar das Recht, seine Meinung frei zu äußern und an der öffentlichen Meinungsbildung teilzunehmen, aber nur, soweit er das „aus eigener Kraft oder mit Hilfe Gleich-

---

[40] Vgl. oben § 8 II 2 b.

[41] *Maunz*, Deutsches Staatsrecht, § 14 IV 3 a (S. 108).

[42] Ebenso *Neumann-Duesberg*, NJW 1960, 2033; *Thies*, S. 103.

[43] Ebenso *Thies*, S. 103.

gesinnter"[44] bewerkstelligen kann. Art. 5 GG gibt aber keinen Anspruch gegen einen Dritten, der ihn verpflichtet, eine fremde Meinung zu verkünden. Ein Redakteur verletzt das Recht der freien Meinungsäußerung nicht, wenn er sich weigert, einen fremden Artikel zu veröffentlichen, weil aus Art. 5 Abs. 1 S. 1 GG keine Ansprüche auf positives Tun abgeleitet werden können. Dieses Grundrecht ist, auch soweit ihm Drittwirkung zukommt[45], ein reines Abwehrrecht.

Aus denselben Gründen beruft sich *Gross* auch zu Unrecht auf die Schmid-Entscheidung des BVerfG. Der mit diesem Urteil entschiedene Fall ist mit der Sachlage, wie sie dem Entgegnungsanspruch zugrundeliegt, nicht zu vergleichen. Im Schmid-Urteil hat das BVerfG dem durch einen polemischen Spiegel-Artikel Angegriffenen das Recht zugesprochen, ebenfalls polemische Angriffe in einer anderen Zeitschrift gegen den Spiegel zu führen, damit er der durch den Spiegel-Artikel in der Öffentlichkeit erzielten Wirkung mit der nötigen Durchschlagkraft entgegentreten konnte. Die Wahrnehmung berechtigter Interessen im Sinne des § 193 StGB ist nach dem BVerfG durch Art. 5 Abs. 1 S. 1 GG dahin auszulegen, daß polemische Gegenäußerungen des Betroffenen dann gedeckt werden, wenn diese durch den beanstandeten Artikel veranlaßt sind. Im Interesse der öffentlichen Meinungsbildung sprach das BVerfG dem Betroffenen das Recht zu einer „adäquaten ... Erwiderung"[46] zu. Solange der Angegriffene mit gleicher Intensität zurückschlage, sei sein Gegenangriff durch die Wahrnehmung berechtigter Interessen gerechtfertigt.

Das BVerfG hatte also lediglich die Frage zu entscheiden, wann eine von einer Zeitung freiwillig veröffentlichte polemische Erwiderung auf einen Artikel in einer anderen Zeitung die Grenze der Strafbarkeit überschreitet. Es hat jedoch aus Art. 5 Abs. 2 S. 1 GG kein „Recht zur Presse" abgeleitet, wie *Gross* meint[47], der dem BVerfG unterstellt, es habe im Interesse der öffentlichen Meinungsbildung ein Recht auf Abdruck einer Erwiderung in einer bestimmten Zeitung gewährt.

Dieses „Recht auf adäquate Erwiderung" wie es das BVerfG anerkennt, hat mit dem presserechtlichen Entgegnungsrecht, also dem Anspruch gegen ein bestimmtes Presseorgan auf Abdruck einer Gegendar-

---

[44] *v. Mangoldt-Klein*, Das Bonner Grundgesetz, Bd. 1, 2. Aufl. 1957, Anm. II 3 zu Art. 5 und Vorbem. A II 3 a.

[45] *Greiff*, NJW 1963, 1138; zum Problem der Drittwirkung allgemein siehe *Leisner*, Grundrechte und Privatrecht, 1960.

[46] BVerfGE 12, 113 (126); *Erman-Weitnauer*, Nachtragsheft I, Anm. 8 d bb zu § 12, charakterisiert dieses Recht mit dem Sprichwort: „Auf einen groben Klotz gehört ein grober Keil."

[47] z. B. in NJW 1963, 480; ihm folgend *Rebmann-Ott-Storz*, Rdnr. 3 vor § 11 BadWürttPresseG; ebenso *Arndt* in *Löffler-Arndt-Noelle-Neumann-Haacke*, Die öffentliche Meinung, S. 16 f.

stellung, nichts gemein. Ersteres umfaßt auch polemische Äußerungen, gewährt jedoch kein Recht zur Presse; letzteres ist auf Tatsachen beschränkt und gibt einen Anspruch auf Abdruck einer Gegendarstellung in demselben Presseorgan, das die beanstandeten Tatsachenbehauptungen veröffentlichte.

4. Schutz der Allgemeinheit

Die öffentlichrechtliche Theorie erblickt das mit dem Entgegnungsrecht geschützte Rechtsgut in der staatlichen Ordnung, die erschüttert würde, wenn falsche Pressemeldungen unwidersprochen blieben[48]. Auch heute noch wird das Interesse der Öffentlichkeit als Begründung für das Entgegnungsrecht herangezogen[49]; selbst der BGH[50] meint, das Entgegnungsrecht diene dem Schutz des Betroffenen und der „Verhinderung einer einseitigen Unterrichtung der Öffentlichkeit".

a) Das geschützte Rechtsgut kann ein Interesse der Öffentlichkeit an wahrheitsgemäßer Unterrichtung auf keinen Fall sein, denn das Entgegnungsrecht hängt, wie schon mehrfach hervorgehoben, nicht von der Unwahrheit der Pressemitteilung ab. Die Presse ist auch zum Abdruck einer unwahren Entgegnung verpflichtet, also auch dann, wenn die Öffentlichkeit bereits objektiv richtig unterrichtet wurde.

b) Geschütztes Rechtsgut könnte jedoch ein Interesse der Öffentlichkeit an vollständiger Unterrichtung sein, damit die Leser, unabhängig von der Frage der Wahrheit, erfahren, wie sich der Betroffene zu den über ihn verbreiteten Behauptungen stellt. Ein solches umfassendes Informationsinteresse wird wohl schwerlich anzuerkennen sein, sonst könnte unter Hinweis darauf der Abdruck einer Gegendarstellung selbst dann verlangt werden, wenn die Wahrheit der Pressemeldung bereits gerichtlich feststeht, damit die Öffentlichkeit darüber informiert wird, daß der Betroffene der Behauptung noch immer widerspricht.

c) Das Entgegnungsrecht wurde jedoch überhaupt nicht zum Schutze irgendeines Interesses der Öffentlichkeit geschaffen. Das folgt aus der Tatsache, daß der Anspruch nur dem Betroffenen zusteht. Ihm allein ist es zu überlassen, ob er von seinem Recht im Einzelfall Gebrauch machen will oder nicht. Er handelt, wenn er den Abdruck seiner Entgegnung verlangt, oder darauf verzichtet, ausschließlich in seinem Interesse; auf Interessen der Öffentlichkeit braucht er keine Rücksicht zu nehmen. Er ist, wie *Gross*[51] mit Recht bemerkt, nicht der „Pro-

---

[48] Vgl. im einzelnen oben § 8 I 2 b.

[49] *Löffler*, Presserecht, Rdnr. 1 zu § 11 RPresseG (der Wortlaut ist insoweit oben § 8 II 2 c zitiert): Anspruch der Allgemeinheit auf zuverlässige Unterrichtung. Ebenso *Rebmann-Ott-Storz*, Rdnr. 3 vor § 11 BadWürttPresseG.

[50] NJW 1963, 1155; 1964, 1132 (1134).

zeßstandschafter für ein öffentliches Interesse". Hätte dem Gesetzgeber ein Recht der Allgemeinheit als Schutzzweck vorgeschwebt, dann hätte es nahegelegen, den Kreis der Anspruchsberechigten zu erweitern auf alle, die über den Gegenstand der Pressemitteilung informiert sind, damit die Öffentlichkeit auch dann vollständig unterrichtet wird, wenn der Betroffene auf eine Entgegnung verzichtet oder wenn durch die Pressemeldung eine Person nicht betroffen war. Ein solches Entgegnungsrecht kennt jedoch unser Gesetz nicht. Es würde auch zu einer völlig unzumutbaren Belastung der Presse führen und wäre daher nicht wünschenswert.

d) Das Entgegnungsrecht ist also nicht einem Interesse der Öffentlichkeit zu dienen bestimmt, sondern bezweckt allein den Schutz des Betroffenen[52]. Zwar bringt der Abdruck einer Entgegnung u. U. eine vollständigere Unterrichtung der Öffentlichkeit mit sich, doch erfolgt der Abdruck nicht im Interesse der Öffentlichkeit. Diese Situation ist der bei einem Widerruf von Pressemeldungen vergleichbar. Durch die Veröffentlichung des Widerrufs werden zwar auch die Leser vollständig unterrichtet, doch besteht der Widerrufsanspruch nicht wegen eines derartigen Anspruchs der Allgemeinheit. Die Öffentlichkeit wird lediglich zum Schutze des Betroffenen unterrichtet. Mit dem Entgegnungsrecht verhält es sich ebenso. Der Betroffene darf einer Pressemeldung zu seinem Schutz widersprechen, damit sie, solange ihre Wahrheit umstritten ist, nicht als wahr erscheint.

Um Verwirrungen zu vermeiden, sollte man davon absehen, das Entgegnungsrecht als ein den Schutz der Allgemeinheit bezweckendes Recht zu bezeichnen.

5. *Besonderes presserechtliches Persönlichkeitsrecht*

Aus der Entstehungsgeschichte und der Tatsache, daß der Anspruch nur dem Betroffenen zusteht, ergibt sich also, daß das Entgegnungsrecht allein dem Schutz des Betroffenen dienen soll[53]. Es ist nun zu klären, ob es sich dabei um ein besonderes, presserechtliches Persönlich-

[51] DVBl. 1963, 712.

[52] So schon *Kitzinger*, ZStW 27 (1907), 883, 890.

[53] Ebenso *Kitzinger*, Anm. I zu § 11 RPresseG; *Helle*, S. 116; *Koebel*, NJW 1963, 791; *Scholz*, WRP 1961, 337; *Thies*, S. 104; *Wenzel*, NJW 1963, 1710; BayObLG NJW 1958, 1825. Im übrigen erkennen alle Vertreter der privatrechtlichen Theorie an, daß das Entgegnungsrecht vor allem dem Betroffenen zu seinem Schutz verliehen ist, wenn auch daneben auf das Interesse der Öffentlichkeit verwiesen wird, z. B. der BGH NJW 1963, 151, 1155; 1964, 1132; *Rebmann-Ott-Storz*, Rdnr. 1 vor § 11 BadWürttPresseG; *Löffler*, Presserecht, Rdnr. 1 zu § 11 RPresseG.

keitsrecht[54] oder um einen Ausfluß des allgemeinen Persönlichkeitsrechts[55] handelt.

Die besonderen Persönlichkeitsrechte, wie das Recht am eigenen Bild (§§ 22 bis 24 KUG) oder das Recht am Namen (§ 12 BGB) sind absolute Rechte[56], d. h., sie gewähren einen allseitigen Schutz gegenüber jedermann. Soll das Entgegnungsrecht ein besonderes Persönlichkeitsrecht sein, so müßte es ebenfalls absoluten Charakter tragen. Das ist jedoch nicht der Fall. Das Entgegnungsrecht ist lediglich ein Anspruch, also ein relatives Recht, das auf Abdruck einer Gegendarstellung geht und sich gegen denjenigen verantwortlichen Redakteur bzw. Verleger richtet, in dessen Druckschrift der beanstandete Artikel veröffentlicht wurde. Der Abdrucksanspruch ist die Folge einer vorangegangenen, freilich nicht rechtswidrigen Handlung, weil die Unwahrheit der Pressemeldung nicht Voraussetzung des Anspruchs ist[57].

Da das Entgegnungsrecht also kein absolutes Recht ist, kann es schon deswegen kein besonderes Persönlichkeitsrecht sein. Eine andere Frage ist, ob es zu den aus einer Beeinträchtigung des allgemeinen Persönlichkeitsrechts folgenden Ansprüchen, wie dem Schadensersatz- oder Beseitigungsanspruch zu rechnen ist.

6. *Ausfluß des allgemeinen Persönlichkeitsrechts*

a) Seine Anerkennung

Obwohl das BGB, das *Larenz*[58] das „zivilrechtliche Grundgesetz" nennt, das Rechtssubjekt und damit vor allem den Menschen zum Mittelpunkt seines Rechtssystems gemacht hat[59], haben seine Verfasser dennoch ein umfassendes Persönlichkeitsrecht abgelehnt. Zwar fanden

---

[54] So *Löffler, Becher, Bussmann, Helle, Neumann-Duesberg* (später aufgegeben), *Leinveber, Uhlitz*, vgl. oben § 8 II 2 c und d; möglicherweise auch der BGH, wenn er das Entgegnungsrecht „geradezu als einen gesetzlich näher ausgestalteten Rechtsschutz des allgemeinen Persönlichkeitsrechts auf einem Sondergebiet" versteht, vgl. oben § 8 II 3 c.

[55] So *Coing, Koebel, Nipperdey, Wenzel* und ebenfalls *Löffler*, vgl. oben § 8 II 2 e und c.

[56] *Hubmann*, S. 127 ff.; *Soergel-Siebert*, Rdnr. 3, 6, 45 zu § 12 BGB.

[57] So vor allem BayObLG NJW 1958, 1826; *Kitzinger*, ZStW 27 (1907), 892; *Neumann-Duesberg*, NJW 1960, 2033; *Thies*, S. 101; vgl. oben § 6 II 3. Nicht ganz richtig daher *Nipperdey*, Ufita 30 (1960), 22, 27 und *Enneccerus-Nipperdey*, § 151 IV (S. 596, 600), wenn er das Entgegnungsrecht zwar ebenfalls als Anspruch bezeichnet, ihn jedoch zu den aus einer Persönlichkeits„verletzung" entstehenden Ansprüchen zählt. Ebenso *Erman-Weitnauer*, Anm. 7 b zu Anhang zu § 12, der das Entgegnungsrecht unter die „Folgen rechtswidriger Persönlichkeitsverletzung" einreiht, und *Helle*, DRiZ 1963, 336, der es zu den Ansprüchen wegen objektiver Rechtswidrigkeit rechnet.

[58] Schuldrecht II, § 66 I c (S. 365).

[59] Vgl. *Lange*, BGB, Allgemeiner Teil, § 3 IV 1 (S. 9).

sich im Schrifttum allmählich mehr und mehr Befürworter eines solchen Rechts[60], doch hat das RG die Anerkennung eines allgemeinen Persönlichkeitsrechts in ständiger Rechtsprechung verweigert[61].

Nach dem zweiten Weltkrieg ändert sich die Lage entscheidend. Angesichts der üblen Erfahrungen mit einer alle Persönlichkeitswerte und Freiheitsrechte mißachtenden Diktatur erklärt das GG in Art. 1 die Würde des Menschen als unantastbar und garantiert in Art. 2 jedem die freie Entfaltung seiner Persönlichkeit, soweit er nicht die Rechte anderer verletzt und nicht gegen die verfassungsmäßige Ordnung oder das Sittengesetz verstößt. Aus diesen Bestimmungen hat der BGH zum ersten Male im Jahre 1954 ein allgemeines Persönlichkeitsrecht hergeleitet[62] und in ständiger Rechtsprechung als absolutes und „sonstiges Recht" im Sinne des § 823 Abs. 1 BGB anerkannt[63]. In der Literatur ist diese Entwicklung überwiegend begrüßt worden[64], teilweise jedoch, vor allem insoweit als es um die Qualifizierung des allgemeinen Persönlichkeitsrechts als „sonstigem Recht" im Sinne des § 823 Abs. 1 BGB geht, auf Ablehnung gestoßen[65]. Einem Gesetzentwurf des Bundesjustizministerium zur Neuordnung des zivilrechtlichen Persönlichkeits- und Ehrenschutzes, der das allgemeine Persönlichkeitsrecht im BGB verankern sollte[66], ist zwar bisher kein Erfolg beschieden gewesen, doch hat der wesentliche Inhalt dieses Entwurfs durch die Rechtsprechung des BGH bereits Eingang ins geltende Recht gefunden[67]. Auf die dogmatisch sehr bedeutsame Frage, ob die Art. 1 und 2 GG im Sinne der Lehre von der „Drittwirkung der Grundrechte" unmittelbar auf die Privatrechtsordnung anzuwenden sind und ob das allgemeine Persönlichkeitsrecht nur die privatrechtliche Erscheinungsform des Grundrechts auf freie Entfaltung der Persönlichkeit ist[68], oder ob die in den Art. 1 und 2 GG

---

[60] Erschöpfende Aufzählung der älteren Literatur für und gegen ein allgemeines Persönlichkeitsrecht bei *Hubmann*, S. 2 Fußn. 2; vgl. zur Entwicklung des Persönlichkeitsrechts auch H. *Kaufmann*, JuS 1963, 375 ff.

[61] z. B. RGZ 41, 43 (49); 51, 369 (373); 69, 401 (403); 113, 413 (414 f.): Rundfunkentscheidung.

[62] BGHZ 13, 334: Leserbriefe.

[63] z. B. BGHZ 15, 249: Cosima Wagner; 20, 345: Paul Dahlke; 24, 200: Spätheimkehrer; 26, 52: Sherlock Holmes; 26, 349: Herrenreiter; 30, 7: Caterina Valente; 35, 363: Ginseng; 36, 77: Bankhaus; 39, 124: Fernsehansagerin.

[64] Ausführliche Nachweise bei *Soergel-Siebert*, Rdnr. 28 zu § 12; *Erman-Weitnauer*, Anh. zu § 12 und Ergänzungsheft daselbst.

[65] z. B. *Larenz*, NJW 1955, 521 und Schuldrecht II § 66 I c (S. 364); weitere Nachweise auch bei *Erman-Weitnauer*, Anm. 2, 3 zu Anhang zu § 12, und Nachtragsheft daselbst.

[66] Bundestagsdrucksache 1237 der 3. Legislaturperiode vom 18. 8. 1959, abgedruckt in Ufita 29 (1959), 39 ff.

[67] Vgl. *Larenz*, Schuldrecht II, § 66 I c (S. 412 ff.).

[68] z. B. *Nipperdey*, Ufita 30 (1960), 4 ff. und *Enneccerus-Nipperdey*, § 101 I 2. (S. 579 ff.).

zum Ausdruck kommende, für alle Rechtsgebiete maßgebliche Wertung des Gesetzgebers nur die Legitimation gibt, im Wege richterlicher Rechtsschöpfung die als unerträglich empfundene Lücke der bisherigen gesetzlichen Regelung durch Schaffung eines neuen subjektiven Privatrechts, eben des allgemeinen Persönlichkeitsrechts, auszufüllen[69], kann im Rahmen dieser Arbeit nicht eingegangen werden.

b) „Ausfluß" des allgemeinen Persönlichkeitsrechts

Wenn man das Entgegnungsrecht als „Ausfluß" des allgemeinen Persönlichkeitsrechts bezeichnet, so ist das, wie bereits erwähnt[70], mehrdeutig, weil nicht erkennbar ist, was man damit meint. So werden die besonderen Persönlichkeitsrechte häufig ein Ausfluß des allgemeinen Persönlichkeitsrechts genannt[71], das als „Quellrecht" oder „Muttergrundrecht" von generalklauselartiger Weite[72] aufgefaßt wird, aus dem mit fortschreitender Rechtsverfeinerung neue, besondere Persönlichkeitsrechte fließen und sich zu selbständigen Schutzbereichen „verhärten"[73] können. Andererseits wird auch für das Ableiten der Ansprüche (relativen Rechte) aus den absoluten Rechten der Ausdruck „Ausfluß" verwendet[74], so daß bei der Bezeichnung des Entgegnungsrechts als Ausfluß des allgemeinen Persönlichkeitsrechts offen bleibt, ob man es als ein besonderes Persönlichkeitsrecht, also als absolutes Recht ansieht oder als Anspruch (relatives Recht), der dem Schutz des allgemeinen Persönlichkeitsrecht dient.

Da das Entgegnungsrecht, wie dargelegt, kein absolutes Recht ist, kann es auch kein Ausfluß des allgemeinen Persönlichkeitsrechts im ersteren Sinne sein. Es bleibt zu prüfen, wie es sich mit der zweiten Deutung dieses Ausdrucks verhält.

c) Allgemeines Persönlichkeitsrecht und Entgegnungsrecht: Das Recht auf Identität

(1) Allgemeines Persönlichkeitsrecht

Der Persönlichkeit insgesamt in allen ihren inneren und äußeren Erscheinungsformen einen umfassenden Rechtsschutz zu gewähren und nicht nur einzelne Teilbereiche der Persönlichkeit zu schützen, ist das Ziel der Anerkennung eines allgemeinen Persönlichkeitsrechts. Ebenso wie sich das Wesen der Persönlichkeit nicht in feste Formen zwingen

---

[69] So besonders *Larenz*, a.a.O., unter Hinweis auf seine Methodenlehre.

[70] § 8 II 2 e.

[71] z. B. *Nipperdey*, Ufita 30 (1960), 8, 9; *Soergel-Siebert*, Rdnr. 23 zu § 12.

[72] BGHZ 24, 72 (78) mit Nachweisen.

[73] *Leisner*, S. 243.

[74] Siehe oben § 8 II 2 e.

läßt, kann auch das allgemeine Persönlichkeitsrecht seinem Inhalt nach nicht abschließend festgelegt werden[75]. Es ist ein „Quellrecht", aus dem sich schon jetzt durch eine Analyse des Wesens der Persönlichkeit einzelne, konkrete Schutzbereiche, die besonderen Persönlichkeitsrechte, herauskristallisieren lassen, und auf das bei neu auftauchenden Verletzungsmöglichkeiten zur Entwicklung eines neuen, konkreten Persönlichkeitsrechts stets zurückgegriffen werden kann. Vor allem *Hubmann* ist es gelungen, aus dem allgemeinen Persönlichkeitsrecht einzelne Schutzbereiche herauszuarbeiten, nämlich[76]

— das Recht auf Entfaltung der Persönlichkeit, das aus dem dynamischen, schöpferischen Wesen der Persönlichkeit entspringt,

— das Recht an der Persönlichkeit, das den äußeren und inneren Lebenskreis der Persönlichkeit mit seinem Bestand an Kräften, Werten und Beziehungen umschließt und

— das Recht auf Individualität, welches das Eigensein, die Originalität des einzelnen Menschen zum Gegenstand hat.

Das allgemeine Persönlichkeitsrecht ist nun, wie es *Nipperdey*[77] ausdrückt, lediglich „in seinen abgrenzbaren Konkretisierungen, in seinen aus ihm fließenden, auch bezeichenbaren, ... bestimmbaren Einzelrechten geschützt". Die bloße Feststellung, ein Sachverhalt falle unter das allgemeine Persönlichkeitsrecht, ist für sich ungenügend. Im Interesse der Rechtssicherheit und der Rechtsklarheit sollte man mit *Mertens*[78] für Rechtsprechung und Literatur sogar die Pflicht aufstellen, sich in diesen Fällen nicht mit dem einfachen Hinweis auf das generalklauselartig weite allgemeine Persönlichkeitsrecht zu begnügen, sondern es näher zu bezeichnen oder wenigstens zu umschreiben.

Das gilt auch für alle, die das Entgegnungsrecht schlicht einen Ausfluß des allgemeinen Persönlichkeitsrechts nennen. Damit ist noch nicht viel gewonnen. Es ist vielmehr zu untersuchen, welchem konkreten Persönlichkeitsinteresse das Entgegnungsrecht dienen soll.

(2) Entgegnungsanspruch und das Recht auf Ehre

Nach der Entstehungsgeschichte war das droit de réponse, das französische Vorbild unseres deutschen Rechtsinstituts, dazu bestimmt, das Rechtsgut der Ehre zu schützen[79], an dem heute ein subjektives Recht

---

[75] *Hubmann*, Persönlichkeitsrecht, S. 123 f.; *Nipperdey*, Ufita 30 (1960), 7; *Soergel-Siebert*, Rdnr. 34 zu § 12; *Erman-Weitnauer*, Rdnr. 2 zu Anhang zu § 12.

[76] Persönlichkeitsrecht, S. 85 f., 140 f., 162 ff., 216 ff.

[77] Ufita 30 (1960), 7 f.

[78] JuS 1962, 265 in einer Besprechung des Ginseng-Urteils (BGHZ 35, 363).

[79] Vgl. oben § 2 I 2.

anerkannt wird[80], das zum Recht auf Individualität im Sinne der Einteilung *Hubmanns* gehört[81].

Das Entgegnungsrecht ist jedoch auch gegen Behauptungen gegeben, die gar nicht geeignet sind, die Ehre des Betroffenen zu verletzen. Es besteht vielmehr selbst gegenüber Pressemeldungen, die dem Betroffenen an sich zur Ehre gereichten. Wer rühmend in der Zeitung erwähnt wird, er habe einen Menschen vor dem Ertrinken gerettet, kann den Abdruck einer Entgegnung verlangen, wenn er eine Personenverwechslung geltend macht[82].

In der Literatur wird vielfach dieser Umstand allein herangezogen, um den Zusammenhang zwischen Persönlichkeitsrecht und Entgegnungsanspruch überhaupt zu leugnen[83]. Dabei wird jedoch übersehen, daß eine Meldung auch dann zu einer Beeinträchtigung des allgemeinen Persönlichkeitsrechts führen kann, wenn die Ehre nicht berührt wird. Das Recht auf Ehre ist nicht identisch mit dem allgemeinen Persönlichkeitsrecht, sondern nur ein Ausschnitt daraus.

(3) Das Recht auf Gehör

Von einigen Autoren wird das oben bereits abgehandelte „Recht auf Gehör" als Ausfluß des allgemeinen Persönlichkeitsrechts verstanden[84]. Ein solches umfassendes Recht kann jedoch, wie dargelegt, nicht anerkannt werden. Ebenso verhält es sich mit dem „Recht, nicht widerspruchslos zum Gegenstand einer Pressemitteilung gemacht zu werden"[85]. Der Entgegnungsanspruch gewährt kein solch allgemeines Recht zum Widerspruch, wie seine Beschränkung auf Tatsachen beweist[86]. Es gibt also durchaus Veröffentlichungen über den Betroffenen, die er widerspruchslos hinnehmen muß.

(4) Das „Recht auf Identität"

Bereits im Jahre 1907 hat *Kitzinger* das Entgegnungsrecht aus dem „rechtlich geschützten Interesse der Persönlichkeit, daß nichts Unwahres oder Unrichtiges über sie in die Öffentlichkeit gelangt", herge-

---

[80] *Nipperdey*, Ufita 30 (1960), 14 und *Erman-Weitnauer*, Anm. 8 d zu Anhang zu § 12 mit weiteren Nachweisen.

[81] *Hubmann*, Persönlichkeitsrecht, S. 223 ff.

[82] h. M.; vgl. *Löffler*, Presserecht, Rdnr. 28 zu § 11; BayObLG NJW 1958, 1825 (1826) und oben § 5 I 3 f.

[83] z. B. *Neumann-Duesberg*, NJW 1960, 2033; *Greiff*, NJW 1963, 1137; *Gross*, NJW 1963, 479; *Thies*, S. 102.

[84] Vgl. oben § 8 II 2 e.

[85] Vgl. oben § 8 II 2 d.

[86] In Frankreich besteht diese Einschränkung nicht, so daß man dort von einem umfassenden Widerspruchsrecht sprechen könnte. Zur Rechtfertigung der deutschen Regelung vgl. oben § 6 II.

leitet und dieses Interesse als Persönlichkeitsrecht bezeichnet, das dem Rechtsgut der Ehre und dem Recht am Namen verwandt, jedoch allgemeiner Natur sei[87]. Vor wenigen Jahren hat de *Cupis* in Italien denselben Weg eingeschlagen. Aus dem presserechtlichen Entgegnungsrecht entwickelt er wie *Kitzinger* ein Persönlichkeitsrecht, das er das „Recht an der Identität" (diritto all'identità personale) nennt und das einen Rechtsschutz der Persönlichkeit gegen Verfälschungen des Lebensbilds gewähre[88]. Ähnlich forderte H. *Nussbaum*[89] die Anerkennung eines Persönlichkeitsrechts an den eigenen Identitätsmerkmalen (Name, Aussehen, Schrift usw.), das sowohl gegen die unzutreffende Zurechnung von Tatsachen als auch gegen die unbefugte Veröffentlichung an sich wahrer Tatsachen geschützt werden müsse. Der Begriff „Recht auf Identität" ist jedoch in Deutschland bisher nicht geläufig. Lediglich *Hubmann* weist in neuerer Zeit in einer Besprechung der Abhandlung von de *Cupis* auf diese Bezeichnung hin[90]. Der Sache nach ist das „Recht an der Identität" jedoch in Literatur und Rechtsprechung nicht unbekannt. Neben *Kitzinger* sprechen sich heute vor allem *Reinhardt*[91], *Klingsporn*[92] und *Weitnauer*[93] für ein solches Recht aus. *Reinhardt* schlägt den Begriff „Recht am Erscheinungsbild" vor[94], doch läßt diese Bezeichnung nicht erkennen, daß es um einen Schutz der Persönlichkeit vor verfälschter Darstellung geht. Der Begriff von de *Cupis* erscheint daher brauchbarer. Auch der Rechtsprechung ist dieses Persönlichkeitsrecht der Sache nach nicht fremd. Es wird als im allgemeinen Persönlichkeitsrecht mitenthalten angesehen, vielfach jedoch in seiner Selbständigkeit nicht klar erkannt und als Bestandteil eines anderen Persönlichkeitsrechts mitgeschützt. Einige Entscheidungen mögen dies verdeutlichen:

In zwei Entscheidungen hat der BGH die sinnentstellende Wiedergabe von Briefen und dergleichen als Persönlichkeitsverletzung angesehen[95]. Wenn beide Entscheidungen auch gewöhnlich für das Recht am geschriebenen Wort herangezogen werden[96], so sollte doch nicht übersehen

---

[87] ZStW 27 (1907), 884; vgl. dazu oben § 8 I 3 a.

[88] I diritti della personalità, 2. Bd., Mailand, 1961, S. 3 ff.

[89] Der persönliche Schutz gegen Namensmißbrauch und unbefugte Darstellungen, Diss. 1932, S. 3 ff., 21 ff.

[90] AcP 161 (1962), 475.

[91] AcP 153 (1954), 558.

[92] S. 11: Unwahre Behauptungen können, auch wenn sie nicht ehrverletzend sind, das Persönlichkeitsrecht des Betroffenen dadurch verletzen, daß sie das Bild, das sich die Öffentlichkeit von ihm macht, verfälschen.

[93] *Erman-Weitnauer*, Anm. 8 k zu Anhang zu § 12 und Nachtragsheft I ebd.

[94] Anm. zu Schulze BGHZ 78, 33, 35.

[95] BGHZ 13, 334 (339 f.): Leserbriefe; BGHZ 31, 308 (314, 319): Altherrenrundschreiben.

[96] z. B. *Erman-Weitnauer*, Anm. 8 f. zu Anhang zu § 12.

werden, daß hier auch das Recht an der Identität mit hereinspielt. Eine Verletzung des Persönlichkeitsrechts liegt auch insoweit vor, als dem Verfasser durch die entstellte Wiedergabe etwas anderes unterschoben wird, als er in Wahrheit geschrieben hatte. Der BGH[97] spricht hier selbst davon, daß die entstellte Wiedergabe eines Briefes „ein falsches Persönlichkeitsbild vermitteln" kann.

In der Paul-Dahlke-Entscheidung[98] wird die unbefugte Veröffentlichung des Bildes einer Person der Zeitgeschichte zu gewerblichen Zwecken als Persönlichkeitsverletzung behandelt und auf die enge Berührung mit dem Recht am eigenen Bild hingewiesen. Doch liegt auch hier eine Verletzung des „Rechts an der Identität" insoweit vor, als in der Öffentlichkeit der irrige Eindruck erweckt wurde, Paul Dahlke habe seine Photographie freiwillig für Reklamezwecke zur Verfügung gestellt und dafür u. U. sogar ein Entgelt erhalten. Die Ginseng-Entscheidung[99] des BGH, die den Fall zum Gegenstand hatte, daß ein Professor der Rechte in einer Zeitschrift unrichtigerweise als einer der bekanntesten Ginsengwurzelforscher Europas bezeichnet wurde, liegt sehr ähnlich. In einer Anmerkung zu diesem Urteil schwankt *Hubmann*[100], ob der BGH das Namensrecht des Klägers oder dessen wissenschaftlichen Ruf als verletzt ansah; er meint, das letztere annehmen zu sollen. Ob jedoch die Unterstellung, einer der bedeutendsten Fachleute in einer wissenschaftlichen Disziplin zu sein, den wissenschaftlichen Ruf schädigt, erscheint zumindest sehr zweifelhaft, selbst wenn eine der Eigenschaften der Ginsingwurzel ihre Verwendbarkeit für Sexualkräftigungsmittel ist. Die „Kränkung", von der der BGH spricht, kann wohl einzig in dem Umstand erblickt werden, daß die Umwelt annehmen mußte, die Hinweise in der Zeitschrift seien mit Willen des Professors erfolgt; er gebe seinen Namen zu geschäftlichen Zwecken her und sei mit der Vortäuschung einer wissenschaftlichen Autorität auf einem ihm fremden Gebiet einverstanden[101]. Auch hier war also das Recht auf wahrheitsgemäße Darstellung in der Öffentlichkeit berührt.

In dem Fall eines angeblichen Exklusiv-Interviews von Soraya kommt das Recht an der Identität besonders deutlich zum Vorschein, wenn dies auch die Gerichte in ihren Entscheidungen[102] nicht klar genug herausgestellt haben. Der BGH spricht in diesem Fall von einem Eingriff in das Recht der Persönlichkeit, selbst darüber zu bestimmen, ob sie mit Äußerungen über ihre Privatsphäre öffentlich hervortreten wolle oder

---

[97] BGHZ 13, 334 (339).

[98] BGHZ 20, 345 (349 ff.).

[99] BGHZ 35, 363.

[100] JZ 1962, 121.

[101] Ebenso *Mertens*, JuS 1962, 266.

[102] LG Mannheim, BB 1962, 1139; BGH BB 1965, 185 = NJW 1965, 685.

nicht. Aber auf die Privatsphäre kommt es hier gar nicht an. Selbst wenn das angebliche Interview keine Äußerungen privaten Charakters enthalten hätte, läge eine Persönlichkeitsverletzung vor, nämlich darin, daß Soraya ein Interview unterschoben wurde, das sie in Wahrheit gar nicht gegeben hatte. In der Öffentlichkeit wurde so der falsche Eindruck erweckt, Soraya habe sich für dieses Interview freiwillig, womöglich gegen ein Entgelt, hergegeben.

Diese Beispiele mögen genügen[103], um zu zeigen, daß das „Recht an der Identität" unserer Rechtsordnung durchaus geläufig ist, wenn auch eine Bezeichnung dafür bisher fehlte. Es bleibt zu prüfen, ob es die Grundlage für das Entgegnungsrecht bildet, wie es *Kitzinger* schon zu einer Zeit annahm, als das Persönlichkeitsrecht von der Rechtsprechung und der überwiegenden Meinung in der Literatur beharrlich abgelehnt wurde. Als Prüfsteine für die Richtigkeit dieser These mögen wiederum vor allem die Beschränkung des Entgegnungsrechts auf Tatsachenbehauptungen und der Verzicht auf eine Wahrheitsprüfung dienen, aber auch der Umstand, daß selbst lobende Pressemeldungen entgegnungsfähig sind.

(5) Der Verzicht auf die Wahrheitsprüfung

Eine Verletzung des Rechts auf Identität liegt nun naturgemäß nur bei unwahren Behauptungen vor. Eine wahre Darstellung kann zwar die Privat- oder Intimsphäre verletzen[104], nicht jedoch das Recht auf Wahrung der Identität. Da der Entgegnungsanspruch nun unabhängig von der Unwahrheit der Pressemitteilung ist, ergeben sich für seine Herleitung aus dem Recht auf Identität Schwierigkeiten, die bereits *Kitzinger*[105] erkannt hat, der deshalb den Verzicht des Gesetzgebers eine „beispiellose Abnormität" nennt und de lege ferenda fordert, die Unwahrheit der Pressemeldung zur Voraussetzung des Entgegnungsanspruchs zu machen, damit die äußere Ausgestaltung des Anspruchs mit seiner inneren Natur übereinstimme. *Kitzinger* ist es also nicht gelungen, den Verzicht auf die Wahrheit mit der Herleitung des Entgegnungsrechts aus dem Recht auf Identität zu vereinbaren, weil er für

---

[103] Als weitere Entscheidungen kommen in Frage: BGHZ 8, 323, wo einem Verein der Gebrauch des Namens eines Verstorbenen untersagt wurde wegen der Gefahr, daß das Lebenswerk und das Lebensziel des Verstorbenen „mißverstanden oder mißdeutet werden" könnte; OLG München NJW 1959, 388, das eine Persönlichkeitsverletzung darin erblickte, daß die Stimme eines Filmschauspielers in einem Tonfilm im Wege einer Nachsynchronisation durch eine angeblich bessere Stimme ersetzt wurde; vgl. auch KG Ufita 30 (1960), 108, wo das Lebensbild des Sängers Joseph Schmidt in einem Film angeblich verfälscht worden war.

[104] *Erman-Weitnauer,* Anm. 8 e zu Anhang zu § 12 und Nachtragsheft I ebd. mit weiteren Nachweisen.

[105] ZStW 27 (1907), 892; vgl. dazu oben § 8 I 3 a.

die Entstehung des Entgegnungsanspruchs eine tatbestandsmäßige und rechtswidrige Verletzung des Persönlichkeitsrechts, also eine unwahre Behauptung, verlangte.

Dieser Entgegnungsanspruch, wie ihn *Kitzinger* konstruierte, wäre also in den Voraussetzungen mit dem heute bei Persönlichkeitsverletzungen anerkannten[106] Beseitigungsanspruch, der bei unwahren Behauptungen auf Widerruf geht, identisch und deshalb überflüssig. Bei der Möglichkeit der Wahl zwischen Widerruf und Entgegnung als Rechtsfolge für eine objektiv rechtswidrige Persönlichkeitsverletzung wird der Betroffene immer den Widerruf vorziehen, der seine Rehabilitierung zur Folge hat, weil der Täter seine Behauptung zurücknehmen muß, während die Gegendarstellung des Betroffenen immer nur dessen (subjektive) Parteierklärung bleibt. *Kitzinger* freilich war diese Erkenntnis unmöglich. Er konnte Widerruf und Entgegnung deshalb nicht gegenüberstellen, weil es den negatorischen Widerrufsanspruch damals noch gar nicht gab[107]. *Kitzinger* hatte jedoch die Notwendigkeit eines Rechts auf Identität und dessen negatorischen Schutz erkannt und den Entgegnungsanspruch deshalb als negatorischen Anspruch konstruiert, dessen Voraussetzung ein vorangegangenes, rechtswidriges Tun sein sollte.

Es bleibt nun zu prüfen, ob der Verzicht auf die Wahrheitsprüfung, also die formale Natur des Entgegnungsrechts, nicht doch mit seiner Herleitung aus dem Recht auf Identität in Widerspruch steht. Dazu ist eine genaue Analyse der dem Gesetz zugrundeliegenden Interessen erforderlich. Betrachtet man das Entgegnungsrecht mit den Augen des Betroffenen, dann kann der Zusammenhang mit dem Recht auf Identität nicht geleugnet werden. Jemand erfährt, daß er zum Gegenstand einer Pressemeldung gemacht wurde. Er hält die ihn betreffende Mitteilung für unrichtig, glaubt also, in der Öffentlichkeit verfälscht dargestellt worden zu sein und möchte dem entgegentreten. Er behauptet, in seiner Identität verletzt zu sein; und das Gesetz verleiht ihm für die bloße Behauptung der Rechtsverletzung[108] den Anspruch auf Abdruck seiner Gegendarstellung. Diese Handlungsweise des Gesetzgebers ist in der Tat eigenartig und auf den ersten Blick unverständlich. Warum

---

[106] *Soergel-Siebert*, Rdnr. 45 zu § 12.

[107] Vgl. im einzelnen oben § 8 I 3 a.

[108] In Rechtsprechung und Literatur ist zwar allgemein anerkannt, daß der Entgegnungsanspruch wegen seiner formalen gesetzlichen Ausgestaltung eine Rechtsverletzung nicht voraussetzt. So sagt etwa das BayObLG, NJW 1958, 1825 (1826), daß der Gesetzgeber die Widerrechtlichkeit der Presseveröffentlichung, also ihre Unwahrheit, nicht etwa unterstellt habe; und *Kitzinger*, ZStW (1907), 896, weist mit Recht darauf hin, daß sich die Presse dagegen verwahren könne, „daß man ihre Verlogenheit zur praesumtio iuris et de iure erhebt". Doch kommt nirgends klar zum Ausdruck, daß trotzdem die *Behauptung* der Rechtsverletzung Anspruchsvoraussetzung ist.

soll dem Betroffenen nicht zugemutet werden, zu warten, bis er die Rechtsverletzung bewiesen hat, um dann den Widerruf der Behauptung zu verlangen?

Die Rechtfertigung für die formale Natur des Entgegnungsrechts liegt in der großen Gefährlichkeit der Presse für den Betroffenen. Pressemeldungen erreichen einen großen Leserkreis und werden meist kritiklos aufgenommen. Der einzelne Leser hat keine Möglichkeit zur Überprüfung ihrer Richtigkeit. Bis sich nun der Betroffene ein vollstreckbares Urteil erkämpft hat, um seinen Widerrufsanspruch durchzusetzen, ist die ursprüngliche Presseveröffentlichung längst nicht mehr aktuell. Der Widerruf stößt damit weitgehed ins Leere, obwohl der durch die ursprüngliche Mitteilung hervorgerufene falsche Eindruck im Unterbewußtsein der Leser fortwirkt. Es besteht daher ein durchaus berechtigtes Interesse des Betroffenen daran, der Pressemeldung zu einem Zeitpunkt entgegenwirken zu können, da diese noch aktuell ist. Das bedeutet aber, daß der Rechtsschutz vorverlegt werden müßte vor die Feststellung der objektiven Rechtswidrigkeit. Der Presse dagegen ist verständlicherweise daran gelegen, eine Beeinträchtigung nur dann hinnehmen zu müssen, wenn ihr eine Rechtsverletzung tatsächlich nachgewiesen ist. Beide Interessen sind an sich gleich schutzwürdig, doch beide sind nicht gleichzeitig zu verwirklichen[109]. Der Gesetzgeber hat sich daher für das eine Interesse entscheiden müssen; und er hat sich für den Schutz des Betroffenen entschieden. Die Art und Weise, in der dies geschehen ist, kann als ein Meisterstück der Lösung eines Interessenkonflikts bezeichnet werden. Da der Gesetzgeber gezwungen war, ein Interesse zugunsten eines anderen aufzuopfern, mußte er nach dem „Prinzip des schonendsten Mittels“[110] die Beeinträchtigung des anderen auf das geringst-mögliche Maß beschränken, und das ist ihm ausgezeichnet gelungen:

Soweit die Presse erwiesenermaßen die Unwahrheit über den Betroffenen verbreitet hat, ist der volle Tatbestand einer Rechtsverletzung erfüllt; die Rechtsfolge muß daher die volle Rehabilitierung des Betroffenen gewähren, das geschieht durch einen Widerruf der Behauptung durch die Presse. Verlangt man nun auf der Tatbestandsseite weniger Voraussetzungen, indem man die bloße Behauptung der Unwahrheit schon genügen läßt, dann muß dem auf der Rechtsfolgenseite Rechnung getragen werden; die Rechtsfolge kann nicht mehr ein Anspruch auf Widerruf durch die Presse sein. Der Gesetzgeber hat daher der Presse nur die Pflicht aufgegeben, eine Gegendarstellung des Betroffenen abzudrucken. Die Presse ist nicht gezwungen, ihre Behauptung

[109] Zur Lösung von Interessenkonflikten im allgemeinen vgl. *Hubmann*, Grundsätze der Interessenabwägung, AcP 155 (1956), 123 ff.

[110] Dazu *Hubmann*, AcP 155 (1956), 127 ff.

zurückzunehmen; doch der Betroffene hat wenigstens die Möglichkeit, den Lesern darzulegen, daß die Meldung u. U. nicht wahr ist.

Der Entgegnungsanspruch ist also als eine Art „Vorstufe" zum Widerrufsanspruch aufzufassen, als vorläufiger Interessenausgleich auf dem Gebiet des materiellen Rechts, ähnlich der einstweiligen Verfügung im Prozeßrecht[111]. Während der Widerrufsanspruch eine Verletzung des Rechts auf Identität voraussetzt, genügt für die Entstehung des Entgegnungsanspruchs schon die Gefährdung dieses Persönlichkeitsrechts. Die Rechtfertigung für diese Vorverlegung des Persönlichkeitsrechtsschutzes folgt aus der Gefährlichkeit des Massenmediums Presse für den einzelnen Menschen.

Das Entgegnungsrecht ersetzt freilich den Widerruf nicht, weil nach dem Abdruck der Entgegnung für die Leser immer noch nicht ersichtlich ist, wer die Wahrheit gesagt hat. Doch wird der Schaden, der durch eine Persönlichkeitsverfälschung eintreten kann, durch den Abdruck einer Entgegnung sicherlich weit geringer sein als sonst[112], denn die Leser haben so wenigstens nicht glauben können, die Pressemitteilung sei unstreitig richtig.

Diese Konfliktslösung ist dem Gesetzgeber freilich mehr unbewußt als bewußt gelungen. Als das Entgegnungsrecht im Jahre 1874 in das RPresseG aufgenommen wurde, stand die Anerkennung eines negatorischen Anspruchs auf Widerruf noch mehr als ein halbes Jahrhundert aus. Die LPresseG haben die bewährte Regelung des RPresseG übernommen und nur den Streit über die zivilrechtliche Durchsetzbarkeit expressis verbis entschieden, den Zusammenhang mit dem Widerruf jedoch auch nicht erkannt. Literatur und Rechtsprechung blieb diese Verwandtschaft ebenfalls bisher verborgen, wohl deshalb, weil das Entgegnungsrecht weit älter ist als der Widerruf und früher daher naturgemäß ohne diesen behandelt werden mußte[113]. Soweit heute Widerruf und Entgegnung in Rechtsprechung und Literatur in Beziehung gesetzt werden, wird nur darauf hingewiesen, daß der erstere die Unwahrheit der Presseveröffentlichung voraussetzt, letzterer dagegen nicht[114]. Daß im übrigen auf der Tatbestandsseite Identität in den Voraussetzungen besteht, wird nicht gesehen[115].

---

[111] Ähnlich *Baur*, BB 1964, 609, der den Entgegnungsanspruch deshalb mit Recht dem vorläufigen Widerruf durch einstweilige Verfügung vorzieht.

[112] Ebenso BGH MDR 1963, 491 = NJW 1963, 904 (hier jedoch insoweit nicht abgedruckt); vgl. dazu unten § 11 II 1.

[113] Daher war es auch leicht erklärlich, warum *Kitzinger* dem „Fehlschluß" unterlegen ist, das Entgegnungsrecht müsse als negatorischer Anspruch ausgestaltet werden.

[114] z. B. *Erdsiek*, NJW 1962, 624 f.

[115] Selbst bei *Thies*, Widerruf und Entgegnung ..., 1963, finden sich hierzu keine Ausführungen.

(6) Die Beschränkung auf Tatsachen

Die Beschränkung des Entgegnungsrechts auf Tatsachen ist nach dem Vorangegangenen leicht zu erklären. Wie ausgeführt, ist der Entgegnungsanspruch eine „Vorstufe" des negatorischen Anspruchs auf Widerruf. In den Voraussetzungen sind beide identisch, mit der einen Ausnahme: Der Widerruf kann nur bei erwiesener Unwahrheit der Pressemeldung verlangt werden, für den Anspruch auf Abdruck einer Entgegnung genügt dagegen die bloße Behauptung von ihrer Unwahrheit. Von Wahrheit oder Unwahrheit kann jedoch nur bei Tatsachenbehauptungen, nicht bei Meinungsäußerungen gesprochen werden[116]. Der Entgegnungsanspruch muß daher wie der Anspruch auf Widerruf auf Mitteilungen tatsächlicher Art beschränkt sein.

(7) Schließlich ist auch der Umstand, daß Äußerungen, die dem Betroffenen zur Ehre gereichen würden, entgegnungsfähig sind, mit der Herleitung des Entgegnungsanspruchs aus dem Recht auf Identität vereinbar. Dieses Recht ist allgemeinerer Natur als das Recht auf Ehre. Eine Verfälschung der Persönlichkeit liegt auch dann vor, wenn ihr etwas an sich nicht Ehrenrühriges unterstellt wird. Es ist also richtig, wenn der Entwurf eines Gesetzes zur Neuordnung des zivilrechtlichen Persönlichkeits- und Ehrenschutzes[117] in § 20 die Formulierung gebraucht, das Entgegnungsrecht bestehe gegen Behauptungen tatsächlicher Art, „die geeignet sind, einen anderen in seiner Persönlichkeit zu verletzen", und unrichtig, wenn der Zusammenhang zwischen Persönlichkeitsrecht und Entgegnungsanspruch geleugnet wird, weil die zur Entgegnung berechtigende Presseveröffentlichung keine Eignung zur Persönlichkeitsverletzung voraussetze[118]. Daß in diesem Zusammenhang zwischen Persönlichkeits- und Ehrverletzung kein Unterschied gemacht wird, zeigen auch die Ausführungen *Schüles*[119] in seinem Gutachten zu dem Entwurf, der meint, § 20 des Entwurfs sehe ein Entgegnungsrecht nur bei Tatsachenbehauptungen vor, die geeignet seien, „ehrverletzend zu wirken", obwohl der Entwurf nur von Tatsachenbehauptungen spricht, die geeignet sind, die „Persönlichkeit zu verletzen".

(8) Ein letztes Argument ist noch zu behandeln, mit dem darzutun versucht wird, daß das Entgegnungsrecht nicht aus einem Persönlichkeitsrecht entspringen könne: Der Anspruch auf Abdruck einer Entgegnung steht, wie dargelegt[120], auch Behörden, juristischen Personen

---

[116] Zur Abgrenzung zwischen Tatsachenbehauptung und Meinungsäußerung vgl. oben § 6 II 1.

[117] Bundestagsdrucksache 1237/3. Legislaturperiode vom 18. 8. 1959, abgedruckt in Ufita 29 (1959), 39 ff.

[118] So aber vor allem die oben in Fußn. 83 Genannten.

[119] *Schüle-Huber*, S. 57.

[120] Oben § 5 I.

und Verbänden zu; das sei, sagt man, mit einer Herleitung aus dem Persönlichkeitsrecht nicht vereinbar[121].

Daran ist nur soviel richtig, daß man juristischen Personen, nichtrechtsfähigen Vereinigungen und sonstigen Personenvereinigungen ein allgemeines Persönlichkeitsrecht nicht zubilligen kann[122], da der Inhalt dieses die Persönlichkeit umfassend schützenden Rechts vom Wesen der menschlichen Person und ihrer Würde geprägt wird. Juristische Personen können aber nicht Träger der Menschenwürde sein[123]. Andererseits bestimmt jedoch Art. 19 Abs. 3 GG, daß Grundrechte für juristische Personen gelten, soweit sie ihrem Wesen nach auf diese anwendbar sind. Man wird daher auch einzelne konkrete Persönlichkeitsrechte zum Schutze juristischer Personen und ähnlicher Gemeinschaftsbildungen heranziehen können, soweit bei ihnen nicht die Eigenschaft einer natürlichen Person vorausgesetzt wird. „Die juristischen Personen sind aller Rechte und Pflichten fähig, die nicht die natürlichen Eigenschaften des Menschen, wie das Geschlecht, das Alter oder die Verwandtschaft, zur notwendigen Voraussetzung haben", wie es Art. 53 des schweizerischen ZGB vortrefflich formuliert. So steht das Namensrecht als besonderes Persönlichkeitsrecht anerkanntermaßen nicht nur juristischen Personen, sondern allen Vereinigungen zu, die im Verkehr als Einheit mit einer sie kennzeichnenden Bezeichnung auftreten, wie nichtrechtsfähigen Vereinen, Handelsgesellschaften usw.[124]. Solche Vereinigungen besitzen einen bestimmten Eigenwert, der im Verkehr auch anerkannt wird. Neben dem Namensrecht können sie sich daher auf ein Recht auf Ehre[125], auf gewerbliche Betätigung[126] und auf Achtung ihres Gesamtwertes im Verkehrsleben[127] berufen. Auch das dem Entgegnungsrecht zugrundeliegende Recht auf Identität wird man ihnen zuerkennen müssen, da man ihnen ein berechtigtes Interesse daran, nicht verfälscht dargestellt zu werden, nicht absprechen kann. Das muß auch für Behörden und juristische Personen des öffentlichen Rechts gelten; beim Namensrecht ist das ausdrücklich anerkannt[128].

---

[121] z. B. *Gross*, NJW 1963, 480 und DVBl. 1963, 711; *Neumann-Duesberg* bei *Löffler*, NJW 1962, 905; *Rebmann-Ott-Storz*, Rdnr. 3 vor § 11 BadWürtt-PresseG.

[122] *Hubmann*, Persönlichkeitsrecht, S. 244 ff.; *Koebel*, NJW 1955, 936; *Nipperdey*, Ufita 30 (1960), 29.

[123] *Maunz-Dürig*, Rdnr. 52 zu Art. 19 Abs. 3 GG; *Nipperdey*, Die Würde des Menschen, in *Neumann-Nipperdey-Scheuner*, Bd. 2, 1954, S. 24; *Westermann*, Steht der Genossenschaft das „allgemeine" Persönlichkeitsrecht zu? in Festschrift für Paul König, 1960, 345 ff.

[124] *Erman-Böhle-Stamschräder*, Anm. 5 zu § 12; *Soergel-Siebert*, Rdnr. 80 ff. zu § 12.

[125] Vgl. BGHSt. 6, 186; *Helle*, S. 93 ff.

[126] *Nipperdey*, Ufita 30 (1960), 29.

[127] *Hubmann*, Persönlichkeitsrecht, S. 245.

[128] *Soergel-Siebert*, Rdnr. 83 zu § 12.

Der Umstand, daß der Entgegnungsanspruch nicht auf natürliche Personen beschränkt ist, steht seiner Herleitung aus einem besonderen Persönlichkeitsrecht nicht entgegen[129].

V. Ergebnis

1. Privatrechtlicher Anspruch

Der Entgegnungsanspruch entspringt aus der Gefährdung des besonderen Persönlichkeitsrechts auf Wahrung der Identität; der Entgegnungsanspruch ist aber selbst kein besonderes (presserechtliches) Persönlichkeitsrecht.

Die diesen Anspruch regelnden Vorschriften sind privatrechtlicher Natur, nicht öffentlichrechtlicher Natur. Es fehlt das Vorhandensein jeglicher öffentlicher Gewalt, die Merkmal des öffentlichen Rechts ist[130], denn die Presse ist keine vierte „Staats"gewalt[131]. Anspruchsgrundlagen für den privatrechtlichen Entgegnungsanspruch bilden daher nicht nur die einschlägigen Vorschriften der LPresseG, die den Zivilrechtsweg ausdrücklich eröffnen, sondern für den Geltungsbereich des § 11 RPresseG auch diese Norm unmittelbar.

2. Formale Natur (Verzicht auf Wahrheit)

Der Entgegnungsanspruch entsteht durch bloße Gefährdung des Rechts auf Identität, eine Verletzung ist nicht erforderlich. Bei ihrem Vorhandensein besteht der Anspruch auf Widerruf. Die Rechtfertigung für diese „Vorverlegung" des Persönlichkeitsschutzes bildet die große Gefährlichkeit des Massenmediums Presse für den einzelnen. Diese Gefährlichkeit beruht auf der weiten Verbreitung von Zeitungen und Zeitschriften und auf dem Umstand, daß der einzelne Leser die Mitteilungen der Presse auf ihre Richtigkeit hin nicht überprüfen kann und unwidersprochene Veröffentlichungen meist als wahr hinnimmt. Das Entgegnungsrecht dient daher dazu, einen möglichen Schaden gering zu halten. Es führt aber nicht zu einer endgültigen Schadensregelung, sondern nur zu einem vorläufigen Interessenausgleich.

3. Die Beschränkung auf Tatsachen

Mit dem Entgegnungsanspruch behauptet der Betroffene, die Pressemeldung sei unwahr; er behauptet also das Vorliegen einer objektiv

---

[129] Ebenso *Koebel*, NJW 1963, 791.

[130] Dazu *Obermayer*, S. 1 ff.

[131] Vgl. oben § 9 IV 2 b.

rechtswidrigen Verletzung seines Rechts auf Identität. Könnte er diese beweisen, stünde ihm der Anspruch auf Widerruf zu. Daraus ergibt sich, daß die Entgegnung nur eine Art „Vorstufe“ zum Widerruf ist. Aus dieser inneren Verwandtschaft heraus ist es gerechtfertigt, auch das Entgegnungsrecht auf Tatsachen zu beschränken. Es wäre daher besser, die umstrittene Figur des vorläufigen Widerrufs durch einstweilige Verfügung durch das Entgegnungsrecht zu ersetzen.

Vierter Teil

Verallgemeinerung des Entgegnungsanspruchs und Einordnung in das Rechtssystem

§ 10: Verallgemeinerung des Entgegnungsanspruchs

I. Allgemeines

Der Entgegnungsanspruch ist ursprünglich ein Institut des Presserechts. Er entsteht bei Veröffentlichungen, die das besondere Persönlichkeitsrecht des Betroffenen auf Identität zu verletzten geeignet sind, ohne daß die Verletzung tatsächlich vorliegen muß. Es genügt, wenn der Betroffene die Verletzung behauptet und seine Behauptung nicht offenkundig unwahr ist. Die Rechtfertigung für diese Vorverlegung des Persönlichkeitsschutzes liegt, wie dargestellt, in der besonderen Gefährlichkeit des Massenkommunikationsmittels Presse für den einzelnen.

Im folgenden ist nun zu untersuchen, ob der Entgegnungsanspruch ein nur dem Presserecht eigener Anspruch ist, ob er auf die übrigen Massenmedien, wie Film, Funk und Fernsehen ausgedehnt oder gar zu einem allgemeinen privatrechtlichen Anspruch gegen jedermann erweitert werden kann, wie es in § 20 des Gesetzentwurfs zur Neuordnung des zivilrechtlichen Persönlichkeits- und Ehrenschutzes vorgesehen ist.

II. Die übrigen Massenmedien

1. Der Begriff des Massenmediums

Nach *Löffler*[1] sind Massenmedien „Unternehmen oder Institutionen, die mit dem technischen Mittel der Massenvervielfältigungen geistiger Sinngehalte der Unterrichtung, Erbauung oder Unterhaltung dienen". Zu ihnen werden neben der periodischen Presse (Zeitschriften und Zeitungen) und der nichtperiodischen Presse (Bücher, Plakate usw.) auch andere körperliche Vervielfältigungsstücke, wie Schallplatten oder besprochene Tonbänder gerechnet, vor allem jedoch die akustischen und

[1] Festschrift für Walter *Bappert*, 1964, S. 119 f.

optischen Massenverbreitungsmittel wie Hörfunk, Fernsehfunk und Film. Ihnen allen sind drei Dinge gemeinsam:

— Sie können in unserem technischen Zeitalter eine ungeheuere Verbreitung erreichen.

— Dem angesprochenen Publikum ist es in der Regel unmöglich, auf diese Weise öffentlich verbreitete Behauptungen auf ihre Richtigkeit hin zu überprüfen.

— Sie können deshalb für den einzelnen eine sehr große Gefahr darstellen[2].

2. *Hör- und Fernsehfunk*[3]

a) Auf dem Gebiet dieser Massenkommunikationsmittel, die als Anstalten des öffentlichen Rechts organisiert sind, ist ein Entgegnungsrecht heute teilweise gesetzlich anerkannt. Es ist im wesentlichen dem presserechtlichen Vorbild nachgeformt[4].

Die Beschränkung des Entgegnungsrechts auf Tatsachenbehauptungen hat man durchweg übernommen, in einigen Bestimmungen jedoch die formale Natur aufgegeben und das Entgegnungsrecht von der Unwahrheit der Behauptungen abhängig gemacht[5]. Diese Einschränkung ist systemwidrig. Ein Entgegnungsrecht, das von der Unwahrheit der verbreiteten Behauptung abhängt, ist für den Betroffenen überflüssig, weil ihm in diesem Fall der viel wirksamere Anspruch auf Widerruf zusteht[6], und wertlos, weil die mit dem Entgegnungsrecht gerade bezweckte schnelle Durchsetzbarkeit entfällt[7]. Mit Recht hat man daher in anderen Vorschriften an der formalen Natur auch beim rundfunkrechtlichen Entgegnungsanspruch festgehalten[8].

---

[2] *Rehbinder*, S. 126 ff., spricht daher nicht zu Unrecht von der Presse als einem „gefährlichen Gewerbebetrieb".

[3] In Japan (Art. 4 des Gesetzes Nr. 132 vom 2. Mai 1950) und Jugoslawien (Art. 82 ff. des Pressegesetzes vom 9. November 1960) ist das Entgegnungsrecht gegenüber diesen Massenmedien bereits gesetzlich verankert, vgl. *Biolley*, S. 162 ff.

[4] Vgl. oben § 3 III.

[5] z. B. § 3 Nr. 9 HessRundfG; § 7 Abs. 1 Staatsvertrag Südwestfunk.

[6] Anspruchsgrundlage ist allerdings nicht der aus den §§ 12, 862, 1004 BGB entwickelte bürgerlichrechtliche Beseitigungsanspruch, denn die Rundfunkanstalten sind Anstalten des öffentlichen Rechts und die Sendetätigkeit fällt in den Bereich der öffentlichen Verwaltung, vgl. BVerfGE 7, 99 (104); 12, 205 (246): Fernsehurteil. Die Grundsätze des bürgerlichrechtlichen Beseitigungsanspruchs werden jedoch auf das öffentliche Recht übertragen und finden sich im sog. Folgenbeseitigungsanspruch wieder, vgl. GZS BGHZ 34, 99 (108 f.); *Bettermann*, Zur Lehre vom Folgenbeseitigungsanspruch, DÖV 1955, 528 (534); *Obermayer*, S. 102 ff.; *Theune*, Der Folgenbeseitigungsanspruch, BayVBl. 1963, 103 (105).

[7] Ebenso *Thies*, S. 115.

[8] § 4 Staatsvertrag über das 2. deutsche Fernsehen; Art. 17 BayRundfG; § 25 Bundesrundfunkanstaltengesetz; § 11 Abs. 6 HambPresseG; § 10 Abs. 6

b) Um den Grundsatz der „Parallelität zwischen Erstmitteilung und Entgegnung" zu verwirklichen, verlangen die Rundfunkgesetze überwiegend die Veröffentlichung der Entgegnung zu „gleichwertiger Sendezeit". Diese Bestimmung erscheint jedoch nicht klar genug. Der Grundsatz der Parallelität will sicherstellen, daß mit der Entgegnung derselbe Leser- bzw. Hörer- oder Zuschauerkreis angesprochen wird, den die beanstandete Mitteilung erreicht hatte. Bei einer nur gleichwertigen Sendezeit, also etwa zur gleichen Tageszeit und am gleichen Wochentag, ist das nicht gewährleistet. Es wäre daher besser, die Ausstrahlung der Entgegnung nicht zu gleichwertiger Sendezeit, sondern „im Rahmen der nächsten, für denselben Hörerkreis bestimmten Sendung" zu verlangen[9].

c) Soweit in den Presse- und Rundfunkgesetzen ein Entgegnungsanspruch nicht vorgesehen ist, erhebt sich die Frage, ob nicht eine analoge Anwendung der presserechtlichen Vorschriften möglich ist. In der Literatur wird dies überwiegend bejaht[10]; die Rechtsprechung hatte bisher keine Gelegenheit zur Stellungnahme[11]. Die Zubilligung des Entgegnungsanspruchs gegenüber allen Rundfunkanstalten rechtfertigt sich aus dem Gesichtspunkt des Persönlichkeitsschutzes und der besonderen Gefährlichkeit des Massenmediums Rundfunk für den einzelnen. Insoweit ist die Interessenlage der bei der Presse durchaus gleichgelagert. „Als Massenkommunikationsmittel gehört der Rundfunk in die Nachbarschaft von Presse und Film", sagt das BVerfG im Fernsehurteil[12]. Einer analogen Anwendung der presserechtlichen Vorschriften steht also nichts entgegen.

d) Wenn auch die grundsätzliche Anerkennung eines rundfunkrechtlichen Entgegnungsanspruchs keine Schwierigkeiten bereitet, so muß man sich doch klar darüber sein, daß damit die Frage, ob es sich hier um einen zivilrechtlichen oder öffentlichrechtlichen Anspruch handelt, keineswegs beantwortet ist. Während der presserechtliche Entgegnungsanspruch ohne Zweifel privatrechtlicher Natur ist, da sich Presse und Betroffener auf gleicher Ebene gegenüberstehen, sind die Rundfunkanstalten als Anstalten des öffentlichen Rechts organisiert; die Sendetätigkeit fällt in den Bereich der öffentlichen Verwaltung, nicht der

---

BerlPresseG; §§ 25, 11 NdsPresseG und §§ 25, 11 BremPresseG; §§ 24, 11 RhldPfPresseG.

[9] So mit Recht *Greiff*, NJW 1950, 764.

[10] *Scholz*, WRP 1961, 340; *Koebel*, NJW 1963, 792; *Thies*, S. 116 f.; a. A. jedoch *Greiff*, NJW 1950, 763, der jedoch schon für § 11 RPresseG einen zivilrechtlichen Anspruch verneint.

[11] Wohl deshalb, weil die Rundfunkanstalten als Institutionen des öffentlichen Rechts ohne den bei der Presse bestehenden Konkurrenzdruck arbeiten können, auf Sensationsaufmachungen nicht angewiesen sind und daher i. d. R. so objektiv wie möglich berichten können, so daß das Bedürfnis nach Richtigstellungen seltener ist als bei der Presse.

[12] BVerfG 12, 205 (246).

Fiskalverwaltung. Ein Anspruch gegen eine Rundfunkanstalt auf „Widerruf" ist daher nur als sog. „Folgenbeseitigungsanspruch"[13] denkbar, der vor den Verwaltungsgerichten geltend zu machen ist[14], denn er richtet sich gegen eine öffentlichrechtliche Tätigkeit einer öffentlichrechtlichen Anstalt.

Auch der Entgegnungsanspruch gegen eine Rundfunkanstalt kann daher nur öffentlichrechtlicher Natur sein[15]; als „Vorstufe" des Beseitigungsanspruchs teilt er dessen Schicksal. Für den rundfunkrechtlichen Entgegnungsanspruch ist also grundsätzlich nur der Verwaltungsrechtsweg gegeben, falls der Gesetzgeber nicht ausdrücklich einen anderen Rechtsweg eröffnet hat (§ 40 Abs. 1 VwGO).

Das BayRundfG, das Bundesrundfunkanstaltengesetz, der Staatsvertrag über das Zweite Deutsche Fernsehen, § 2 SaarlRundfG und § 11 Abs. 6 HambPresseG, § 10 Abs. 6 BerlPresseG sowie §§ 25, 11 BremPresseG, §§ 25, 11 NdsPresseG und §§ 24, 11 RhldPfPresseG sehen für den rundfunkrechtlichen Entgegnungsanspruch ausdrücklich den Zivilrechtsweg vor. In den Vorschriften über den Hessischen Rundfunk, den Südwestfunk und den Westdeutschen Rundfunk wird für den rundfunkrechtlichen Entgegnungsanspruch § 11 RPresseG für entsprechend anwendbar erklärt. Daraus hat man teilweise geschlossen, damit sei nunmehr, da § 11 RPresseG anerkanntermaßen einen zivilrechtlichen Anspruch gebe, auch für die rundfunkrechtlichen Ansprüche der Zivilrechtsweg eröffnet[16]. Dieser Schluß erscheint jedoch nicht richtig. Der Anspruchsgrund für das rundfunkrechtliche Entgegnungsrecht findet sich nicht in § 11 RPresseG, sondern in den rundfunkrechtlichen Vorschriften. Soweit diese § 11 RPresseG für entsprechend anwendbar erklären, ist das lediglich eine Verweisung für Inhalt und Umfang des Anspruchs, was § 7 Abs. 2 des Staatsvertrags über den Südwestfunk ausdrücklich klarstellt. Soweit sich der Entgegnungsanspruch gegen die Rundfunkanstalten als Anstalten des öffentlichen Rechts und gegen die Sendungen als Tätigkeiten der öffentlichen Verwaltung richtet, ist er ein öffentlichrechtlicher Anspruch[17], damit nach § 40 VwGO nur vor den Verwaltungsgerichten verfolgbar, weil der Zivilrechtsweg nicht ausdrücklich eröffnet ist. Eine Zuständigkeit der Zivilgerichte ergibt sich auch nicht durch analoge Anwendung derjenigen Vorschriften, die den Zivilrechtsweg ausdrücklich eröffnen, wie dies *Thies*[18] vorschlägt, indem sie darauf aufmerksam macht, daß auch verfahrensrechtliche Vorschrif-

---

[13] Siehe oben Fußnote 6.

[14] GZS BGHZ 34, 99 (108 f.); *Theune*, BayVBl. 1963, 106.

[15] Ebenso *Thies*, S. 116 f.

[16] So z. B. *Scholz*, WRP 1961, 340; *Koebel*, NJW 1963, 792; *Thies*, S. 116.

[17] Insoweit zutreffend *Thies*, S. 117.

[18] a.a.O.

ten der analogen Anwendung fähig seien. Das letztere ist zwar richtig[19], doch fallen Rechtswegvorschriften nicht darunter, wie § 40 VwGO beweist, der als Ausnahmen nur ausdrückliche Rechtswegzuweisungen zuläßt. Im übrigen dürfte der analogen Anwendung einer landesrechtlichen Vorschrift in einem anderen Bundesland dessen Hoheitsgewalt entgegenstehen.

Dasselbe gilt auch für den Entgegnungsanspruch gegen die Rundfunkanstalt Süddeutscher Rundfunk, gegen die das Entgegnungsrecht überhaupt nicht gesetzlich verankert ist. Gegen diese Rundfunkanstalt ist zwar durch analoge Anwendung der geltenden presserechtlichen Vorschriften ein Anspruch auf Veröffentlichung einer Entgegnung gegeben, doch muß dieser vor den Verwaltungsgerichten geltend gemacht werden.

e) Wir erhalten damit für das Rundfunkrecht folgendes Ergebnis: Es gibt gegen alle Rundfunkanstalten den Entgegnungsanspruch, der grundsätzlich vor den Verwaltungsgerichten durchzusetzen ist, denn in der Bundesrepublik sind die Rundfunkanstalten als Anstalten des öffentlichen Rechts organisiert und die Sendetätigkeit fällt herkömmlicherweise in den Bereich der öffentlichen Verwaltung. Nur soweit der Zivilrechtsweg vom Gesetz ausdrücklich eröffnet wird, kann vor den Zivilgerichten geklagt werden (§ 40 VwGO).

Diese Unterschiedlichkeit ist kaum wünschenswert. Sie führt sogar zu recht grotesken Ergebnissen[19a]. Man denke nur an die Möglichkeit einer Entgegnung gegen eine Sendung des Deutschen Fernsehens (1. Programm), das sich aus Beiträgen der einzelnen deutschen Rundfunkanstalten zusammensetzt[20] und in der Regel von allen Rundfunkanstalten ausgestrahlt wird. Enthält z. B. eine Sendung eine Behauptung, die einen Entgegnungsanspruch zur Folge hat, so nützt es dem Betroffenen wenig, wenn er sich nur an die Rundfunkanstalt hält, die die beanstandete Sendung hergestellt hatte. Selbst wenn sich diese freiwillig zur Verbreitung der Entgegnung bereiterklärt, so ist damit nicht gewährleistet, daß alle Rundfunkanstalten dies übernehmen. Jede Rundfunkanstalt ist nämlich berechtigt, auf Teile des vorgeschlagenen Programms des Deutschen Fernsehens zu verzichten und statt dessen einen eigenen Beitrag zu senden[21]. Um sicher zu gehen, daß die Entgegnung tatsächlich von allen Rundfunkanstalten ausgestrahlt wird, muß der Betroffene praktisch gegen alle Rundfunkanstalten vorgehen. Das bedeutet aber,

---

[19] *Rosenberg*, § 8, 2.

[19a] Auf diese Problematik weist neuerdings auch *Magen*, JR 1965, 321 ff. (326) hin.

[20] Nr. 2 des Fernsehvertrages der deutschen Rundfunkanstalten vom 27. 3. 1953 in der Fassung vom 24. 5. 1956, abgedruckt bei *Delp* Nr. 457.

[21] Nr. 6 des Fernsehvertrages.

daß er teils vor den Zivil-, teils vor den Verwaltungsgerichten klagen muß. Macht er dann den Anspruch auf Widerruf geltend, der hier ein Folgenbeseitigungsanspruch ist, so kann er damit nur vor den Verwaltungsgerichten zum Zuge kommen. Ein auf Grund der beanstandeten Sendung bestehender Schadensersatzanspruch fällt wieder in die Zuständigkeit der Zivilgerichte, wenn die unerlaubte Handlung zugleich eine Amtspflichtverletzung darstellt (§ 839 BGB i. V. m. Art. 34 GG).

Diese wenig erfreulichen Ergebnisse rühren von der besonderen Rechtsstellung der deutschen Rundfunkanstalten und der Tatsache her, daß es in Deutschland keine einheitliche Gerichtsbarkeit gibt. Der Betroffene ist dem Rundfunk gegenüber zwar ebenso geschützt wie gegen die Presse, nur muß er gegen den Rundfunk vor anderen Gerichten klagen. Wenn der Gesetzgeber in Anlehnung an den presserechtlichen Entgegnungsanspruch teilweise auch für den rundfunkrechtlichen Entgegnungsanspruch den Zivilrechtsweg ausdrücklich eröffnet hat, so ist damit nicht berücksichtigt, daß Presse und Rundfunk verschieden organisiert sind, wenn auch beide zu den Massenkommunikationsmitteln gehören. Die Presse betätigt sich eben privatrechtlich, während die Sendetätigkeit der Rundfunkanstalten nach der herkömmlichen Anschauung und derzeitigen gesetzlichen Regelung öffentlichrechtlicher Natur ist. Wenn Presse und Rundfunk bei der Nachrichtenübermittlung scheinbar das gleiche tun, so muß doch unterschieden werden. Vergleichbar ist dieses Ergebnis mit der herkömmlichen Unterscheidung zwischen Bundesbahn und Bundespost. Eine unerlaubte Handlung eines Bahnbediensteten fällt unter § 823 BGB und muß vor den Zivilgerichten geltend gemacht werden, die eines Postbediensteten dagegen unter § 839 BGB[22]. Für letztere ist zwar auch der Zivilrechtsweg gegeben, aber nur kraft ausdrücklicher Zuweisung durch Art. 34 GG.

Diesen „Rechtswegwirrwarr" auf dem Gebiet des rundfunkrechtlichen Entgegnungsrechts kann jedoch nur der Gesetzgeber beseitigen. Als beste Lösung erscheint diejenige, die Entgegnungs-, Widerrufs- und Schadensersatzanspruch derselben Gerichtsbarkeit zuweist. Verantwortlich für eine solche Regelung auf dem Gebiet des Entgegnungsrechts ist der Landesgesetzgeber. Dem Bund steht zwar bei Presse und Film die Rahmengesetzgebungskompetenz nach Art. 75 Nr. 2 GG zu, das Rundfunkwesen fällt jedoch ausschließlich in den Gesetzgebungsbereich der Länder[23]. Da die meisten der neuen LPresseG den zivilrechtlich durchsetzbaren presserechtlichen Gegendarstellungsanspruch auch für das Rundfunkrecht für anwendbar erklären, konnte für den rundfunkrecht-

---

[22] h. M.; vgl. *Erman-Drees*, Anm. 2 B b cc, dd zu § 839 BGB.

[23] Das ist seit dem Fernsehurteil des BVerfG (E 12, 205) im Grundsätzlichen nicht mehr zweifelhaft. Wegen der Ausnahmen bei der Regelung von Teilaspekten des Programms und für Auslandssendungen, vgl. BVerfG a.a.O., S. 241, 250.

lichen Entgegnungsanspruch bereits eine weitgehende Einheitlichkeit erzielt werden.

3. *Film*

Dem Film als drittem Massenkommunikationsmittel ist ein Entgegnungszwang bisher unbekannt. Die Rechtsprechung fand noch keine Gelegenheit, sich zu dieser Frage zu äußern; die Literatur ist äußerst spärlich. *Greiff*[24], *Koebel*[25] und *Scholz*[26], die die Ausdehnung des Entgegnungsanspruchs auf andere Massenmedien behandelt haben, befassen sich mit dem Rundfunk und lassen die Frage für den Film offen. Lediglich *Thies*[27] und *Leinveber*[28] nehmen dazu ausführlich Stellung; *Thies* lehnt die Erstreckung auf den Film jedoch ab; *Leinveber* bejaht sie. Einer analogen Anwendung auf den Film steht aber dann nichts im Wege, wenn der hier auftretende Interessenkonflikt dem bei der Presse entspricht und nur durch die Zubilligung eines Entgegnungsanspruches gelöst werden kann.

a) Der Film als Massenkommunikationsmittel findet eine Verbreitung, die der von Presse und Funk durchaus vergleichbar ist. Die Wirksamkeit des Films erhöht sich sogar noch dadurch, daß er in der Regel eine längere Lebensdauer hat als die schnellebigen Mitteilungen der Tagespresse oder des Rundfunks. Der durch eine Filmaufführung Betroffene ist also um nichts weniger schutzwürdig als der durch eine Pressemitteilung Betroffene[29].

b) Während bei Presse, Hörfunk und Fernsehen durch den Grundsatz der „Parallelität" zwischen Entgegnung und beanstandeter Mitteilung in der Regel derselbe Leser- bzw. Hörer- und Zuschauerkreis erreicht werden kann und soll, ist das bei einem schon aufgeführten Film nicht mehr möglich. Die Zuschauer, die den Film einmal gesehen haben, belassen es in der Regel dabei. Mit der Entgegnung kann also niemals dasselbe Publikum angesprochen werden, das den beanstandeten Film gesehen hatte. Bei Presse und Rundfunk wird dagegen mit dem Grundsatz der Parallelität die Identität des angesprochenen Publikums angestrebt und im wesentlichen auch erreicht. *Thies*[30] lehnt daher eine Erstreckung des Entgegnungsanspruchs auf den Film ab. Ihre Begründung erscheint zunächst nicht widerlegbar.

---

[24] NJW 1950, 761; 1961, 97.

[25] NJW 1963, 792.

[26] WRP 1961, 340.

[27] S. 117 ff.

[28] GRUR 1961, 21.

[29] Ebenso *Thies*, a.a.O.

[30] a.a.O.

Die Zubilligung eines Entgegnungsanspruchs ohne den Nachweis einer Rechtsverletzung ist, wie dargelegt, nur deswegen gerechtfertigt, weil der einzelne durch die Massenkommunikationsmittel besonders gefährdet ist und die Möglichkeit besteht, *dasselbe* Publikum sofort erneut anzusprechen, um die Erstmitteilung abzuschwächen. Das rechtfertigt den Entgegnungsanspruch als vorläufigen Interessenausgleich. Die endgültige Klärung kann nur in einem Widerrufsverfahren herbeigeführt werden. Bei der Aufführung eines Films kann jedoch dasselbe Publikum, das den Film bereits gesehen hat, nicht mehr erreicht werden durch eine dem Film für die Zukunft beigefügte Entgegnung. Das gilt auch für die Wochenschau. Es wird zwar jede Woche eine neue aufgeführt. Man könnte daher daran denken, eine Entgegnung für die nächstfolgende Wochenschau zuzulassen. Doch ist diese in aller Regel an einen anderen Film gekoppelt, so daß wiederum auch nicht annähernd die Gewähr dafür besteht, daß die Entgegnung dasselbe Publikum anspricht. Es erscheint daher ein Entgegnungsrecht als Vorstufe eines Widerrufsanspruchs beim Film aus denselben Gründen auszuscheiden, aus denen man bisher das Entgegnungsrecht bei der nichtperiodischen Presse abgelehnt hat[31].

c) Diese Betrachtungsweise ist jedoch zu einseitig. Sie läßt unberücksichtigt, daß der Film immer wieder vor neuem Publikum aufgeführt wird. Könnte der Betroffene seine Behauptungen beweisen, dann stünde ihm dagegen die (vorbeugende) Unterlassungsklage zu, die man wie den Widerruf auf die §§ 12, 862, 1004 BGB stützt. Man denke etwa an die Verfilmung der Ereignisse um den 20. Juli 1944. Ist darin eine noch heute lebende Person falsch dargestellt, so kann sie verlangen, daß die beanstandeten Stellen geschnitten werden. Soll in diesem Fall die betroffene Person, solange sie ihre Behauptungen nicht bewiesen hat, mit ansehen müssen, wie der Film fortwährend aufgeführt wird? Soll andererseits die Filmgesellschaft wegen einer u. U. kurzen Passage eine einstweilige Verfügung befürchten müssen, die die Aufführung des ganzen Films verhindert?

Hier bietet sich der Entgegnungsanspruch als gerechteste Lösung des Interessenkonflikts an: Den weiteren Aufführungen wird in einem kurzen Vorspann eine Gegendarstellung des Betroffenen vorgeschaltet, die besagt, daß dieser mit einer bestimmten Stelle nicht einverstanden ist. Die Gegendarstellung braucht hier nicht die gleiche Länge wie die beanstandete Szene zu haben. Dieses Erfordernis beim presserechtlichen Entgegnungsanspruch sollte dort gewährleisten, daß die Leser auf die Entgegnung aufmerksam werden und diese nicht im Kleindruck irgendwo angehängt und von den Lesern einfach übersehen wird. Bei einer Entgegnung, die dem Film einfach vorgeschaltet ist, besteht ohne-

[31] *Löffler*, Presserecht, Rdnr. 39 zu § 11 RPresseG.

hin die Gewähr, daß das Publikum von ihr Kenntnis nimmt. Mit dieser Lösung wird die vom Betroffenen behauptete Beeinträchtigung so gering wie möglich gehalten; andererseits braucht ein Film nicht verstümmelt oder ganz zurückgehalten zu werden, solange nicht geklärt ist, ob der Betroffene tatsächlich im Recht ist. Es werden also auch die Interessen der Filmhersteller gewahrt. Der Betroffene könnte, billigt man ihm ein Entgegnungsrecht nicht zu, durch einstweilige Verfügung (Glaubhaftmachung einer Persönlichkeitsverletzung durch verfälschte Darstellung, §§ 940, 936, 920 ZPO) die Aufführung des gesamten Films in Frage stellen, obwohl die Herstellungskosten erheblich sind, die beanstandete Stelle dagegen u. U. nur sehr kurz ist. Durch die Veröffentlichung einer Gegendarstellung in einem Vorspann entfällt diese Möglichkeit, denn § 940 ZPO erklärt einstweilige Verfügungen nur dann für zulässig, wenn sie zur Abwendung wesentlicher Nachteile nötig erscheinen. Da der Entgegnungsanspruch selbst einen vorläufigen Interessenausgleich anstrebt, sind die Nachteile des Betroffenen ohnehin so klein wie möglich gehalten. Einer einstweiligen Verfügung wird also eine Zulässigkeitsvoraussetzung genommen, wenn diese nicht mehr notwendig ist[32]. Macht der Betroffene in diesen Fällen von seinem Entgegnungsrecht allerdings keinen Gebrauch, so kann er mit dem Antrag auf einstweilige Verfügung dennoch durchdringen. Der Filmhersteller könnte die einstweilige Verfügung aber wohl dadurch zu Fall bringen, daß er von sich aus dem Film eine Erklärung voranstellt und darauf aufmerksam macht, daß sich der Betroffene gegen eine bestimmte Stelle wendet, der Vorgang jedoch noch nicht geklärt ist.

Wendet sich der Betroffene allerdings gegen den Film als ganzen, so dürfte das Entgegnungsrecht als vorläufiger Interessenausgleich wenig geeignet sein. Die Gefährdung der Persönlichkeit ist hier wohl so stark, daß die Aufführung des gesamten Films unterbleiben muß. Auch wird sich ein Filmhersteller wohl kaum bereit erklären, dem Film eine Gegendarstellung von erheblicher Länge voranzustellen.

Für kurze Stellen dagegen erscheint der Entgegnungsanspruch als gerechteste Lösung des Interessenkonflikts. Dieser Entgegnungsanspruch, der künftigen Aufführungen des Films vorbeugen soll, kann als Vorstufe zum vorbeugenden Unterlassungsanspruch aufgefaßt werden. Wenn der Betroffene also behauptet, ihm stünde ein vorbeugender Unterlassungsanspruch zu, so kann er, solange der Sachverhalt nicht geklärt ist, einstweilen verlangen, daß der Film nur mit einer Entgegnung von ihm aufgeführt wird. Seine Rechtfertigung erhält dieser Anspruch, der nur abhängig ist von einer behaupteten Rechtsverletzung, aus der großen Gefahr des Massenmediums Film für den einzelnen. Eine

---

[32] *Thomas-Putzo*, Anm. 3 zu § 940 ZPO.

analoge Anwendung der presserechtlichen Vorschriften erscheint also insoweit möglich.

d) Damit erweist sich das Entgegnungsrecht nicht nur als geeignetes Mittel, bereits veröffentlichten Behauptungen möglichst schnell entgegenzutreten (Vorstufe zum Widerrufsanspruch); es ist ferner dazu geeignet, künftige Veröffentlichungen dadurch abzumildern, daß sie nur zusammen mit einer Stellungnahme des Betroffenen in die Öffentlichkeit gelangen (Vorstufe zum vorbeugenden Unterlassungsanspruch). Das Entgegnungsrecht stellt sich damit als ein Anspruch dar, der ohne Nachweis einer Rechtsverletzung in allen Fällen gegeben ist, in denen bei nachgewiesener Rechtsverletzung ein Abwehranspruch bestehen würde (wiederherstellender oder vorbeugender Unterlassungsanspruch), in denen jedoch wegen der besonderen Gefährlichkeit der Behauptung für den Betroffenen der Rechtsschutz vorverlegt und ein einstweiliger Interessenausgleich gefunden werden muß.

4. Die nichtperiodische Presse

Bei der nichtperiodischen Presse wurde ein Entgegnungsrecht bisher für unmöglich gehalten. Das ist leicht erklärlich. Man hat den Entgegnungsanspruch nur als Anspruch gegen bereits veröffentlichte Behauptungen gekannt und argumentiert, es sei unmöglich, einem bereits verkauften Buch ein Entgegnungsblatt nachfolgen zu lassen[33] oder auf eine mögliche Zweitauflage des Buches zu warten[34]. Dabei wird jedoch übersehen, daß das Entgegnungsrecht auch als „vorbeugender Schutz" gegen die Behauptungen in den noch nicht verkauften Exemplaren dienen kann. Die Interessenlage entspricht hier der beim Film. Auf die obigen Ausführungen kann daher Bezug genommen werden.

Eine analoge Anwendung der entgegnungsrechtlichen Vorschriften ist also bei der nichtperiodischen Presse, ähnlich wie beim Film, nur so lange zulässig, als es der Verleger in der Hand hat, dem Buch noch ein Entgegnungsblatt beizufügen oder die Entgegnung ins Vorwort aufzunehmen[35]. Ist das Buch jedoch bereits unter das Publikum gelangt, so entfällt der Entgegnungsanspruch, weil der Verleger dasselbe Publikum, das die Bücher gekauft hat, nicht mehr erreichen kann. Nur bei der periodischen Presse und bei Hör- und Fernsehfunk, wo dasselbe Publikum immer wieder angesprochen wird, ist es möglich, dasselbe Publikum auch dann noch zu erreichen, wenn die beanstandete Behauptung bereits verbreitet wurde.

---

[33] *Greiff,* NJW 1961, 97 ff. (98).

[34] *Löffler,* Presserecht, Rdnr. 39 zu § 11 RPresseG.

[35] Auf diese Möglichkeiten weisen *Andenaes,* Ufita 30 (1960), 43, und der Entwurf des Persönlichkeits- und Ehrenschutzgesetzes, Ufita 29 (1959), 84, hin.

III. Allgemeines, privatrechtliches Entgegnungsrecht

1. Seine Vertreter

Es bleibt nun zu untersuchen, ob das Entgegnungsrecht als vorläufiger Persönlichkeitsschutz nur gegenüber den Massenmedien besteht[36] oder ob es zu einem allgemeinen, privatrechtlichen Entgegnungsrecht erweitert werden kann gegenüber „jedermann, der öffentlich eine Behauptung tatsächlicher Art aufstellt oder verbreitet, die geeignet ist, einen anderen in seiner Persönlichkeit zu verletzen". Ein solches Entgegnungsrecht fordert vor allem *Nipperdey*[37] im Anschluß an die Regelung, die § 20 des Gesetzentwurfs zur Neuordnung des zivilrechtlichen Persönlichkeits- und Ehrenschutzes vorsieht. Die Verpflichtung soll sich darauf erstrecken, eine Entgegnung des Betroffenen auf dessen Verlangen „in gleicher oder, wenn dies nicht möglich oder tunlich ist, in sonst geeigneter Weise wie die von ihm aufgestellte oder verbreitete Behauptung zu veröffentlichen"; die Pflicht soll neben den Massenpublikationsmitteln wie periodische Presse, Rundfunk und Film auch den Verfasser und den Verleger eines Buches oder den Redner in einer öffentlichen Versammlung treffen[38]. Im letzteren Fall schlägt der Entwurf vor, daß dem Angegriffenen, wenn er anwesend ist, das Wort zu einer Gegenerklärung erteilt wird; ist er nicht anwesend, so soll eine Veröffentlichung der Entgegnung durch die Presse oder ähnliches in Betracht kommen[39]. Die Kosten dafür soll grundsätzlich der Verpflichtete zu tragen haben. Falls sich die Entgegnung jedoch nachträglich als unrichtig herausstellt, soll er von dem Berechtigten den Ersatz der durch die Veröffentlichung notwendigen Auslagen verlangen können (§ 20 Abs. 5 des Gesetzentwurfs).

Für dieses in § 20 des Entwurfs vorgeschlagene Entgegnungsrecht haben sich neben *Nipperdey* vor allem *Erdsiek*[40], *Klingsporn*[41], *Koebel*[42], *Reinhardt*[43] und *Weitnauer*[44] ausgesprochen, während besonders *Löff-*

---

[36] So im Ergebnis *Greiff*, NJW 1961, 97 ff.; *Koebel*, NJW 1963, 792; *Scholz*, WRP 1961, 340; *Thies*, S. 114 ff., jedoch jeweils nur insoweit behandelt, als dasselbe Publikum erreicht werden kann, also bei der periodischen Presse und bei Hör- und Fernsehfunk.

[37] Ufita 30 (1960), 28.

[38] Begründung zum Persönlichkeits- und Ehrenschutzgesetzentwurf, Ufita 29 (1959), 83.

[39] Begründung, a.a.O., S. 84.

[40] Ufita 29 (1959), 8, 10.

[41] S. 5.

[42] JZ 1959, 516.

[43] Persönlichkeitsschutz und Meinungsfreiheit, 1961, S. 8 ff.

[44] NJW 1959, 317 f. und DB 1959, 47 f.

ler[45] und *Greiff*[46] ein allgemeines Entgegnungsrecht als unbrauchbar ablehnen und *Schüle*[47] § 20 des Entwurfs für verfassungswidrig erklärt, weil dem Bund die Gesetzeskompetenz für eine solche Regelung fehle.

2. *Kritik*

Daß ein allgemeines, privatrechtliches Entgegnungsrecht im wesentlichen gegen die Massenpublikationsmittel Presse und Rundfunk gerichtet ist, geben auch seine Befürworter zu. Sie meinen jedoch, daß daneben genügend Fälle verbleiben, die eine Verallgemeinerung rechtfertigen, während die Gegenmeinung dies für unrichtig hält.

a) Praktikabilität eines allgemeinen Entgegnungsrechts

Die analoge Anwendung des presserechtlichen Entgegnungsrechts auf die übrigen Massenmedien, auch den Film und die nichtperiodische Presse, wurde bereits oben befürwortet. Es bleiben also nur die Fälle zu untersuchen, in denen sich der Anspruch nicht gegen ein Massenpublikationsmittel richtet. Als Beispiel möge der Fall dienen, daß über den Betroffenen in einer öffentlichen Versammlung eine angeblich unwahre Behauptung aufgestellt wird.

Ist der Betroffene in der Versammlung selbst anwesend, so könnte das Entgegnungsrecht den Anspruch beinhalten, daß ihm zu seiner Gegenerklärung ebenfalls das Wort erteilt wird. Überläßt man ihm das Mikrophon freiwillig, so ergeben sich keine Schwierigkeiten. Im Falle der Weigerung jedoch wird der Betroffene seinen Anspruch, vor demselben Publikum zu Wort zu kommen, wohl nie verwirklichen können. Eine Versammlung kann nachträglich, wenn der Richter über den Anspruch entschieden hat, nicht nochmals einberufen werden, damit der Betroffene seine Erklärung abgeben kann. Es erscheint daher in der Tat wenig sinnvoll, dem Betroffenen einen Anspruch zuzubilligen, der sich nur verwirklichen läßt, wenn der Verpflichtete sich freiwillig dazu bereit erklärt. Ein Anspruch soll ja gerade dann helfen, wenn es zu Streit gekommen ist.

Aus diesen Erwägungen heraus und für den Fall, daß der Betroffene in der Versammlung nicht anwesend ist, sieht § 20 des Entwurfs vor, daß die Entgegnung dann „in sonst geeigneter Weise" zu veröffentlichen ist. In Frage käme hier wohl hauptsächlich eine Veröffentlichung in der

---

[45] NJW 1959, 5 f. und Ufita 30 (1960), 80.
[46] NJW 1961, 97 ff.
[47] *Schüle-Huber*, S. 54 ff.

Presse[48]. Damit wird das Entgegnungsrecht in einem Sinn erweitert, der ihm bisher fremd gewesen ist, worauf *Greiff*[49] mit Recht hinweist.

Das Gesetz hat den Massenmedien die Pflicht zur Veröffentlichung einer Gegendarstellung deshalb auferlegt, weil sie hinsichtlich ihres Publikums, das von der beanstandeten Behauptung Kenntnis erhielt, praktisch eine Monopolstellung innehaben[50]. Der einzige Weg, dieses Publikum erneut anzusprechen, führt über diese Publikationsmittel selbst.

In § 20 des Entwurfs ist diese Ausgangslage aufgegeben. Wenn der Leiter einer Versammlung oder ein Redner verpflichtet sein sollen, eine Gegendarstellung des Betroffenen in der Presse zu veröffentlichen, so wird dadurch dasselbe Publikum, das an der Versammlung teilnimmt, nicht erreicht. In aller Regel werden sogar weit mehr Leute angesprochen. Nun sagt die Begründung des Entwurfs[51] selbst, daß dann, wenn dasselbe Publikum nicht oder nur sehr schwer zu erreichen ist, der Entgegnungsanspruch entfallen soll. Den Redner oder Versammlungsleiter kann also schon deshalb keine Pflicht zur Veröffentlichung der Gegendarstellung in der Presse treffen. Eine „sonst geeignete Veröffentlichungsart", mit der (nur) dasselbe Publikum angesprochen werden kann, ist jedoch nicht denkbar.

Auch aus anderen Gründen wird man eine solche Veröffentlichungspflicht eines Versammlungsredners verneinen müssen. Wenn schon die Gegendarstellung den in der Versammlung Anwesenden nur dadurch bekannt gemacht werden kann, daß sie über die Presse einem größeren Publikum mitgeteilt wird, so muß man sich fragen, warum gerade der Versammlungsredner diese Pflicht zur Veröffentlichung haben soll. Schließlich könnte auch der Betroffene seine Gegendarstellung der Presse zum Abdruck übergeben. Der Weg zur Presse steht beiden in gleichem Umfang offen. Zwar hat der Versammlungsredner die beanstandete Behauptung öffentlich aufgestellt, doch rechtfertigt dieser Umstand allein nicht, ihn zur Veröffentlichung der Gegendarstellung des Betroffenen zu zwingen, denn bisher ist noch keineswegs geklärt, ob seine Behauptung wirklich unwahr gewesen ist. Eine Rechtspflicht kann jedoch grundsätzlich nur aus einem rechtswidrigen Tun entspringen, wenn nicht ausnahmsweise die besonderen Umstände die Auferlegung einer Pflicht auch ohne Feststellung der Rechtswidrigkeit erlauben. Die Pflicht der Massenmedien zur Veröffentlichung der Gegendarstellung

---

[48] So ausdrücklich die Begründung des Gesetzentwurfs, Ufita 29 (1959), 84.

[49] NJW 1961, 98 f.

[50] Insoweit richtig *Mannheim*, S. 23, und *Löffler*, Presserecht, Rdnr. 12 zu § 11 RPresseG, die allerdings daraus zu Unrecht herleiten, daß das Entgegnungsrecht ein Unterfall des Kontrahierungszwangs und damit ein vertraglicher Anspruch sei.

[51] Ufita 29 (1959), 85.

rechtfertigt sich dadurch, daß der *einzige* Weg für den Betroffenen, mit seiner Gegendarstellung dasselbe Publikum zu erreichen, über diese Massenpublikationsmittel selbst führt. Wenn jedoch die Teilnehmer einer Versammlung nur noch über die (hier unbeteiligte) Presse zu erreichen sind, so steht dieser Weg dem Betroffenen und dem Versammlungsredner gleichermaßen offen. Und solange nicht geklärt ist, daß der letztere die Unwahrheit gesagt hat, kann man ihm die Veröffentlichungspflicht nicht auferlegen. Das ist nur dort angebracht, wo der einzige Weg zu demselben Publikum über den Verpflichteten selbst führt, also nur bei den Massenpublikationsmitteln.

Man könnte jedoch der Ansicht sein, diese Lösung sei deshalb unbillig, weil den Betroffenen zunächst die Kostenlast für die Veröffentlichung trifft. Das ist jedoch nicht richtig. Erweist sich die beanstandete Behauptung, die an sich zu einer Verletzung des Persönlichkeitsrechts auf Identität geeignet gewesen wäre, nachträglich als wahr, so ist es nicht mehr als recht und billig, wenn der Betroffene die Kosten der Veröffentlichung seiner Gegendarstellung selbst zu tragen hat. Stellt sich dagegen die Unwahrheit der Behauptung heraus, dann liegt eine Persönlichkeitsverletzung vor, die zum Schadensersatz und damit zum Ersatz der durch die Veröffentlichung entstandenen notwendigen Kosten verpflichtet. Die Veröffentlichung hat den eingetretenen Schadensverlauf unterbrochen oder doch zumindest günstig beeinflußt[52]. Der Betroffene ist also dadurch, daß man ihm den Anspruch gegen den Redner auf Veröffentlichung der Gegendarstellung versagt, keineswegs schutzlos. Er hat hier selbst die Möglichkeit der Schadensminderung durch Verbreitung seiner Gegendarstellung.

Ein weiteres Argument spricht ebenfalls gegen eine Verallgemeinerung des Entgegnungsanspruchs, wie sie § 20 des Entwurfs vorsieht. Wie soll etwa ein Versammlungsredner, der verpflichtet ist, eine Entgegnung in „sonst geeigneter Weise" zu veröffentlichen, dieser Verpflichtung nachkommen, wenn weder Presse noch Rundfunk sich dazu bereiterklären? Es besteht keine Möglichkeit, sie zu einer solchen Veröffentlichung zu zwingen. Die vom Entwurf vorgeschlagene Verallgemeinerung scheitert also auch daran, daß ein Massenkommunikationsmittel eben nur dann zum Abdruck einer Entgegnung verpflichtet werden kann, wenn die beanstandete Äußerung von ihm selbst verbreitet wurde.

Aus den dargelegten Gründen erscheint die Ausdehnung des presserechtlichen Entgegnungsrechts, das einen Anspruch auf Veröffentlichung einer Gegendarstellung gegen denjenigen gewährt, der die beanstandete Behauptung aufgestellt hat, nur auf die übrigen Massenmedien ange-

---

[52] Auf diese Wirkung der Veröffentlichung der Gegendarstellung weist auch die Begründung des Gesetzentwurfs zum Persönlichkeits- und Ehrenschutze hin, Ufita 29 (1959), 84.

bracht, nicht jedoch auf jedermann, der in der Öffentlichkeit eine Behauptung aufstellt[53]. Das Entgegnungsrecht ist also ein Rechtsinstitut, das dem Rechtsgebiet der Massenmedien angehört[54].

b) Verfassungsrechtliche Fragen

Gegen § 20 des Gesetzentwurfs zum Persönlichkeits- und Ehrenschutz hat man verfassungsrechtliche Bedenken erhoben, weil dem Bund zur Regelung dieses Rechtsinstituts die Gesetzgebungskompetenz fehle. Es handele sich hier um eine presserechtliche Vorschrift, für die dem Bund nur die Rahmengesetzgebungskompetenz nach Art. 75 Nr. 2 GG zustehe[55]. Die Befürworter des Entwurfs dagegen halten das Entgegnungsrecht des § 20 des Entwurfs für einen privatrechtlichen Anspruch, der zwar den presserechtlichen Entgegnungsanspruch mitumfasse, aber allgemeiner Natur sei, so daß der Bund ihn nach Art. 74 Nr. 1 GG regeln dürfe[56].

Wie dargelegt, ist eine Erweiterung des im Presserecht entstandenen Entgegnungsrechts nur auf die übrigen Massenpublikationsmittel angebracht. Dieses Rechtsinstitut rechtfertigt sich nur aus der Besonderheit der Massenmedien, gehört daher verfassungsrechtlich zu den Rechtsgebieten, die diese Publikationsmittel regeln, also zum Presserecht, zum Film- und Rundfunkrecht.

Für die Schöpfung eines „allgemeinen Entgegnungsrechts", wie es § 20 des Gesetzentwurfs zum Persönlichkeits- und Ehrenschutz vorsieht, dürfte der Bund kaum zuständig sein[57], weil das Entgegnungsrecht seine Rechtfertigung aus der Besonderheit des Persönlichkeitsschutzes gegenüber den Massenkommunikationsmitteln empfängt[58]. Es hat den Anschein, als ob die Ausarbeitung des § 20 dieses Entwurfs nur erfolgte, weil damals (im Jahre 1959) in Deutschland die zivilrechtliche Natur des presserechtlichen Entgegnungsrechts zweifelhaft war — der BGH bekannte sich erst im Jahre 1963 dazu[59], also ein Bedürfnis nach einer einheitlichen Regelung bestand. Der Umweg über ein scheinbar „allgemei-

---

[53] Wird allerdings z. B. eine Versammlungsrede in der Presse wiedergegeben oder durch Rundfunk oder Fernsehen übertragen, so besteht das Entgegnungsrecht selbstverständlich gegenüber diesem Massenpublikationsmittel, da dieses ebenfalls die Behauptung verbreitet, vgl. dazu oben § 6 II 2 a.

[54] Für Frankreich schlägt *Biolley*, S. 156 ff., ebenfalls nur eine Ausdehnung auf die übrigen Massenkommunikationsmittel vor.

[55] z. B. *Löffler*, Ufita 30 (1960), 80.

[56] Vor allem *Erdsiek*, Ufita 29 (1959), 10; Begründung des Entwurfs, Ufita 29 (1959), 83.

[57] Einzelheiten zur gesetzgeberischen Zuständigkeit beim Entgegnungsrecht werden bei seiner verfassungsrechtlichen Einordnung behandelt (unten § 11 I 1).

[58] Insoweit übereinstimmend *Schüle* in *Schüle-Huber*, S. 59.

[59] Vgl. im einzelnen oben § 8 II.

nes" Entgegnungsrecht hätte wenigstens auf dem Gebiete des Entgegnungsrechts eine einheitliche Regelung gebracht, nachdem eine bundeseinheitliche Regelung über ein Bundesrahmengesetz wenig Aussicht auf Erfolg hatte. Das scheinbar „allgemeine" Entgegnungsrecht des § 20 des Entwurfs wäre ohnehin nur bei den Massenmedien aktuell geworden[60].

c) Der Anspruch auf Abdruck der Gegendarstellung durch den, der die beanstandete Behauptung verbreitet hat, ist also nur gegeben, wenn die Behauptung in einem Massenkommunikationsmittel veröffentlicht wurde. Nur dann ist die Gefährdung der Persönlichkeit groß genug, um den Persönlichkeitsschutz vor die Feststellung der Unwahrheit und damit der Rechtswidrigkeit der Behauptung vorzuverlegen. Nur dann ist der Abdrucksanspruch das einzige Mittel, um einen gerechten, einstweiligen Interessenausgleich herbeizuführen. Es erscheint daher nicht nur eine weitere analoge Anwendung nicht möglich; nach der Interessenlage wäre eine solche Regelung auch kraft Gesetzes nicht erforderlich, weil dem Betroffenen andere Wege selbst zur Verfügung stehen.

§ 11: Die Einordnung ins Rechtssystem

I. Verfassungsrechtlich

1. Gesetzgebungskompetenz

Das Entgegnungsrecht ist ein Anspruch, der die Persönlichkeit vor den Gefahren der Massenmedien schützen soll. Für die Frage, welchem Rechtsgebiet es im Sinne der grundgesetzlichen Kompetenzverteilung zuzuordnen ist, bieten sich daher zwei Möglichkeiten an. Als dem Persönlichkeitsschutz dienender Anspruch könnte er zum „bürgerlichen Recht" im Sinne des Art. 74 Nr. 1 GG gehören; als Anspruch, der wegen der Besonderheit der Massenmedien gewährt wird, wäre es denkbar, ihn zum Presse-, bzw. Film- und Rundfunkrecht zu rechnen. Im ersteren Fall könnte der Bund eine bundeseinheitliche Regelung treffen, was vom Ergebnis her wegen der durch die verschiedenen Regelungen bestehenden Rechtsunsicherheit nur zu wünschen wäre; im anderen Fall könnte der Bund, soweit es um den presserechtlichen und den filmrechtlichen Entgegnungsanspruch geht, nur eine Rahmenvorschrift erlassen (Art. 75 Nr. 2 GG); auf dem Gebiet des Rundfunkrechts schließlich fehlt dem Bund insoweit nach Art. 70 ff. GG jegliche Gesetzgebungskompetenz. Das Post- und Fernmeldewesen i. S. v. Art. 73 Nr. 7 GG umfaßt

---

[60] Ähnlich *Löffler*, Ufita 30 (1960), 80.

nur den sendetechnischen Bereich des Rundfunks, gibt dem Bund jedoch nicht die Befugnis, Vorschriften in bezug auf Sendungen zu erlassen[1].

Schon bei den Ausführungen zu § 20 des Entwurfs eines Persönlichkeits- und Ehrenschutzgesetzes wurden diese kompetenzrechtlichen Abgrenzungsfragen gestreift[2]. Nach der Rechtsprechung des BVerfG zu diesen Problemen kann es nicht zweifelhaft sein, daß der presserechtliche Entgegnungsanspruch kompetenzrechtlich zum „Presserecht" und nicht zum „bürgerlichen Recht" gehört, auch wenn er als privatrechtlicher Anspruch vor den Zivilgerichten eingeklagt werden muß[3]. So hat das BVerfG[4] entschieden, daß zum Presserecht nicht nur die die Presse unmittelbar betreffenden Normen gehören, sondern auch solche Vorschriften, die an sich einem anderen Rechtsgebiet zugeordnet werden müßten, jedoch wegen der Besonderheiten der Presse eine eigene Regelung erfordern[5]. Die besondere Regelung der Verjährung der Pressedelikte gehört nach dem BVerfG ausdrücklich nicht zum Gebiet des Strafrechts oder des Strafprozeßrechts, sondern zum Gebiet der allgemeinen Rechtsverhältnisse der Presse.

Das Entgegnungsrecht als vor die Feststellung der Rechtswidrigkeit vorverlegter Persönlichkeitsschutz rechtfertigt sich ebenfalls nur aus der besonderen Situation der Massenmedien, die dem einzelnen übermächtig gegenüberstehen. Es gehört deshalb im Sinne der grundgesetzlichen Kompetenzverteilung nicht zum bürgerlichen Recht oder zum Verfahrensrecht, sondern zum Presse- bzw. Film- und Rundfunkrecht. Der BGH hat sich in seiner neuesten Entscheidung zum presserechtlichen Entgegnungsrecht ebenfalls auf diesen Standpunkt gestellt und ausdrücklich erklärt, § 11 Abs. 4 BadWürttPresseG, der die Durchsetzbarkeit des Anspruchs im Zivilrechtsweg, und zwar auch im Verfahren der einstweiligen Verfügung, anordnet, enthalte keinen unzulässigen Eingriff des Landesgesetzgebers in die Gesetzgebungszuständigkeit des Bundes[6].

Bedauerlicherweise hat das GG die drei Massenmedien Presse, Film und Rundfunk zwar im Rahmen des Art. 5 GG gleichgestellt, nicht aber in den Art. 70 ff. GG. Für das Entgegnungsrecht besteht deshalb keine einheitliche Gesetzgebungskompetenz. Nur für Presse und Film, nicht jedoch für den Rundfunk kann der Bund Rahmenvorschriften erlassen.

---

[1] BVerfGE 12, 205 ff. (225 ff.): Fernsehurteil.

[2] Vgl. im einzelnen oben § 10 III 2 b.

[3] Ebenso vor allem *Schüle* in *Schüle-Huber*, S. 59; BGH NJW 1965, 1230.

[4] BVerfGE 7, 29 ff.

[5] Vgl. dazu im einzelnen auch *Rebmann-Ott-Storz*, Einl. Rdnr. 13 ff.

[6] BGH NJW 1965, 1230, aber nur für den presserechtlichen Anspruch. Für das presse- und filmrechtliche Entgegnungsrecht übereinstimmend *Schüle* in *Schüle-Huber*, S. 59 bzw. 61, der die Frage hinsichtlich des Rundfunkrechts im Rahmen seiner Arbeit als zu umstritten offen gelassen hat (S. 62).

Wegen der Verbreitung der Massenmedien über die gesamte Bundesrepublik wäre im Interesse der Rechtseinheit eine einheitliche Behandlung der Massenmedien durchaus erstrebenswert. Auf dem Gebiet des Presserechts haben die Länder zu dieser Einheit dadurch beigetragen, daß sie einen Modellentwurf für ein LPresseG ausgearbeitet haben, dem bereits die meisten Länder im Wesentlichen gefolgt sind[7]. Eine entsprechende Einigung der Länder auf dem Gebiet des Rundfunkrechts wäre ebenfalls wünschenswert.

2. Vereinbarkeit mit Art. 5 GG

In Deutschland hat bisher noch niemand ernstlich daran gedacht, das Entgegnungsrecht als Einbruch in den Wesensgehalt der Pressefreiheit zu bezeichnen und damit für verfassungswidrig zu erklären. Soweit man diese Frage überhaupt angeschnitten hat, wurde die Vereinbarkeit mit der Pressefreiheit durchwegs bejaht[8].

Im angelsächsischen Rechtskreis jedoch wird das Entgegnungsrecht vielfach als unzulässige Einschränkung der Pressefreiheit verstanden[9]. In der Schweiz hat sich erst in neuerer Zeit *Schumacher*[10] einer Minderheit der schweizerischen Lehre angeschlossen, die das Entgegnungsrecht als unzulässigen Eingriff in die Pressefreiheit ablehnt, weil eine Ungleichbehandlung der Presse vorliege, der eine Pflicht auferlegt werde, die ohne Rechtsverletzung entstehe, ihr ein Teil des Zeitungsraumes ohne Gegenleistung entzogen werde und man sie zur Äußerung einer Meinung zwingt, die sie gar nicht teile.

Bei der Pressefreiheit hat man zwischen dem jedermann, also auch der Presse, zustehenden Grundrecht der freien Meinungsäußerung und der Informationsfreiheit, der sog. materiellen Pressefreiheit (Art. 5 Abs. 1 S. 1 GG) einerseits, und der Garantie der Institution Presse (Art. 5 Abs. 2 S. 2 GG) andererseits zu unterscheiden. Grundrecht und Institutsgarantie bestehen nebeneinander[11]. Ein etwaiger Verstoß des

---

[7] Vgl. im einzelnen oben § 3.

[8] *Gross*, NJW 1963, 480; *Löffler*, Presserecht, Rdnr. 11 zu § 11 RPresseG; früher schon *Oetker*, SeuffBl. 77 (1912), 206 Fußn. 8; *Kraehling*, S. 42, die das Entgegnungsrecht als notwendiges Korrektiv zur Pressefreiheit ansehen: „Eine der Beschränkung der Berichtigungspflicht entbehrende Preßfreiheit wäre ... eine mit dem Gemeininteresse nicht vereinbare Überspannung verfassungsmäßiger Freiheit" (Kraehling, S. 43).

[9] *Hébarre* auf der 11. Arbeitstagung des Studienkreises für Presserecht und Pressefreiheit, bei *Löffler*, NJW 1962, 905; *Biolley*, S. 10; vgl. auch *Chafee*, S. 25 f.

[10] Die Presseäußerung als Verletzung der persönlichen Verhältnisse, 1960, S. 220 f., mit Nachweisen aus der Literatur.

[11] BVerfGE 10, 118 ff.; *Dagtoglou*, Wesen und Grenzen der Pressefreiheit, 1963, S. 9 ff., mit ausführlichen Nachweisen. *Kemper*, Pressefreiheit und Polizei, 1964, S. 53, hält die Konstruktion einer institutionellen Garantie der Pressefreiheit heute für entbehrlich.

Entgegnungsrechts gegen die Pressefreiheit muß also unter beiden Gesichtspunkten untersucht werden, was nicht immer klar genug getan wird.

a) Pressefreiheit ist nicht Schrankenlosigkeit; sie besteht nur im Rahmen der allgemeinen Rechtsordnung, denn nach Art. 5 Abs. 2 GG findet die Meinungs- und Pressefreiheit vor allem in den „allgemeinen Gesetzen" ihre Schranken. Allgemeine Gesetze sind solche, die sich nicht gerade gegen das durch das Grundrecht geschützte Rechtsgut als solches richten. Zu den allgemeinen Gesetzen gehören daher auch die Pressegesetze[12]. Da das Entgegnungsrecht nun in einem „allgemeinen Gesetz" geregelt ist, könnte es an sich schon deswegen keine unzulässige Beschränkung der Pressefreiheit sein. Jedoch dürfen auch allgemeine Gesetze ein Grundrecht nicht beliebig einschränken. So darf einmal ein Grundrecht in seinem Wesensgehalt nicht angetastet werden (Art. 19 Abs. 2 GG), zum anderen hat das BVerfG[13] klargestellt, daß zwischen dem Grundrecht der Meinungs- und Pressefreiheit einerseits und den allgemeinen Gesetzen andererseits eine Wechselwirkung stattfindet. Die allgemeinen Gesetze setzen dem Wortlaut nach dem Grundrecht zwar Schranken, doch sind sie ihrerseits wieder aus der Erkenntnis der wertsetzenden Bedeutung dieses Grundrechts in ihrer Wirkung einschränkend auszulegen. Es muß also geprüft werden, ob das Entgegnungsrecht eine unzulässige Beschränkung der materiellen Pressefreiheit oder der Pressefreiheit als Institutionsgarantie bedeutet.

b) Die Gegendarstellung erscheint in der Presse mit der Unterschrift des Betroffenen, ist also als dessen Äußerung erkennbar. Die Presse wird nicht gezwungen, sich dieser Sachdarstellung anzuschließen. Es steht ihr sogar frei, der Darstellung des Betroffenen in einer Vorbemerkung ausdrücklich zu widersprechen[14]. Ein Eingriff in das auch der Presse zustehende Grundrecht der Meinungsfreiheit kann also schon deswegen nicht vorliegen[15].

c) Von größerem Gewicht ist der Vorwurf, der Presse werde ein Teil ihres Zeitungsraumes ohne Gegenleistung entzogen, obwohl eine Rechtsverletzung ihrerseits nicht vorzuliegen braucht. Wenn nur die Presse oder die anderen Massenmedien eine solche Pflicht ohne Rechtsverlet-

---

[12] h. M.; *Hamann*, Anm. B 10 zu Art. 5 GG mit Nachweisen; *Löffler*, Presserecht, Rdnr. 39 zu § 1 RPresseG; *Greiff*, NJW 1963, 1139. A. A. anscheinend *Gross*, NJW 1963, 480. Zum Begriff der „allgemeinen Gesetze" vgl. *Kemper*, a.a.O., S. 57 ff.

[13] BVerfGE 7, 198 (207 ff.); Lüth; 12, 113 (124): Schmid.

[14] Vgl. dazu oben § 7 I 2 b.

[15] *Huber* in *Schüle-Huber*, S. 132 f., der auf die Rechtsprechung des schweizerischen Bundesgerichts hinweist, das diesen Gesichtspunkt bereits im Jahre 1907 herausstellte, BGE 33 I, 299 ff. (303).

zung treffe, nicht aber jeden Staatsbürger, so liege eine unzulässige Sonderbehandlung der Massenmedien vor[16].

Bei dem dem Entgegnungsrecht zugrundeliegenden Sachverhalt stehen sich die Interessen des Betroffenen, die in Art. 1, 2 GG anerkannt sind[17], und die Interessen der Presse, die in Art. 5 GG ihren Schutz finden, gegenüber. Beide Interessen sind als Grundrechte anerkannt und an sich gleich schutzwürdig[18]. Die weite Verbreitung der Massenmedien hat jedoch eine besondere Gefährdung des einzelnen zur Folge, die es geboten erscheinen läßt, den Rechtsschutz der Persönlichkeit in diesen Fällen vorzuverlegen vor die Feststellung der Rechtswidrigkeit. Das Entgegnungsrecht erweist sich dabei als bestes und einziges Mittel zur Lösung dieses Interessenkonflikts. Im einzelnen muß hier auf das oben Ausgeführte verwiesen werden[19].

Das Entgegnungsrecht ist also eine Last, die nur die Massenmedien trifft, nicht jedermann, doch folgt dies aus der besonderen Gefährlichkeit der Massenmedien gegenüber dem einzelnen[20]. Ein Verstoß gegen Art. 5 GG liegt daher auch insoweit nicht vor.

II. Materiellrechtlich

1. Verhältnis zu Schadensersatz- und Widerrufsanspruch

Der Entgegnungsanspruch ist wie der Schadensersatz- und Widerrufsanspruch ein Mittel, um Persönlichkeitsverletzungen entgegenzuwirken. Als Beispiel diene im folgenden der Fall, daß in der Presse unwahre, kreditschädigende und ehrenrührige Behauptungen über den Betroffenen aufgestellt wurden.

a) Als am schnellsten durchsetzbares, aber auch schwächstes Verteidigungsmittel steht dem Betroffenen der Entgegnungsanspruch zu, ohne daß er die Unwahrheit der Pressemitteilung nachzuweisen braucht. Es genügt, wenn er sie behauptet[21]. Mit dem Abdruck seiner Gegendarstellung erreicht der Betroffene, daß die Meldung nicht unwidersprochen bleibt. Es bleibt jedoch offen, wer recht hat. Der Betroffene wird nicht

---

[16] So anscheinend die Begründung des Entwurfs eines Persönlichkeits- und Ehrenschutzgesetzes, Ufita 29 (1959), 83.

[17] Vgl. oben § 9 IV 6 a.

[18] BVerfGE 7, 198 ff.: Lüth; *Koebel*, JZ 1959, 277; *Erdsiek*, NJW 1962, 623 f.; *Löffler*, NJW 1959, 1 ff. und Ufita 30 (1960), 70; *Weitnauer*, NJW 1959, 314, DB 1959, 45 und vor allem Ufita 31 (1960), 69 ff.; vgl. auch *Schüle* in *Schüle-Huber*, S. 36 ff., 43.

[19] § 9 IV 6 c (5).

[20] Ebenso für Frankreich *Biolley*, S. 74 f.

[21] Vgl. oben § 9 IV 6 c (5): Insoweit konnte der Entgegnungsanspruch daher als „Vorstufe" zum Widerrufsanspruch bezeichnet werden.

rehabilitiert. Mit Recht schlägt *Baur*[22] daher vor, die umstrittene Figur des vorläufigen Widerrufs durch einstweilige Verfügung durch das Entgegnungsrecht zu ersetzen.

b) Hat der Betroffene die Unwahrheit der Pressenachricht bewiesen, liegt eine tatbestandsmäßige und rechtswidrige Persönlichkeitsverletzung vor, die ihm analog §§ 1004, 862, 12 BGB einen Anspruch auf Widerruf gibt[23], und zwar auch dann, wenn bereits eine Entgegnung veröffentlicht worden war. Die Entgegnung als subjektive Äußerung des Betroffenen beseitigt eine unwahre Presseäußerung nicht. Die Beseitigung der unwahren Pressemeldung und damit die Rehabilitierung des Betroffenen kann nur durch einen Widerruf erfolgen[24].

c) Liegt darüber hinaus noch Verschulden der Presse vor, so kann der Betroffene nach § 823 Abs. 1 BGB Schadensersatz verlangen, weil das Persönlichkeitsrecht zu den sonstigen Rechten i. S. von § 823 Abs. 1 BGB gehört[25]. Dieser Anspruch wird weder durch die Veröffentlichung einer Entgegnung noch durch die eines Widerrufs ausgeschlossen[26], doch wird durch eine solche Veröffentlichung in aller Regel der Schadensverlauf günstig beeinflußt worden sein, so daß der entstandene Schaden weit geringer sein wird als ohne eine solche Veröffentlichung. Diese Schadensminderung ist ja der Grund, warum die Rechtsordnung den Rechtsschutz nicht auf den Schadensersatzanspruch beschränkt, sondern ihn vorverlegt und einen Widerrufs- und Entgegnungsanspruch gewährt. „Schadensverhütung ist besser als Schadensvergütung", sagt ein altes Sprichwort. In Einzelfällen wäre zwar denkbar, daß nach der Veröffentlichung einer Gegendarstellung oder eines Widerrufs ein weiterer Schaden nicht mehr nachweisbar ist. Erfahrungsgemäß wird jedoch eine Gegendarstellung und ein Widerruf nicht von allen gelesen, die falsch unterrichtet wurden, so daß wohl immer „etwas hängen bleiben" wird, wie der BGH mit Recht bemerkt[27].

Da Widerruf und Entgegnung in aller Regel den Schadensverlauf günstig beeinflussen, wäre sogar daran zu denken, dem Betroffenen die

---

[22] BB 1964, 609 f.

[23] Statt aller *Enneccerus-Nipperdey*, § 101 IV 3 (S. 598) mit Nachweisen.

[24] So schon *Krückmann*, JW 1922, 592, in einer Anmerkung zu KG, a.a.O.; ferner *Klingsporn*, S. 5; OLG Koblenz ArchPRÜbers. VI (1961), 33; OLG Nürnberg MDR 1956, 165 mit Anm. von *Neumann-Duesberg;* LG Regensburg ArchPRÜbers. II (1957), 17; *Möller*, ArchPR 1962, 258; *Uhlitz*, NJW 1962, 526; a. A. *v. Gamm*, GRUR 1956, 171 f., der jedoch zu Unrecht einer Entgegnung dieselbe Wirkung zuspricht wie einem Widerruf; OLG Köln NJW 1962, 48, das zwischen Entgegnungsanspruch und negatorischen Ansprüchen nicht trennt.

[25] Heute h. M.; statt aller *Enneccerus-Nipperdey*, § 101 IV 1 (S. 596 f.) und BGHZ 35, 363: Ginseng, mit Nachweisen.

[26] BGH MDR 1963, 491 (492) = Schulze BGHZ 104 (S. 9) = NJW 1963, 904 (hier jedoch insoweit nicht abgedruckt); LG München I Schulze LGZ 43 (S. 5).

[27] BGH, a.a.O.

Pflicht aufzuerlegen, von diesen Möglichkeiten Gebrauch zu machen, um den Schaden zu mindern (§ 254 Abs. 2 BGB)[28].

2. *Verhältnis zum Unterlassungsanspruch*

Mit der vorbeugenden Unterlassungsklage können drohende Persönlichkeitsverletzungen verhindert werden, doch müßte der bevorstehende Eingriff widerrechtlich sein[29]. Bei einer drohenden Identitätsverletzung muß also die Unwahrheit der beanstandeten Äußerung nachgewiesen werden. Solange dieser Nachweis nicht gelingt, kann das Entgegnungsrecht einen vorläufigen Schutz insoweit bieten, als die beanstandete Äußerung nicht unbestritten, d. h. nur zusammen mit einer Entgegnung des Betroffenen, veröffentlicht werden darf. Vor allem beim Film und bei der nichtperiodischen Presse wird diese Form des Entgegnungsanspruchs von Bedeutung sein, weil es dort ein Entgegnungsrecht nicht gibt, wenn die Veröffentlichung bereits abgeschlossen ist[30]. Dieser Anspruch als „Vorstufe" zur vorbeugenden Unterlassungsklage ist auch bei der periodischen Presse und beim Rundfunk gegeben. Wird dem Betroffenen bekannt, daß über ihn eine Äußerung, die er für unwahr hält, verbreitet werden soll, so kann er, solange dies zeitlich noch möglich ist, durchsetzen, daß die Äußerung zusammen mit seiner Entgegnung verbreitet wird, andernfalls bleibt ihm nur der Anspruch auf Veröffentlichung seiner Entgegnung in der nächsten Ausgabe der periodischen Druckschrift bzw. der nächsten, für denselben Hörerkreis bestimmten Sendung, also der Entgegnungsanspruch als Vorstufe zum Widerrufsanspruch.

3. *Das Entgegnungsrecht als Schadensersatzanspruch (§ 823 Abs. 2 BGB)*

Von einem Teil der Rechtsprechung und der Literatur[31] werden die das Entgegnungsrecht regelnden Vorschriften der PresseG als Schutzgesetze i. S. v. § 823 Abs. 2 BGB angesehen und der Abdrucksanspruch als Schadensersatzanspruch über § 249 BGB konstruiert, wenn die Presse ihrer Abdruckspflicht schuldhaft nicht nachkommt. Diesen Weg hat man früher deshalb beschritten, weil man den Anspruch aus § 11 RPresseG für zivilrechtlich nicht durchsetzbar hielt und glaubte, über diese „Hin-

---

[28] Der BGH hat diese Frage in Schulze BGHZ 36 (S. 16): Spätheimkehrer (in BGHZ 24, 200 ff. insoweit nicht abgedruckt), offengelassen, weil keine Veranlassung zur Entscheidung bestand. Vgl. auch die Begründung des Entwurfs eines Persönlichkeits- und Ehrenschutzgesetzes, Ufita 29 (1959), 84.

[29] *Enneccerus-Nipperdey*, § 101 IV 2 (S. 597 f.); *Erman-Weitnauer*, Anm. 7a zu Anhang zu § 12, mit weiteren Nachweisen.

[30] Vgl. im einzelnen oben § 10 I 3 und 4.

[31] Vgl. die Nachweise oben unter § 8 I 5, II 2 g und 3 a, b.

tertür" den Zivilrechtsweg doch eröffnen zu können. Heute will man über diesen „Umweg" den Gerichtsstand der unerlaubten Handlung (§ 32 ZPO) für den Entgegnungsanspruch begründen. Teilweise wird jedoch der Schutzgesetzcharakter dieser Vorschriften geleugnet[32].

a) Früher hat man die Schutzgesetzeigenschaft des § 11 RPresseG deshalb verneint, weil man als geschütztes Rechtsgut die Allgemeinheit und nicht den einzelnen ansah. Sehr bald setzte sich jedoch die Ansicht durch, daß § 11 RPresseG zumindest auch die Interessen des Betroffenen schützen wolle; da dies für die Schutzgesetzeigenschaft einer Vorschrift genüge, sei § 11 RPresseG als Schutzgesetz anzusehen, bei dessen schuldhafter Verletzung Schadensersatz, also auch der Abdruck einer Entgegnung, verlangt werden könne[33]. *Neumann-Duesberg*[34] bejaht zwar den Schutzgesetzcharakter der entgegnungsrechtlichen Vorschriften, lehnt es jedoch aus rechtssystematischen Gründen ab, daß man bei schuldhafter Verletzung der Abdruckspflicht den Abdruck als Schadensersatzanspruch geltend machen könne[35]. Die presserechtlichen Vorschriften gewähren nach seiner Ansicht einen reinen Erfüllungsanspruch auf gesetzlicher Basis. Bei Nichterfüllung könne der Betroffene zwar auf Erfüllung klagen, nicht jedoch die Erfüllung als Schadensersatz geltend machen. Rechtssystematisch denkbar sei nur ein Schadensersatzanspruch wegen Nichterfüllung, einen Schadensersatzanspruch, der auf Erfüllung gehe, gäbe es jedoch nicht.

Gegen *Neumann-Duesberg* wendet sich vor allem *Wenzel*[36], der meint, Schadensersatzansprüche, die denselben Inhalt hätten wie der Erfüllungsanspruch, seien unserer Rechtsordnung keineswegs fremd. Er bringt das Beispiel, daß der Eigentümer vom Bestohlenen Rückgabe sowohl nach § 985 BGB als auch als Schadensersatz über §§ 823, 249 BGB verlangen könne.

Daß zwischen § 985 BGB und §§ 823, 249 BGB Anspruchskonkurrenz besteht, ist allgemein anerkannt[37]. Trotzdem geht der Einwand *Wenzels* fehl. Der Schadensersatzanspruch, der nach § 249 BGB auch auf Rückgabe geht, entsteht, weil der Dieb das Eigentum verletzt (§ 823 Abs. 1 BGB) oder gegen ein Strafgesetz verstoßen hat, das den Eigentümer

---

[32] BGHZ 3, 270: Constanze I; OLG Frankfurt NJW 1960, 2059; OLG Freiburg, JZ 1951, 751; OLG Düsseldorf, JW 1924, 1538; RGRK Anm. 110 zu § 823 BGB; *Achilles-Greiff*, Anm. 2 zu § 823 BGB.

[33] BayObLG NJW 1958, 1825; OLG Köln NJW 1962, 1348; *Löffler*, Presserecht, Rdnr. 132 zu § 11 RPresseG und JZ 1956, 344; *Thies*, S. 105 f.; *Uhlitz*, NJW 1962, 526; *Wenzel*, JZ 1962, 113 ff.

[34] NJW 1960, 2033 f.

[35] Ihm folgen vor allem *Scholz*, WRP 1961, 338; *Rebmann-Ott-Storz*, Rdnr. 4 vor § 11 BadWürttPresseG.

[36] JZ 1962, 113 ff.

[37] *Erman-Hefermehl*, Anm. 1 c (5) zu § 985 BGB.

schützt (§ 823 Abs. 2 i. V. m. §§ 242 ff. BGB), nicht aber, weil der Dieb gegen seine Herausgabepflicht nach § 985 BGB verstieße. § 985 BGB, den *Wenzel* hier mit § 11 RPresseG gleichstellt, ist kein Schutzgesetz. Er dient zwar, wie fast jede privatrechtliche Vorschrift, dem Schutz des einzelnen, doch zählen privatrechtliche Vorschriften nur dann zu den Schutzgesetzen, wenn daneben der Zweck einer besonderen Schutzgewährung gegen Rechtsverletzungen erkennbar ist, nicht aber, wenn sie, wie in der Regel, nur bezwecken, den Macht- und Pflichtenkreis des einzelnen zu bestimmen[38]. Deshalb ist § 985 BGB kein Schutzgesetz i. S. v. § 823 Abs. 2 BGB. Aus denselben Gründen können auch die das Entgegnungsrecht regelnden Vorschriften keine Schutzgesetze sein. Sie dienen zwar dem Schutz des Betroffenen, indem sie ihm den Anspruch auf Abdruck der Entgegnung geben; doch bezwecken sie daneben keinen weiteren Schutz gegen Rechtsverletzungen. Wenn der verantwortliche Redakteur seiner Abdruckspflicht nicht nachkommt, dann muß der Betroffene eben unmittelbar aus den entgegnungsrechtlichen Vorschriften auf Leistung klagen, nicht aber kann die Leistung über § 823 Abs. 2 BGB als Schadensersatz verlangt werden.

b) *Neumann-Duesberg*[39] kommt zu demselben Ergebnis, wenn er sagt, daß sich Erfüllungs- und Schadensersatzanspruch insoweit ausschließen. Trotzdem hält er die das Entgegnungsrecht regelnden Vorschriften für Schutzgesetze. Wenn der Betroffene also zwar den Abdruck der Entgegnung nicht als Schadensersatz verlangen kann, so sei § 823 Abs. 2 BGB in Verbindung mit den entgegnungsrechtlichen Vorschriften doch als Anspruchsgrundlage für den weiteren Schaden heranzuziehen, der durch den Nichtabdruck entstanden sei, etwa für Kreditschädigungen oder Auftragsrückgang[40]. Diese Annahme ist jedoch unrichtig, wie die folgenden Überlegungen beweisen.

Durch den Nichtabdruck einer Entgegnung entsteht kein neuer Schaden. Der Abdruck der Entgegnung ist nur geeignet, die durch die beanstandete Pressemitteilung verursachten Nachteile abzumildern. Diesen Schaden, also etwaigen Absatzrückgang oder Kreditschädigung, kann der Betroffene nach den allgemeinen Vorschriften, etwa §§ 823 Abs. 1, 824, 826 BGB, 1 UWG nur verlangen, wenn der beanstandete Text eine Rechtsverletzung enthielt.

Der Entgegnungsanspruch dagegen entsteht auch dann, wenn der beanstandete Artikel keine Rechtsverletzung enthält. Der verantwortliche Redakteur verstößt selbst dann gegen seine Abdruckspflicht nach den

---

[38] *Enneccerus-Lehmann*, § 235 I 1 b (S. 950); *Erman-Drees*, Anm. 12 a zu § 823.

[39] NJW 1960, 2033 ff.

[40] Ebenso *Scholz*, WRP 1961, 338; *Rebmann-Ott-Storz*, Rdnr. 4 vor § 11 BadWürttPresseG.

entgegnungsrechtlichen Vorschriften, wenn der Presseartikel wahr und die Entgegnung unwahr ist. Wären nun diese Vorschriften Schutzgesetze, dann könnte der Betroffene Schadensersatz über § 823 Abs. 2 BGB auch dann verlangen, wenn der beanstandete Artikel keine Rechtsverletzung enthielt, denn auch für diesen Fall verletzt der verantwortliche Redakteur seine Abdruckspflicht nach dem angeblichen „Schutzgesetz". Schadensersatz für eine Pressemeldung, die keine Rechtsverletzung enthält, ist aber unmöglich. Daraus folgt, daß die entgegnungsrechtlichen Vorschriften nur den Abdruck der Entgegnung bezwecken, nicht aber sonstige Rechtsverletzungen mitumfassen wollen. Damit sind sie aber keine Schutzgesetze im Sinne von § 823 Abs. 2 BGB. Der entstandene Schaden kann nur über die allgemeinen Vorschriften verlangt werden, also nur dann, wenn der beanstandete Artikel ein Recht des Betroffenen verletzt.

III. Prozeßrechtlich

Der presserechtliche Entgegnungsanspruch ist als privatrechtlicher Anspruch[41] im Zivilrechtsweg durchsetzbar (§ 13 GVG), ebenso der filmrechtliche Entgegnungsanspruch. Im Rundfunkrecht muß unterschieden werden, ob für den Entgegnungsanspruch der Zivilrechtsweg ausdrücklich eröffnet wird oder nicht. Schweigt das Gesetz zu dieser Frage, dann ist der Anspruch vor den Verwaltungsgerichten durchzusetzen[42]. Da die Fälle, in denen der Zivilrechtsweg eröffnet ist, weitaus überwiegen, wird im folgenden auf die damit zusammenhängenden prozessualen Fragen eingegangen.

1. Sachliche Zuständigkeit

Ob für die zivilrechtliche (Erfüllungs-)Klage auf Abdruck einer Gegendarstellung das Amtsgericht oder das Landgericht sachlich zuständig ist, hängt davon ab, ob der Entgegnungsanspruch materieller oder immaterieller Natur ist (§§ 23, 71 GVG). Sieht man in ihm ausschließlich einen immateriellen Anspruch, dann entscheiden immer die Landgerichte, über die örtliche Zuständigkeit ist ein Prorogationsvertrag unzulässig (§ 40 Abs. 2 ZPO) und damit wird auch durch eine rügelose Einlassung zur Hauptsache keine Prorogation bewirkt[43]. Ist der Entgegnungsanspruch dagegen materieller Natur, dann können auch die Amtsgerichte sachlich zuständig sein; ein rügeloses Einlassen zur Hauptsache gilt als stillschweigender Prorogationsvertrag (§ 39 ZPO).

---

[41] Vgl. oben § 9 V.

[42] Vgl. oben § 10 I 2.

[43] *Stein-Jonas*, ZPO, 18. Aufl. Anm. II zu § 40 ZPO; *Thomas-Putzo*, Anm. 1 d zu § 39.

a) Vermögensrechtliche Ansprüche sind solche, die aus einem vermögensrechtlichen Rechtsverhältnis hergeleitet werden, oder die sich zwar auf ein nichtvermögensrechtliches Verhältnis gründen, jedoch selbst eine vermögenswerte Leistung zum Gegenstand haben[44]. Der Entgegnungsanspruch ist weder auf die Erbringung einer geldwerten Leistung gerichtet, noch gründet er sich auf die Beeinträchtigung eines Vermögensrechts. Er hat lediglich die Veröffentlichung der Gegendarstellung des Betroffenen zum Ziel. Mit Recht wird daher der grundsätzliche immaterielle Charakter des Entgegnungsanspruchs allgemein anerkannt[45].

Ferner ist unstreitig, daß im Einzelfall ein an sich immaterieller Anspruch materieller Natur annehmen kann, wenn das Verlangen des Klägers überwiegend durch wirtschaftliche Interessen motiviert ist[46]. So wird der an sich nichtvermögensrechtliche Anspruch auf Widerruf ehrverletzender Behauptungen zu einem vermögensrechtlichen Anspruch, wenn er wegen der Beeinträchtigung des wirtschaftlichen Fortkommens verfolgt wird[47]; die Klage auf Festellung der Unwirksamkeit des Ausschlusses aus einem ideellen Verein ist eine vermögensrechtliche Streitigkeit, wenn der Kläger mit ihr im wesentlichen wirtschaftliche Zwecke verfolgt[48], dagegen nichtvermögensrechtlicher Art, wenn er um seines Ansehens oder seiner Ehre willen klagt[49]. Eine andere, hier aber nicht zu entscheidende Frage ist allerdings, ob es prozeßrechtlich zweckmäßig ist, die Geltendmachung ein und desselben materiellen Anspruchs je nach den im Einzelfall bezweckten Motiven einmal unter die vermögensrechtlichen, im anderen Fall unter die nichtvermögensrechtlichen Streitigkeiten einzureihen. Die von der Rechtsprechung getroffene und in der Literatur gutgeheißene Unterscheidung muß im Rahmen dieser Arbeit übernommen werden.

b) Streitig ist nun, ob auch der Entgegnungsanspruch vermögensrechtlichen Charakter annehmen kann, wenn das Verlangen des Betroffenen überwiegend durch materielle Interessen motiviert ist, etwa in dem Fall, daß über das Erzeugnis eines Unternehmers in einer Testzeitschrift falsche tatsächliche Behauptungen aufgestellt wurden und der Unternehmer mit seiner Gegendarstellung dem drohenden Absatzrückgang entgegenwirken will. Vor allem *Wenzel*[50] will in diesen Fällen die vermögensrechtliche Natur des Entgegnungsrechts im Hinblick auf die

---

[44] BGHZ 14, 72 (74) mit weiteren Nachweisen.

[45] BGH NJW 1963, 151; OLG Frankfurt NJW 1960, 2059; AG Kirchhain NJW 1955, 470; *Wenzel*, JZ 1962, 114 ff.

[46] *Baumbach-Lauterbach*, Anm. 3 der Übers. vor § 1 ZPO; *Rosenberg*, Lehrbuch des Zivilprozeßrechts, § 31 I 2 b.

[47] BGHZ 14, 72 (74).

[48] BGHZ 13, 5 (7/8).

[49] RGZ 163, 200 (202 f.).

[50] JZ 1964, 114 ff.; ähnlich *Schultz*, Die Justiz 1964, 320.

oben genannten Grundsätze der Rechtsprechung bejahen. Der BGH ist ihm jedoch nicht gefolgt; er hat das Entgegnungsrecht ausnahmslos als immateriellen Anspruch bezeichnet[51] und die für den Widerruf aufgestellten Grundsätze für nicht anwendbar erklärt, weil es beim Entgegnungsanspruch auf eine Wahrheitsprüfung nicht ankomme, wohl aber beim Anspruch auf Widerruf.

Mit dieser Argumentation ist der BGH aber einem Trugschluß erlegen. Das Erfordernis der Wahrheitsprüfung beim Widerrufsanspruch im Gegensatz zum Entgegnungsrecht kann nicht die unterschiedliche Behandlung beider Ansprüche bezüglich ihrer vermögensrechtlichen oder nichtvermögensrechtlichen Natur rechtfertigen. Auch beim Widerrufsanspruch hängt nämlich die Frage, ob eine vermögensrechtliche Streitigkeit vorliegt, nicht von der Unwahrheit der beanstandeten Behauptung ab. Die Unwahrheit ist zwar eine Voraussetzung für die Begründetheit der Widerrufsklage, nicht aber für die Frage, ob eine materielle Streitigkeit vorliegt. Für die letztere Frage kommt es lediglich auf die Behauptung des Klägers, nicht aber auf die Wahrheit der Behauptungen an[52]. Das ist an sich eine Selbstverständlichkeit. Eine vermögensrechtliche Streitigkeit kann nicht deswegen zu einer nichtvermögensrechtlichen werden, weil der Kläger abgewiesen wird. Richtet sich also in einem Widerrufsprozeß die vermögensrechtliche Natur des Anspruchs nur nach den zugrundeliegenden wirtschaftlichen Interessen und der Behauptung der Unwahrheit der beanstandeten Äußerung, dann ist nicht ersichtlich, warum beim Entgegnungsanspruch die Unabhängigkeit dieses Anspruchs von einer Wahrheitsprüfung die Begründung für die stets nichtvermögensrechtliche Natur sein soll. Auch beim Entgegnungsanspruch behauptet der Betroffene, die beanstandete Behauptung sei unwahr. Diese Behauptung und die einem Entgegnungsverlangen im Einzelfall zugrundeliegenden wirtschaftlichen Interessen müssen wie beim Widerruf genügen. Auch die Entgegnung ist ein Mittel, um den materiellen Schadensverlauf günstig zu beeinflussen, selbst wenn sie in der Regel nicht so stark wirkt wie ein Widerruf.

Die Frage der Prüfung der Wahrheit der beanstandeten Äußerung ist also zwar für die Begründetheit der Klage beachtlich, nicht jedoch dafür, ob eine vermögensrechtliche Streitigkeit vorliegt oder nicht.

c) Der Entgegnungsanspruch ist also grundsätzlich ein nichtvermögensrechtlicher Anspruch, kann jedoch, wie der Widerruf, im Einzelfall vermögensrechtlichen Charakter annehmen, wenn mit ihm der materielle Schadensverlauf beeinflußt werden soll[53].

---

[51] NJW 1963, 151.

[52] *Rosenberg*, Lehrbuch des Zivilprozeßrechts, § 31 I 2 b.

[53] Im Ergebnis übereinstimmend *Wenzel*, a.a.O.

2. Örtliche Zuständigkeit

Weder das RPresseG noch die LPresseG sehen für das Entgegnungsrecht einen besonderen Gerichtsstand vor; die Frage der örtlichen Zuständigkeit richtet sich daher ausschließlich nach den Vorschriften der ZPO.

a) Für den Betroffenen am günstigsten wäre es, wenn er den Streit an jedem Verbreitungsort der Druckschrift austragen könnte. Das geht jedoch nur dann, wenn ihm der Gerichtsstand der unerlaubten Handlung (§ 32 ZPO) zur Seite steht. Die h. M.[54] lehnt diesen Gerichtsstand für die (Leistungs-)Klage auf Abdruck allerdings ab mit der Begründung, der Anspruch setze weder Verschulden noch Rechtswidrigkeit der beanstandeten Behauptung voraus. Sie hält ausschließlich den allgemeinen Gerichtsstand für gegeben. Der Betroffene könnte demnach die Klage auf Abdruck seiner Entgegnung nur bei dem Gericht einbringen, in dessen Bezirk der verantwortliche Redakteur oder der Verleger seinen Wohnsitz (§§ 12, 13 ZPO) hat. Der Gerichtsstand der unerlaubten Handlung wird allerdings insoweit bejaht, als der Abdruck der Entgegnung als Schadensersatz über § 823 Abs. 2 BGB i. V. m. den entgegnungsrechtlichen Vorschriften für zulässig gehalten wird[55].

b) Wie bereits dargelegt, sind die entgegnungsrechtlichen Vorschriften keine Schutzgesetze i. V. v. § 823 Abs. 2 BGB, da sie, vergleichbar mit § 985 BGB, lediglich einen gesetzlichen Anspruch auf Leistung gewähren. Die bloße Nichterfüllung einer Leistungspflicht genügt aber selbst dann, wenn sie schuldhaft erfolgt, nicht, um einen Verstoß gegen ein Schutzgesetz annehmen zu können[56]. § 32 ZPO muß also insoweit ausscheiden.

c) Der Gerichtsstand des Erfüllungsortes (§ 29 ZPO) scheidet schon deswegen aus[57], weil dieser nur bei vertraglichen Ansprüchen gegeben ist[58], der Anspruch auf Abdruck der Entgegnung aber kraft Gesetzes entsteht. Auf die Frage, welchen Ort man beim Entgegnungsanspruch als Erfüllungsort anzusehen hat, ob nur den Ort des Erscheinens der Druckschrift oder auch den der Verbreitung, braucht daher nicht eingegangen zu werden.

---

[54] BayObLG NJW 1958, 1825; OLG Frankfurt, NJW 1960, 2059; *Neumann-Duesberg*, NJW 1960, 2034; *Scholz*, WRP 1961, 338; *Schultz*, Die Justiz, 1964, 320; *Thies*, S. 105; *Wenzel*, JZ 1962, 112 ff.

[55] BayObLG NJW 1958, 1825; incidenter auch OLG Köln, NJW 1962, 1348; *Thies*, S. 105 f.; *Wenzel*, JZ 1962, 112 ff.; a. A. *Neumann-Duesberg*, NJW 1960, 2034; *Scholz*, WRP 1961, 338.

[56] Im Ergebnis ebenso *Neumann-Duesberg*, NJW 1960, 2034.

[57] *Neumann-Duesberg*, NJW 1960, 2034; *Scholz*, WRP 1961, 338; *Wenzel*, JZ 1962, 112.

[58] h. M.; *Rosenberg*, § 35 II 1; *Thomas-Putzo*, Anm. 1 zu § 29 ZPO.

d) Fraglich ist jedoch, ob, entgegen der h. M., der Gerichtsstand der unerlaubten Handlung (§ 32 ZPO) nicht doch für den nach den entgegnungsrechtlichen Vorschriften bestehenden Anspruch auf Abdruck gegeben ist. Der Begriff der unerlaubten Handlung im Sinne dieser Vorschrift richtet sich nach dem materiellen Recht[59]; er setzt also zumindest einen objektiv rechtswidrigen Eingriff voraus[60]. Daß der Entgegnungsanspruch von einer Rechtsverletzung unabhängig ist, wurde bereits mehrfach hervorgehoben; der Schluß, der Gesetzgeber habe die Widerrechtlichkeit der vorangegangenen Pressemeldung unterstellt, läßt sich nicht ziehen[61]. § 32 ZPO kann also nicht direkt angewendet werden.

Es wäre jedoch zu überlegen, ob nicht eine analoge Anwendung des § 32 ZPO sinnvoll wäre. Ein Bedürfnis dafür kann nicht geleugnet werden. Das beweist allein die Tatsache, daß ein Teil der Rechtsprechung und der Literatur den Gerichtsstand der unerlaubten Handlung durch die Hintertür des § 823 Abs. 2 BGB doch einführen wollen. Man denke etwa an den Fall, daß weder der verantwortliche Redakteur noch der Verleger, gegen die sich der Entgegnungsanspruch ja richtet, im Inland einen Wohnsitz haben. Soll hier kein deutsches Gericht örtlich zuständig sein?[62] Die analoge Anwendung von verfahrensrechtlichen Vorschriften ist grundsätzlich zulässig[63]. Es fragt sich also, ob die Interessenlage beim Entgegnungsanspruch nicht der vom Gesetzgeber in § 32 ZPO geregelten vergleichbar ist.

Schadensersatz-, Widerrufs- und Unterlassungsansprüche gegen die Presse kann der Betroffene am Gerichtsstand der unerlaubten Handlung geltend machen. In allen diesen Fällen ist nur Voraussetzung, daß er das Vorliegen einer unerlaubten Handlung behauptet; ob der Anspruch materiell besteht oder nicht, ist für die Frage der Zuständigkeit ohne Bedeutung[64]. Auch der Entgegnungsanspruch ist ein Verteidigungsmittel des Betroffenen gegen die Presse. Auch hier behauptet er, die Presse habe die Unwahrheit über ihn verbreitet. Gelingt ihm der Beweis, so steht ihm der Anspruch auf Widerruf zu; bereits vorher jedoch gibt ihm das Gesetz als „einstweiligen" Interessenausgleich den Entgegnungsanspruch. Die Behauptung des Betroffenen ist also beim Anspruch auf

---

59 RGZ 72, 41 (43); BayObLG NJW 1958, 1825.

60 *Rosenberg*, § 35 II 5.

61 So mit Recht BayObLG NJW 1958, 1825 (1826); OLG Frankfurt, NJW 1960, 2059 (2060).

62 Wenn *Neumann-Duesberg*, NJW 1960, 2035, *Schultz*, Die Justiz, 1964, 320, und anscheinend auch OLG Frankfurt, NJW 1960, 2059 (2060) den Gerichtsstand der Niederlassung der Verlagsgesellschaft (§ 17 ZPO) für gegeben erachten, so wird dabei übersehen, daß sich der Entgegnungsanspruch gerade nicht gegen die Presse bzw. den Verlag richtet, sondern gegen den verantwortlichen Redakteur und den Verleger.

63 *Rosenberg*, § 8, 2, mit ausführlichen Nachweisen aus der Rechtsprechung.

64 *Rosenberg*, § 35 II 5.

Widerruf und dem auf Abdruck seiner Entgegnung gleich, nur genügt für den letzteren eben die bloße Behauptung der Rechtsverletzung. Die Interessenlage beim Widerruf und die beim Entgegnungsanspruch ist also durchaus vergleichbar. Das Entgegnungsrecht konnte daher sogar als eine Vorstufe zum Widerrufsanspruch bezeichnet werden, das im materiellen Recht die Funktion einer einstweiligen Verfügung erfüllt[65]. Bedenkt man ferner, daß der Abdruck einer Entgegnung häufig einen Streitfall nicht beendet, sondern daß meist ein Widerrufs- oder Schadensersatzprozeß folgen werden, so spricht auch dieser Umstand dafür, den gesamten Sachverhalt vor ein Gericht zu bringen, also auch die Geltendmachung des Entgegnungsanspruchs. Einer analogen Anwendung des § 32 ZPO steht damit wohl nichts entgegen[66]. Wie der Schadensersatzanspruch und die negatorischen Ansprüche gegenüber der Presse kann auch der Entgegnungsanspruch am „Ort der Tat" eingeklagt werden. Bei einer Zeitung ist das anerkanntermaßen[67] nicht nur dort, wo die Zeitung erscheint, d. h., wo sie aus dem internen Kreis von Verfasser, Setzer, Drucker, Redakteur, Verleger an die Öffentlichkeit tritt[68], sondern an jedem Verbreitungsort, d. h. überall dort, wo ihr Inhalt bestimmungsgemäß und nicht bloß zufällig Dritten zur Kenntnis gebracht wird[69].

3. *Einstweilige Verfügung*

Auch soweit der Zivilrechtsweg für das Entgegnungsrecht bejaht wurde, war lange Zeit streitig, ob der Abdruck der Entgegnung im Verfahren der einstweiligen Verfügung geltend gemacht werden kann. Gegen die Zulässigkeit einer einstweiligen Verfügung hat man eingewandt, daß durch den Abdruck keine einstweilige, sondern eine endgültige Regelung getroffen werde, für ein Hauptverfahren kein Raum mehr bleibe und die ZPO hierfür keine Rechtsgrundlage enthalte. Die §§ 935, 940 ZPO bezweckten lediglich die Sicherung eines Anspruchs oder die Regelung eines einstweiligen Zustandes; eine einstweilige Verfügung, die zur Befriedigung führe, sei der ZPO fremd[70]. Eine zunehmende Meinung in Rechtsprechung und Literatur[71] hat trotzdem die

---

[65] Vgl. oben § 9 IV 6 c (5).

[66] Im Ergebnis ebenso, aber ohne Begründung *Stein-Jonas*, 19. Auflage, Anm. IV zu § 32 ZPO.

[67] *Rosenberg*, § 32 II 5 mit Nachweisen.

[68] *Löffler*, Presserecht, Rdnr. 6 zu § 6 RPresseG.

[69] RGZ 78, 256 (258); RG JW 1936, 1291.

[70] So insbesondere OLG Nürnberg, NJW 1952, 1418; *Greiff*, NJW 1956, 385.

[71] BGH NJW 1965, 1230; OLG München (Zivilsenat Augsburg) NJW 1965, 2161; OLG Stuttgart, NJW 1962, 2066; LG Mannheim NJW 1956, 384; *Löffler*, Presserecht, Rdnr. 140 zu § 11 RPresseG; ders., NJW 1957, 715; *Neumann-Duesberg*, NJW 1956, 833; NJW 1960, 2035; *Scholz*, WRP 1961, 339; *Koebel*, NJW 1963, 792.

Zulässigkeit einer einstweiligen Verfügung bejaht und teilweise die Berechtigung für ein nachfolgendes Hauptverfahren geleugnet. Die neuen LPresseG von Baden-Württemberg, Berlin, Bremen, Hamburg, Hessen, Niedersachsen, Rheinland-Pfalz, Saarland und Schleswig-Holstein haben sich dieser Auffassung angeschlossen und die Durchsetzbarkeit im Verfahren der einstweiligen Verfügung ausdrücklich zugelassen[71a]. Nur für den Geltungsbereich des RPresseG und des BayPresseG hat die Streitfrage daher heute noch Bedeutung.

Aber auch für den Entgegnungsanspruch nach diesen Vorschriften wird man das Verfahren der einstweiligen Verfügung für zulässig erachten müssen. Die Eilbedürftigkeit des Anspruchs, dessen Sinn und Zweck sich auf sofortige Durchsetzbarkeit richtet, ist immer gegeben[72]; eine „besondere Dringlichkeit" erscheint daher nicht erforderlich[73]. Da der Entgegnungsanspruch auf der Ebene des materiellen Rechts selbst nur einen vorläufigen Interessenausgleich bezweckt, erscheint das Verfahren der einstweiligen Verfügung, das einen einstweiligen Ausgleich auf prozessualem Wege herbeiführen will, sogar als das beste für die Durchsetzung des Entgegnungsanspruchs. Dogmatische Bedenken dagegen schlagen heute nicht mehr durch, nachdem neben den beiden Arten der einstweiligen Verfügung der §§ 935, 940 ZPO eine dritte Art, die zur Befriedigung führt, längst anerkannt ist[74]. Es handelt sich hier um ein summarisches Verfahren, das nicht der Sicherung eines Anspruchs dient, sondern zur Befriedigung des Gläubigers führt. Ein Hauptverfahren über das Entgegnungsrecht ist damit allerdings überflüssig geworden. Der einmal erfolgte Abdruck kann nicht mehr rückgängig gemacht werden; darüber hinaus ist eine Beweisaufnahme über den Wahrheitsgehalt von Pressemeldung und Entgegnung ohnehin unzulässig. *Löffler*[75] spricht daher mit Recht von einem „besonderen, presserechtlichen Schnellverfahren", das nicht der Korrektur durch ein Hauptverfahren bedarf. Einige der neuen LPresseG haben deshalb § 926 ZPO, der den Übergang zum Hauptprozeß vorschreibt, ausdrücklich für nicht anwendbar erklärt. Ein Hauptverfahren soll ja eine materiellrechtlich endgültige Regelung herbeiführen. Da das Entgegnungsrecht aber selbst nur als vorläufiger Interessenausgleich konstruiert ist

---

[71a] Daß diese Regelung der Länder keinen verfassungsrechtlich unzulässigen Eingriff in die Zuständigkeit des Bundes für die Gesetzgebung über das gerichtliche Verfahren (Art. 74 Nr. 1 GG) enthält, hat der BGH (NJW 1965, 1230) ausdrücklich entschieden. Vgl. dazu auch oben I 1.

[72] OLG Frankfurt NJW 1957, 715 mit Anm. von *Löffler; Neumann-Duesberg,* DB 1957, 862; NJW 1960, 2035; *Scholz,* WRP 1961, 339.

[73] So allerdings *Löffler,* Presserecht, Rdnr. 140 zu § 11 RPresseG; wohl auch LG Mannheim NJW 1956, 384.

[74] Dazu *Rosenberg,* § 214 I 2; *Schuler,* NJW 1959, 1801 ff.

[75] NJW 1957, 715; zustimmend *Neumann-Duesberg,* NJW 1960, 2035; *Scholz,* WRP 1961, 335; ihnen folgend BGH NJW 1965, 1230 (1231).

und eine materiellrechtlich endgültige Regelung nur in einem Widerrufs- oder Schadensersatzprozeß hergestellt werden kann, ist ein Hauptverfahren über das Entgegnungsrecht in der Tat wenig sinnvoll. Als „Hauptverfahren" wird sich in der Regel ein Schadensersatz- oder Widerrufsprozeß des Betroffenen anschließen, in dem die Presse ihre Rechte wahrnehmen kann[75a]. Schon vorher bleibt es ihr beim Abdruck der Entgegnung unbenommen, darauf hinzuweisen, daß der Abdruck auf Grund einer einstweiligen Verfügung erfolgt und sie auf der Richtigkeit ihrer Darstellung beharrt. Mit Recht hat daher *Baur*[76] vorgeschlagen, die umstrittene Figur des einstweiligen Widerrufs aufzugeben und stattdessen auf den Entgegnungsanspruch zurückzugreifen. Man könnte den Entgegnungsanspruch daher auch geradezu als „materiellrechtliche" einstweilige Verfügung bezeichnen.

Der Abdruck der Entgegnung kann also im Verfahren der einstweiligen Verfügung angeordnet werden. Ein Hauptverfahren findet jedoch nicht statt.

4. *Internationale und interlokale Zuständigkeit*

Für im Ausland erscheinende und im Inland verbreitete Druckschriften erhebt sich schließlich die Frage, ob diese dem Entgegnungszwang unterliegen und ob dafür ein deutscher Gerichtsstand gegeben ist. Neben diesem Fragenkreis aus dem internationalen Privatrecht sind neuerdings im deutschen Presserecht auch interlokal-privatrechtliche Probleme aufgetaucht, nachdem einerseits die privatrechtliche Natur des Entgegnungsanspruchs anerkannt ist, andererseits die Gesetzgebungskompetenz dafür bei den Ländern liegt[77] und in den verschiedenen LPresseG der Entgegnungsanspruch nicht einheitlich geregelt wurde.

a) Aus Gründen mangelnder Durchführbarkeit unterliegen nach der Ansicht *Löfflers*[78] im Ausland erscheinende und im Inland verbreitete Druckschriften nicht dem deutschen Entgegnungszwang. *Löffler* läßt hier jedoch nicht erkennen, ob er die internationale Zuständigkeit deutscher Gerichte verneint oder nur die Anwendbarkeit deutschen Rechts leugnet. Die interlokalrechtlichen Fragen hat man in jüngster Zeit zwar mehrfach angeschnitten, ohne jedoch einen befriedigenden Lösungsvorschlag zu unterbreiten. *Koebel*[79] weist nur darauf hin, daß es ein unbefriedigender Zustand sei, wenn eine in der gesamten Bundesrepublik verbreitete Zeitschrift verschiedenen Vorschriften auch auf dem Gebiet

---

[75a] Ebenso neuerdings BGH NJW 1965, 1230 (1231).

[76] BB 1964, 609 f.

[77] Vgl. im einzelnen oben I 1.

[78] Presserecht, Rdnr. 47 zu § 11 RPresseG.

[79] NJW 1964, 1108 f.; ähnlich *Greiff*, NJW 1950, 242.

des Entgegnungsrechts unterliege. *Neumann-Duesberg*[80] stößt auf die Frage des interlokalen Gerichtsstandes, wenn er für Druckschriften, die im Geltungsbereich mehrerer LPresseG verbreitet werden, die örtliche Zuständigkeit zu bestimmen sucht; er läßt jedoch die Frage des anzuwendenden Rechts ungeklärt. *Scholz*[81] schließlich geht von der — unzutreffenden — Behauptung aus, das angegangene Gericht könne nur das in seinem Geschäftsbereich geltende Recht anwenden. Er übersieht, daß bei internationalen bzw. interlokalen Sachverhalten gerade gesucht werden muß, welches Recht das Gericht anzuwenden hat.

b) Da auf interlokalrechtlichen Beziehungen die Grundsätze des internationalen Privatrechts entsprechend anzuwenden sind[82], werden im folgenden beide Problemkreise zusammen behandelt. Die Ausführungen können naturgemäß im Rahmen dieser Arbeit nur stichpunktartig erfolgen.

Zunächst ist zwischen der Frage des Gerichtsstandes (internationale bzw. interlokale Zuständigkeit) und der des anzuwendenden Rechts zu unterscheiden. Die internationale Zuständigkeit eines Gerichts ist in der Regel dann gegeben, wenn dieses Gericht örtlich zuständig ist[83]. Die Frage der örtlichen Zuständigkeit wurde oben schon behandelt. Dabei wurde entgegen der h. M. festgestellt, daß der Entgegnungsanspruch bei jedem Gericht geltend gemacht werden kann, in dessen Bezirk die beanstandete Meldung verbreitet wurde[84]. Bei internationalen bzw. interlokalen Sachverhalten erweist sich diese Lösung als die einzig gangbare. Hält man nämlich mit der h. M. allein den allgemeinen Gerichtsstand des verantwortlichen Redakteurs bzw. Verlegers der §§ 12, 13 ZPO für gegeben, so könnten sich beide allein dadurch, daß sie ihren Wohnsitz außerhalb des Geltungsbereichs des LPresseG legen, in dem ihre Zeitschrift erscheint, der gerichtlichen Verfolgung entziehen. Diese „Flucht" ist jedoch unmöglich, wenn der Entgegnungsanspruch, wie Schadensersatz- und Widerrufsanspruch, an jedem Verbreitungsort geltend gemacht werden kann. Der Redakteur bzw. Verleger einer im Ausland erscheinenden und im Inland verbreiteten Zeitschrift kann also vor deutschen Gerichten verklagt werden. Richtet sich der Anspruch gegen eine im ganzen Bundesgebiet verbreitete deutsche Zeitung, so ist der Betroffene nicht gezwungen, den Redakteur oder Verleger an dessen Wohnsitz oder am Erscheinungsort der Zeitschrift zu verklagen. Er kann dies vielmehr an jedem Verbreitungsort, also auch außerhalb des Bundeslandes, in dem die Zeitschrift erscheint.

---

80 NJW 1960, 2034.

81 WRP 1961, 338 f.

82 h. M.; *Erman-Marquordt*, Anm. 8 vor Art. 7 EGBGB.

83 *Soergel-Kegel*, Rdnr. 302 vor Art. 7 EGBGB mit Nachweisen.

84 Vgl. im einzelnen oben 2.

Eine andere Frage ist jedoch, welches Recht das angegangene Gericht anzuwenden hat. In Frage kommen kann hier das Recht des Verbreitungsorts, an dem der Anspruch eingeklagt wird, also die lex fori, ferner das Recht irgendeines Verbreitungsorts, das Recht, das am Wohnsitz des Betroffenen gilt und schließlich das Recht des Erscheinungsorts der Druckschrift. Als Anknüpfungspunkt muß das Sachverhaltsmoment gefunden werden, das als so entscheidend bezeichnet werden kann, daß davon das anzuwendende Recht abhängig ist. Es bietet sich hier als wohl geeignetster Anknüpfungspunkt der Erscheinungsort der Zeitschrift an. Eine Druckschrift ist in der Regel an der Rechtsordnung ausgerichtet, in deren Geltungsbereich sie erscheint. Sie wird daher auch an dieser Rechtsordnung zu messen sein. Das bedeutet, ein angegangenes Gericht hat bei einer „überregionalen" Zeitschrift, die in einem anderen Bundesland oder im Ausland erscheint, dasjenige Pressegesetz anzuwenden, in dessen Geltungsbereich die Zeitung erscheint. Der Betroffene dringt damit bei dem angegangenen Gericht mit seinem Entgegnungsanspruch nur insoweit durch, als die Rechtsordnung des Erscheinungsortes der Zeitschrift einen solchen Anspruch gewährt.

Anhang

Gesetzestexte

1. Reichsgesetz über die Presse vom 7. Mai 1874

§ 11

(1) Der verantwortliche Redakteur einer periodischen Druckschrift ist verpflichtet, eine Berichtigung der in letzterer mitgeteilten Tatsachen auf Verlangen einer beteiligten öffentlichen Behörde oder Privatperson ohne Einschaltungen oder Weglassungen aufzunehmen, sofern die Berichtigung von dem Einsender unterzeichnet ist, keinen strafbaren Inhalt hat und sich auf tatsächliche Angaben beschränkt.

(2) Der Abdruck muß in der nach Empfang der Einsendung nächstfolgenden, für den Druck nicht bereits abgeschlossenen Nummer, und zwar in demselben Teile der Druckschrift und mit derselben Schrift wie der Abdruck des zu berichtigenden Artikels geschehen.

(3) Die Aufnahme erfolgt kostenfrei, soweit nicht die Entgegnung den Raum der zu berichtigenden Mitteilung überschreitet; für die über dieses Maß hinausgehenden Zeilen sind die üblichen Einrückungsgebühren zu entrichten.

2. Hamburgisches Pressegesetz vom 29. Januar 1965

§ 11: Gegendarstellung

(1) Der verantwortliche Redakteur und der Veleger eines periodischen Druckwerks sind verpflichtet, eine Gegendarstellung der Person oder Stelle zum Abdruck zu bringen, die durch eine in dem Druckwerk aufgestellte Tatsachenbehauptung betroffen ist. Die Verpflichtung erstreckt sich auf alle Nebenausgaben des Druckwerks, in denen die Tatsachenbehauptung erschienen ist.

(2) Die Pflicht zum Abdruck einer Gegendarstellung besteht nicht, wenn die Gegendarstellung ihrem Umfang nach nicht angemessen ist. Überschreitet die Gegendarstellung nicht den Umfang des beanstandeten Textes, so gilt sie als angemessen. Die Gegendarstellung muß sich auf tatsächliche Angaben beschränken und darf keinen strafbaren Inhalt haben. Sie bedarf der Schriftform und muß von dem Betroffenen oder seinem gesetzlichen Vertreter unterzeichnet sein. Der Betroffene oder sein Vertreter kann den Abdruck nur verlangen, wenn die Gegendarstellung dem verantwortlichen Redakteur oder dem Verleger unverzüglich, spätestens innerhalb von drei Monaten nach der Veröffentlichung, zugeht.

(3) Die Gegendarstellung muß in der nach Empfang der Einsendung nächstfolgenden, für den Druck nicht abgeschlossenen Nummer in dem gleichen Teil des Druckwerkes und mit gleicher Schrift wie der beanstandete Text ohne Einschaltungen und Weglassungen abgedruckt werden. Sie darf nicht in Form eines Leserbriefes erscheinen. Der Abdruck ist kostenfrei, es sei denn, der beanstandete Text ist als Anzeige abgedruckt worden. Wer sich zu der Gegendarstellung in derselben Nummer äußert, muß sich auf tatsächliche Angaben beschränken.

(4) Für die Durchsetzung des Gegendarstellungsanspruchs ist der ordentliche Rechtsweg gegeben. Auf Antrag des Betroffenen kann das Gericht anordnen, daß der verantwortliche Redakteur und der Verleger in der Form des Absatzes 3 eine Gegendarstellung veröffentlichen. Auf dieses Verfahren sind die Vorschriften der Zivilprozeßordnung über das Verfahren auf Erlaß einer einstweiligen Verfügung entsprechend anzuwenden. Eine Gefährdung des Anspruchs braucht nicht glaubhaft gemacht zu werden.

(5) Die Absätze 1 bis 4 gelten nicht für wahrheitsgetreue Berichte über öffentliche Sitzungen der gesetzgebenden oder beschließenden Organe des Bundes, der Länder und der Gemeinden (Gemeindeverbände) sowie der Gerichte.

(6) Die Absätze 1 bis 5 finden auf Sendungen des Norddeutschen Rundfunks entsprechende Anwendung. Hierbei richtet sich der Gegendarstellungsanspruch gegen den, der die beanstandete Sendung veranstaltet hat. Die Gegendarstellung muß unverzüglich für den gleichen Bereich sowie zu einer gleichwertigen Sendezeit wie die beanstandete Sendung verbreitet werden.

3. § 11 Abs. 1 bis 5 HambPresseG entspricht im wesentlichen den landesrechtlichen Regelungen in **Baden-Württemberg, Bayern, Berlin, Bremen, Hessen, Niedersachsen, Rheinland-Pfalz, Saarland** und **Schleswig-Holstein, Abs. 6 den §§ 25 BremPresseG** und **NdsPresseG** bzw. **§ 10 Abs. 6 BerlPresseG.**

4. Gesetz über den Hessischen Rundfunk vom 2. 10. 1948

§ 3 Ziff. 9

Eine unwahre Behauptung ist auf Verlangen einer beteiligten Behörde oder Privatperson zu berichtigen. § 11 des Gesetzes über die Presse vom 7. Mai 1874 ist sinngemäß anzuwenden.

5. Staatsvertrag über den Südwestfunk vom 27. 8. 1951

§ 7

(1) Falls der Südwestfunk eine Nachricht oder Tatsache wahrheitswidrig verbreitet hat, ist er auf Verlangen einer Person, Personenmehrheit oder Behörde, die ein berechtigtes Interesse dartut, zur Gegendarstellung verpflichtet.

(2) Auf Inhalt und Verbreitung der Gegendarstellung findet § 11 des Pressegesetzes vom 7. Mai 1874 (RGBl. S. 65) sinngemäß Anwendung. Die Bekanntgabe der Gegendarstellung muß im Rahmen der nächsten, für denselben Hörerkreis bestimmten Sendung und, wenn eine solche Sendung nicht inner-

halb einer Woche vorgesehen ist, spätestens am übernächsten Tag nach Eingang der Gegendarstellung zu einer gleichwertigen Sendezeit durchgegeben werden.

(3) Die Bekanntgabe der Gegendarstellung erfolgt kostenlos.

(4) Der Anspruch auf Verbreitung der Gegendarstellung kann im Zivilrechtswege verfolgt werden.

6. Satzung des Westdeutschen Rundfunks Köln vom 27. 1. 1956

§ 3 Abs. 2

Unrichtige Behauptungen sollen auf Verlangen einer Person oder einer Personenmehrheit, die in ihren Rechten verletzt ist, berechtigt werden. § 11 des Reichsgesetzes über die Presse vom 7. Mai 1874 findet sinngemäße Anwendung.

7. Gesetz Nr. 806 über die Veranstaltung von Rundfunksendungen im Saarland vom 2. 12. 1964

§ 2, Anwendung von presserechtlichen Bestimmungen

Die landesrechtlichen Bestimmungen über die Rechte und Pflichten der Presse gelten in ihrer jeweiligen Fassung entsprechend für die Veranstaltung von Rundfunksendungen. Dies gilt insbesondere für ... die Veröffentlichung von Gegendarstellungen ...

8. Gesetz über die Errichtung von Rundfunkanstalten des Bundesrechts vom 29. 11. 1960

§ 25

(1) Ist in einer Sendung eine Tatsachenbehauptung aufgestellt worden, so kann die unmittelbar betroffene Person oder Stelle die Verbreitung einer Gegendarstellung zu dieser Behauptung verlangen. Dei Gegendarstellung muß unverzüglich verlangt werden. Sie bedarf der Schriftform, muß die beanstandete Sendung bezeichnen, sich auf tatsächliche Angaben beschränken, darf keinen strafbaren Inhalt haben und muß von der betroffenen Person oder Stelle unterzeichnet sein. Bestehen begründete Zweifel an der Echtheit der Unterschrift, so kann deren Beglaubigung verlangt werden. Die Gegendarstellung darf den Umfang des beanstandeten Teils der Sendung nicht wesentlich übersteigen.

(2) Der Anspruch richtet sich gegen den, der die beanstandete Sendung veranstaltet hat. Eine Pflicht zur Verbreitung einer Gegendarstellung besteht nur, wenn und soweit die Person oder Stelle, auf die sich die beanstandete Sendung bezieht, ein berechtigtes Interesse an der Verbreitung der Gegendarstellung hat.

(3) Die Verbreitung der Gegendarstellung muß unverzüglich für den gleichen Bereich, in gleicher Art und Weise, sowie zu einer gleichwertigen Sendezeit wie die Verbreitung der beanstandeten Sendung ohne Einschaltungen oder Weglassungen erfolgen. Eine Erwiderung auf die verbreitete Gegendarstellung darf nicht am gleichen Tag gesendet werden.

(4) Der Anspruch kann vor den ordentlichen Gerichten geltend gemacht werden. Das Gericht kann im Wege der einstweiligen Verfügung anordnen, daß der nach Abs. 2 Verpflichtete eine Gegendarstellung verbreitet. Für den Erlaß der einstweiligen Verfügung ist nicht erforderlich, daß eine Gefährdung des Anspruchs glaubhaft gemacht wird; § 926 der Zivilprozeßordnung ist nicht anzuwenden.

9. Gesetz über die Errichtung und die Aufgaben einer Anstalt des öffentlichen Rechts „Der Bayerische Rundfunk" vom 10. 8. 1949

Art. 17

(1) Der Intendant ist verpflichtet, zu Tatsachen, die durch den Rundfunk verbreitet werden, auf Verlangen einer unmittelbar betroffenen Person oder Behörde deren Gegendarstellung zu verbreiten. Diese muß die beanstandeten Stellen bezeichnen, sich auf tatsächliche Angaben beschränken und vom Einsender unterzeichnet sein. Ergeben sich begründete Zweifel an der Echtheit der Unterschrift einer Gegendarstellung, so kann die Beglaubigung der Unterschrift verlangt werden.

(2) Die Verbreitung muß unverzüglich und zu einer gleichwertigen, auf Verlangen des Betroffenen zur gleichen Sendezeit wie die Verbreitung der beanstandeten Sendung ohne Einschaltungen und Weglassungen erfolgen. Die Verbreitung der Gegendarstellung darf nur verweigert werden, wenn die Gegendarstellung einen strafbaren Inhalt hat. Die Gegendarstellung darf den Umfang des beanstandeten Wortlautes der Sendung nicht wesentlich überschreiten. Die Verbreitung erfolgt kostenfrei.

(3) Der Anspruch auf Verbreitung kann auch im Zivilrechtsweg verfolgt werden.

10. Staatsvertrag über die Errichtung der Anstalt des öffentlichen Rechts „Zweites Deutsches Fernsehen" vom 6. 6. 1961

§ 4

(1) Ist in einer Sendung eine Tatsachenbehauptung aufgestellt worden, so kann die unmittelbar betroffene Person oder Stelle die Verbreitung einer Gegendarstellung zu dieser Behauptung verlangen. Die Gegendarstellung muß unverzüglich verlangt werden. Sie bedarf der Schriftform, muß die beanstandete Sendung bezeichnen, sich auf tatsächliche Angaben beschränken, darf keinen strafbaren Inhalt haben und muß von der betroffenen Person oder Stelle unterzeichnet sein. Bestehen begründete Zweifel an der Echtheit der Unterschrift, so kann deren Beglaubigung verlangt werden. Die Gegendarstellung darf den Umfang des beanstandeten Teils der Sendung nicht wesentlich übersteigen.

(2) Der Anspruch richtet sich gegen den, der die beanstandete Sendung veranstaltet hat. Eine Pflicht zur Verbreitung einer Gegendarstellung besteht nur, wenn und soweit die Person oder Stelle, auf die sich die beanstandete Sendung bezieht, ein berechtigtes Interesse an der Verbreitung der Gegendarstellung hat.

(3) Die Verbreitung der Gegendarstellung muß unverzüglich, für den gleichen Bereich sowie zu einer gleichwertigen Sendezeit wie die Verbreitung der beanstandeten Sendung ohne Einschaltungen oder Weglassungen erfolgen. Eine Erwiderung auf die verbreitete Gegendarstellung darf nicht am gleichen Tage gesendet werden.

(4) Der Anspruch kann vor den ordentlichen Gerichten geltend gemacht werden.

Literaturverzeichnis

Achilles-Greiff: Kommentar zum BGB, begründet von Alexander Achilles, 21. Aufl., Berlin 1958.

Andenaes, Johs: Der Frieden des Privatlebens, Ufita 30 (1960), 30.

Appelius, H.: Der Begriff des verantwortlichen Redakteurs und die Praxis, ZStW 27 (1907), 657.

Arndt, Adolf: Umwelt und Recht — Berichtigungen bloß formaler Art, NJW 1963, 1590.

— Siehe: *Löffler-Arndt-Noelle-Neumann-Haacke.*

— Siehe: *Löffler-v. Hartlieb-Leiling-Koebel-Keilhacker.*

Baumbach-Hefermehl: Wettbewerbs- und Warenzeichenrecht, begründet von Adolf Baumbach, fortgeführt von Wolfgang Hefermehl, Bd. 1, 9. Aufl., München-Berlin 1964.

Baumbach-Lauterbach: Zivilprozeßordnung, begründet von Adolf Baumbach, fortgeführt von Wolfgang Lauterbach, 28. Aufl., München-Berlin 1965.

Becher, Jochen: Das Recht der Gegendarstellung (§ 11 RPresseG), Diss. Köln, 1957.

Berner, Albert Friedrich: Lehrbuch des deutschen Preßrechts, Leipzig 1876.

Bettermann, Karl A.: Zur Lehre vom Folgenbeseitigungsanspruch, DÖV 1955, 528.

Biolley, Gérard: Le droit de réponse en matière de presse, Paris 1963.

Bischoff, Friedrich: Die Neuordnung des Presserechts in Niedersachen, DVBl. 1965, 305.

Böhle-Stamschräder: Siehe *Erman.*

Born: Reichspreßgesetz, Berlin-Leipzig 1931.

von *Bülow:* Der verantwortliche Redakteur und seine strafrechtliche Haftung, GA 40 (1892), 241.

— Die strafrechtliche Haftung des verantwortlichen Redakteurs, ZStW 14 (1894), 643.

— Zur Frage der strafrechtlichen Haftung des verantwortlichen Redakteurs, GA 43 (1895), 324.

Bussmann, Kurt: Reichen die geltenden gesetzlichen Bestimmungen insbesondere im Hinblick auf die modernen Nachrichtenmittel aus, um das Privatleben gegen Indiskretion zu schützen? Gutachten für den 42. Deutschen Juristentag, Bd. 1, 1. Teil, Tübingen 1957.

Chafee, Zechariah Jr.: Possible new remedies for errors in the press, Harvard Law Review 60 (1946/47), 1.

Coing, Helmut: Ehrenschutz und Presserecht, Karlsruhe 1960.

de Cupis, Adriano: I diritti della personalità, Mailand, Bd. 1, 1959; Bd. 2, 1962. Dazu *Hubmann,* AcP 157 (1958), 381 und 161 (1962), 475.

Dagtoglou, Prodomos: Wesen und Grenzen der Pressefreiheit, Stuttgart 1963.

Delius: Das Reichsgesetz über die Presse, Hannover 1895.

Donnelly: The right of reply, Virginia Law Review 34 (1948), 867.

Dovifat, Emil: Zeitungslehre, Bd. 2, 3. Aufl., Berlin 1955.

Drees, Bernhard: Siehe: *Erman.*

Dürig, Günter: Siehe *Maunz-Dürig.*

Ebner, A.: Das deutsche Preßrecht, Bd. 1 von: Das deutsche Zeitungsrecht, Hannover 1909.

— Die Berichtigungspflicht bei Zeitungsanzeigen, DJZ 1910, 1073.

— Das preßgesetzliche Berichtigungsverfahren, JW 1911, 902.

Enneccerus-Lehmann: Lehrbuch des Bürgerlichen Rechts, begründet von Ludwig Enneccerus, Theodor Kipp und Martin Wolff, 2. Bd.: Recht der Schuldverhältnisse, 15. Bearbeitung von Heinrich Lehmann, Tübingen 1958.

Enneccerus-Nipperdey: Bd. I des vorgenannten Lehrbuchs: Allgemeiner Teil des Bürgerlichen Rechts, 15. Bearbeitung von Hans Carl Nipperdey, Tübingen 1959 (1. Halbband) und 1960 (2. Halbband).

Erbs-Kohlhaas: Strafrechtliche Nebengesetze, herausgegeben von Max Kohlhaas, bearbeitet von Georg Erbs u. a., Loseblattausgabe, München-Berlin, Stand: Januar 1965.

Erdsiek, Gerhard: Zur Entwicklung im allgemeinen Persönlichkeitsrecht, NJW 1962, 622.

— Der Regierungsentwurf zum Persönlichkeits- und Ehrenschutzgesetz, Ufita 29 (1959), 1.

Erman, Walter: Handkommentar zum Bürgerlichen Gesetzbuch, 2. Bd., 3. Aufl., Münster 1962. Nachtragsheft für den 1. Bd., 1964 (Zitiert mit dem jeweiligen Bearbeiter des Textes).

Exhenry, Albert: Le droit de réponse en matière de presse, Diss. Bern 1929.

von *Gamm,* Otto-Friedrich: Der Anspruch auf Abdruck einer Gegendarstellung bei rechtsverletzenden Presseveröffentlichungen, GRUR 1956, 170.

Giese, Hans: Verantwortlichkeit von Verleger und Redakteur für falsche Nachrichten, JW 1917, 631.

Greiff, Joachim: Zur Berichtigungspflicht der Presse, NJW 1950, 241.

— Die Berichtigungspflicht des Rundfunks nach den westdeutschen Landesgesetzen von 1948/49, NJW 1950, 761.

— Anmerkung zu LG Mannheim, NJW 1959, 384.

— Erlaubt das Wesen des presserechtlichen Entgegnungsanspruchs seine Verallgemeinerung? NJW 1961, 97.

— Zur Rechtsgrundlage des Gegendarstellungsanspruchs, NJW 1963, 1137.

Gross, Rolf: Zur Rechtsgrundlage des Gegendarstellungsanspruchs, NJW 1963, 479.

— Zum Recht der Gegendarstellung, DVBl. 1963, 710.

— Siehe: *Reh-Gross.*

Gusti, Demetrius: Die Grundbegriffe des Preßrechts, Abhandlungen des kriminalistischen Seminars an der Universität Berlin, 5. Bd., 4. Heft, Berlin 1908.

Hamann, Andreas: Das Grundgesetz, 2. Aufl., Berlin 1961.

Hampe: Die Berichtigungspflicht bei Zeitungsanzeigen, DJZ 1910, 1290.

Häntzschel, Kurt: Reichspreßgesetz, Berlin 1927.

— Das deutsche Preßrecht, Bd. I von: Die Preßgesetze des Erdballs, Berlin 1928.

Heilborn, P.: Das Deutsche Reichspreßrecht, Breslau 1891.

Held: Der Anspruch auf Abdruck einer Gegendarstellung nach dem württ.-bad. Presserecht, NJW 1950, 733.

Helle, Ernst: Der Schutz der persönlichen Ehre und des wirtschaftlichen Rufes im Privatrecht, Tübingen 1957.
— Der zivilrechtliche Schutz der Persönlichkeit und der Ehre gegen Presseangriffe, DRiZ 1963, 334.

Hirsch, Ernst E.: Maulkorb für die Presse? Berlin-Frankfurt/M. 1959.

von *Holstein*, Helmuth: Pressegesetzgebung in der US-Zone, MDR 1949, 607.
— „Aktualität" und Anspruch auf Abdruck einer Gegendarstellung, ArchPR 1960, 153.

Honigmann, P.: Die Verantwortlichkeit des Redakteurs, Breslau 1885.

Horn, Richard: Gibt es eine Zwangsvollstreckung im Berichtigungsverfahren gegen den verantwortlichen Redakteur einer periodischen Druckschrift? GA 58 (1911), 129, 353.

Huber, Hans: Siehe: *Schüle-Huber*.

Hubmann, Heinrich: Das Persönlichkeitsrecht, Münster-Köln 1953.
— Grundsätze der Interessenabwägung, AcP 155 (1956), 85.
— Gewerblicher Rechtsschutz, Münster-Berlin 1962.
— Der Anspruch auf Widerruf ehrverletzender Pressedarstellungen, JuS 1963, 98.
— Siehe: de *Cupis*.

Jaccottet, Georges: La réforme de presse en Suisse, ZSR NF 67 (1948), 123 a.

Kaufmann, Horst: Allgemeines Persönlichkeitsrecht und Schmerzensgeld, JuS 1963, 375.

Kemper, Gerd Heinrich: Pressefreiheit und Polizei, Berlin 1964.

Kitzinger, Friedrich: Die Berichtigungspflicht der Presse und das Recht auf Berichtigung, ZStW 27 (1907), 872.
— Das Reichsgesetz über die Presse, Tübingen 1920.
— Anmerkung zu OLG Düsseldorf, JW 1924, 1538.
— Zur Reform des Preßgesetzes, ZStW 46 (1925), 111.

Klingsporn, Burkhard: Das Allgemeine Persönlichkeitsrecht als absolutes Recht im Sinne des § 823 Abs. 1 des Bürgerlichen Gesetzbuches, Beilage zum Bundesanzeiger Nr. 1 vom 3. Januar 1963.

Kloeppel, P.: Das Reichspreßrecht, Leipzig 1894.

Koebel, Ulrich: Der Entwurf eines Gesetzes zur Neuordnung des zivilrechtlichen Persönlichkeits- und Ehrenschutzes, JZ 1959, 513.
— Der presserechtliche Anspruch auf Gegendarstellung, NJW 1963, 790.
— Ein neues Landespressegesetz in Baden-Württemberg, NJW 1964, 1108.

Kohlhaas, Max: Siehe: *Erbs-Kohlhaas*.

Korn, J.: Zum Entwurf des Pressegesetzes, ÖJZ 1961, 264.

Kraehling, Julian: Die presserechtliche Berichtigungspflicht, Strafrechtliche Abhandlungen Heft 194, Breslau 1917.

Krückmann, Paul: Anmerkung zu KG JW 1922, 591.

Küster, Otto: Persönlichkeitsschutz und Pressefreiheit, Karlsruhe 1960.

Lange, Heinrich: BGB, Allgemeiner Teil, 7. Aufl., München-Berlin 1964.

Larenz, Karl: Lehrbuch des Schuldrechts. 2. Bd., 7. Aufl. München-Berlin 1965.

Leiling: Siehe: *Löffler-v. Hartlieb-Leiling-Koebel-Keilhacker.*

Leinveber, Gerhard: Zum Filmentgegnungsrecht bei Persönlichkeitsverletzungen, GRUR 1961, 20.

Leisner, Walter: Grundrechte und Privatrecht, München-Berlin 1960.

von *Liszt,* Franz: Lehrbuch des österreichischen Preßrechts, Leipzig 1878.

— Das deutsche Reichspreßrecht, Berlin-Leipzig 1880.

Löffler, Martin: Presserecht, Kommentar, München-Berlin 1955.

— Das Recht der öffentlichen Entgegnung, BB 1956, 356.

— Anmerkung zu OLG Hamburg JZ 1956, 344.

— Anmerkung zu OLG Frankfurt, NJW 1957, 714.

— Persönlichkeitsschutz und Meinungsfreiheit, NJW 1959, 1.

— Die Bedenken gegen den Entwurf des Persönlichkeits- und Ehrenschutzgesetzes, Ufita 30 (1960), 69.

— Erstreckt sich das Recht auf Entgegnung auch auf den Anzeigenteil? ArchPR 1960, 156.

— Bericht über die 11. Arbeitstagung des Studienkreises für Presserecht und Pressefreiheit, NJW 1962, 904 und DÖV 1962, 380.

— Rechtsprobleme der Gegendarstellung, ArchPR 1962, 229.

— Markenschutz durch presserechtliche Gegendarstellung, BB 1962, 82.

— Massenmedien, Presse, Zeitung und Zeitschrift als Rechtsbegriffe, in: Das Recht am Geistesgut, Studien zum Urheber-, Verlags- und Presserecht, Festschrift für Walter Bappert, Freiburg i. B. 1964, S. 177.

Löffler-Arndt-Noelle-Neumann-Haacke: Die öffentliche Meinung, mit Beiträgen von Adolf Arndt, Elisabeth Noelle-Neumann, Wilmont Haacke, München-Berlin 1962.

Löffler, Martin und *Bofinger,* Otto: Das geltende deutsche Presserecht, DÖV 1955, 200, 242.

Löffler-v. Hartlieb-Leiling-Koebel-Keilhacker: Persönlichkeitsschutz und Meinungsfreiheit, Schriftenreihe der deutschen Studiengesellschaft für Publizistik, Bd. 1, herausgegeben von Martin Löffler, München-Berlin 1959.

Löning, Richard: Die strafrechtliche Haftung des verantwortlichen Redakteurs, Festgabe der juristischen Fakultät Jena für R. von Gneist, Jena 1888.

Magen, Rolf-Dieter: Das Berliner Pressegesetz, JR 1965, 321.

von *Mangoldt-Klein:* Das Bonner Grundgesetz, erläutert von Hermann von Mangoldt und Friedrich Klein, 2. Aufl., Berlin-Frankfurt/M., Bd. 1 1957, Bd. 2 1964.

Mannheim, H.: Preßrecht, Bd. XXII a der Enzyklopädie der Rechts- und Staatswissenschaft, Berlin 1927.

Marquardsen: Das Reichspreßgesetz, Berlin 1875.

Marquordt, Gerhard: Siehe: *Erman.*

März, Josef: Die moderne Zeitung, München 1951.

Maunz, Theodor: Deutsches Staatsrecht, 13. Aufl., München-Berlin 1964.

Maunz-Dürig: Grundgesetz, Loseblattkommentar von Günter Dürig und Theodor Maunz, München-Berlin 1961 ff.

Maze: Le droit de réponse, Paris 1900.

Mertens, Hans-Joachim: Persönlichkeitsrecht und Schadensersatz, JuS 1962, 261.

Meves: Die preßgesetzliche Berichtigungspflicht, GA 45 (1897), 332.

Möller: Die Unzulässigkeit des Abdrucks einer verlangten Gegendarstellung als Leserbrief, ArchPR 1962, 258.

Neumann-Duesberg, Horst: Presseberichterstattung, Presseurheberrecht und Nachrichtenschutz, Bd. 16 von Aschendorffs juristischer Handbücherei, Münster 1949.

— Presserechtliche Entgegnung und einstweilige Verfügung, JR 1956, 288.

— Anmerkung zu LG Mannheim NJW 1956, 384 in NJW 1956, 833.

— Zivil- oder Strafrechtsschutz des Privatlebens gegen Diskretionsverletzungen, DB 1957, 861.

— Das Recht der Gegendarstellung im Presserecht, NJW 1960, 2032.

— Bericht von *Löffler,* NJW 1962, 904 und DÖV 1962, 380.

Nipperdey, Hans Carl: Das allgemeine Persönlichkeitsrecht, Ufita 30 (1960), 1.

— Siehe: *Enneccerus-Nipperdey.*

Nussbaum, Hans: Der persönliche Schutz gegen Namensmißbrauch und unbefugte Darstellungen, Diss. Freiburg 1932.

Obermayer, Klaus: Grundzüge des Verwaltungsrechts und des Verwaltungsprozeßrechts, Stuttgart-München-Hannover 1964.

Oetker, Friedrich: Die Berichtigungspflicht nach § 11 des Reichspreßgesetzes, GS 68 (1906), 320.

— Dauer und Durchführung des Berichtigungsanspruchs nach § 11 des Preßgesetzes, DJZ 1906, 639.

— Die Berichtigungspflicht der Presse und der österreichische Preßgesetzentwurf von 1910, SeuffBl. 77 (1912), 201, 225.

Okuda, Masamichi: Über den Anspruchsbegriff im deutschen BGB, AcP 164 (1964), 536.

Oppenheimer: Erstreckt sich die Pflicht zur Aufnahme einer Berichtigung auch auf Karikaturen? DJZ 1909, 432.

Ott, Martin: Siehe: *Rebmann-Ott-Storz.*

Palandt, Otto: Bürgerliches Gesetzbuch, bearbeitet von Dankelmann, Gramm, Hoche, Keidel, Lauterbach, 24. Aufl., München-Berlin 1965.

Peters, Hans: Öffentliche und staatliche Aufgaben, in Festschrift für Nipperdey, Bd. 2, München-Berlin 1965, S. 877.

Pohle, Rudolf: Siehe: *Stein-Jonas.*

Putzo, Hans: Siehe: *Thomas-Putzo.*

Raiser, Ludwig: Der Stand der Lehre vom subjektiven Recht im Deutschen Zivilrecht, JZ 1961, 466.

Rebmann-Ott-Storz: Das baden-württembergische Gesetz über die Presse, kommentiert von Kurt Rebmann, Martin Ott und Werner Storz, Stuttgart 1964.

Regensburger: Die preßgesetzliche Berichtigungspflicht, Rostock 1911.

Reh-Gross: Hessisches Pressegesetz, Kommentar von Hans-Joachim Reh und Rolf Groß, Wiesbaden 1963.

Rehbinder, Manfred: Die öffentliche Aufgabe und rechtliche Verantwortlichkeit der Presse, Berlin 1962.

Reimann: Die preßrechtliche Berichtigungspflicht, Diss. Leipzig 1911.

Reinhardt, Rudolf: Das Problem des allgemeinen Persönlichkeitsrechts, AcP 153 (1954), 548.

— Persönlichkeitsschutz und Meinungsfreiheit, Tübingen 1961.

RGRK: Das Bürgerliche Gesetzbuch mit besonderer Berücksichtigung der Rechtsprechung des Reichsgerichts und des Bundesgerichtshofs, herausgegeben von Reichsgerichtsräten und Bundesrichtern, 11. Aufl., Berlin 1959 ff.

Riewe: Zur Bedeutung des Wahrheitsgehalts tatsächlicher Angaben in Gegendarstellungen, GRUR 1964, 250.

Riss: Das preßgesetzliche Berichtigungsverfahren, JW 1911, 385.

Rosenberg, Leo: Lehrbuch des deutschen Zivilprozeßrechts, 9. Aufl., München-Berlin 1961.

Rosenthal, Alfred: Anmerkung zu OLG Karlsruhe JW 1922, 595.

Schmidt-Osten: Gibt es bei Pressephotos einen Berichtigungsanspruch? Journ. 1953, H. 12, S. 4.

— Pressegesetzgebung am Scheideweg, Journ. 1963, 325.

Schneider, Ernst: Presserecht und Schutz bei Presseverstößen, Schriftenreihe „Der Betrieb“, Düsseldorf 1963.

Scholz, Ulrich: Das Recht der Gegendarstellung in den Pressegesetzen — § 11 Reichspressegesetz und Landespressegesetze, WRP 1961, 335.

Schönke-Schröder: Kommentar zum StGB, begründet von Adolf Schönke, fortgeführt von Horst Schröder, 12. Aufl., München-Berlin 1965.

Schüle-Huber: Zivilrechtlicher Persönlichkeitsschutz und Grundgesetz, Gutachten im Auftrag des Bundesministers der Justiz, von Hans Huber und Adolf Schüle, Bonn 1960.

Schuler: Die auf Leistung lautende einstweilige Verfügung, NJW 1959, 1801.

Schultz: Die presserechtliche Gegendarstellung im Prozeß, Die Justiz 1964, 319.

Schumacher, Rainer: Die Presseäußerung als Verletzung der persönlichen Verhältnisse, insbesondere ihre Widerrechtlichkeit, Freiburg/Schweiz 1960.

Schüssler, Martin: Der Berichtigungszwang der Presse, seine rechtliche Natur, seine jetzige Ausgestaltung in § 11 und § 19 des Reichspreßgesetzes und Vorschläge zu deren Reform, Diss. Köln 1930.

Soergel-Siebert: Bürgerliches Gesetzbuch, begründet von Th. Soergel, fortgeführt von W. Siebert, zahlreiche Bearbeiter, 9. Aufl., Stuttgart 1959 ff.

Spengler, Albrecht: Wettbewerb, Recht und Schranken, Stuttgart 1957.

Stein-Jonas: Kommentar zur Zivilprozeßordnung, begründet von Friedrich Stein, fortgeführt von Rudolf Pohle, 19. Aufl., Tübingen 1964 f.

Stenglein, M.: Kommentar zu den strafrechtlichen Nebengesetzen des Deutschen Reiches, Reichspressegesetz erläutert von Franz *Galli* (4. Aufl., 1911) und Ernst *Conrad* (5. Aufl., 1928).

Storz, Werner: Siehe: *Rebmann-Ott-Storz.*

Strasser, Rudolf: Der immaterielle Schaden im österreichischen Recht, Wien 1964.

Theune, Werner: Der Folgenbeseitigungsanspruch, BayVBl. 1963, 103.

Thiele, Willi: Der Regierungsentwurf eines niedersächsischen Pressegesetzes, DVBl. 1963, 905.

— Der sog. Berichtigungszwang der Presse, DÖD 1963, 201.

Thies, Helga: Widerruf und Entgegnung in Presse, Film und Funk, Diss. Göttingen 1963.

Thomas-Putzo: Zivilprozeßordnung, erläutert von Heinz Thomas und Hans Putzo, München-Berlin 1963.

Uhlitz, Otto: Die Rechtsnatur des Berichtigungszwangs nach dem Pressegesetz, NJW 1962, 526.

Voigt, Alfred: Geschichte der Grundrechte, Stuttgart 1948.

Weitnauer, Hermann: Neuordnung des zivilrechtlichen Persönlichkeits- und Ehrenschutzes, DB 1959, 45.

— Persönlichkeitsschutz und Meinungsfreiheit, NJW 1959, 313.

— Bedenken gegen den Entwurf des Persönlichkeits- und Ehrenschutzgesetzes, Ufita 31 (1960), 219.

— Siehe: *Erman.*

Wenzel: Die örtliche und sachliche Zuständigkeit für Gegendarstellungsklagen, JZ 1962, 112.

— Die Stellungnahme des BGH zum Gegendarstellungsanspruch, NJW 1963, 1710.

Westermann, Harry: Steht der Genossenschaft das allgemeine Persönlichkeitsrecht zu? Festschrift für Paul König, Hamburg 1960.

Westphal, Arthur: Der preßgesetzliche Berichtigungszwang (§§ 11, 19 Ziff. 3 Reichspreßgesetz), Diss. Erlangen 1909.

Zellner, Max: Der Berichtigungsanspruch aus § 11 Reichspreßgesetz, Diss. Erlangen 1911.

FSC
www.fsc.org
MIX
Papier | Fördert gute Waldnutzung
FSC® C083411

Kolibri 360 GmbH
Ferdinand-Jühlke-Straße 7
99095 Erfurt, Deutschland
produktsicherheit@kolibri360.de

Druck:
CPI Druckdienstleistungen GmbH
im Auftrag der
Kolibri 360 GmbH
Ferdinand-Jühlke-Str. 7
99095 Erfurt